Joachim Sonntag

2025

Teil 2

Das Endspiel

Der Alptraum für unsere Kinder

1. Ausgabe 2019
Erschienen im Selbstverlag des Autors

ISBN 9783749486465

Herstellung & Verlag: Books on Demand, D-Norderstedt

Bibliografische Information der Deutschen Nationalbibliothek: Die Deutsche Nationalbibliothek verzeichnet diese Pub-
likation in der Deutschen Nationalbibliografie; detaillierte
bibliografische Daten sind im Internet über dnb.dnb.de abruf-
bar.

„Eine wichtige biologische Art ist wegen der schnellen und zunehmenden Vernichtung ihrer natürlichen Lebensbedingungen vor dem Aussterben bedroht.
Es ist der Mensch.“
(Fidel Castro, Rede auf der UN-Konferenz in Brasilien, 1992[1])

„Innerhalb von 30 Jahren werden wir die Technologie für superhumane Intelligenz besitzen. Kurz danach wird die Ära des Menschen enden.“
(Vernor Vinge, Transhumanist und Computerwissenschaftler, 1993[2])

Inhaltsverzeichnis   Seite

Über den Autor

Dr. Joachim Sonntag hat an der Technischen Universität Dresden Physik studiert. Bis zur Wende 1989 hat er am Zentralinstitut für Festkörperphysik und Werkstoffforschung gearbeitet, Spezialgebiet Elektronenstruktur in metallischen Legierungen. Danach siedelte er nach Dortmund um und arbeitete in der Firma HL-Planartechnik GmbH als Entwickler für Temperatur- und Strahlungssensoren. Seine Spezialgebiete sind Strahlungsphysik, Mehrphasenlegierungen und Nanomaterialien, wozu er eine Reihe grundlegender Arbeiten in international führenden Journalen veröffentlicht hat (Details: www.sonntag-physik.de). Anfang 2019 hat er, gemeinsam mit zwei anderen Fachkollegen, seinen vorerst letzten Fachartikel veröffentlicht mit dem Titel: *„Elektronischer Transport in Legierungen mit Phasentrennung".*[3]
Neben seiner fachlichen Arbeit hat er sich auch mit dem „menschengemachten Klimawandel" beschäftigt. Mit seinem Fachwissen über Strahlungsphysik ist er zu einer differenzierteren Sichtweise gelangt, die auch Gegenstand des vorliegenden Buches ist (Kapitel 3).

Über das Titelbild

Der Felsbrocken mit den zwei Kindern darauf, der in die Tiefe zu stürzen droht, soll symbolhaft ausdrücken, wie gefährdet unsere nächste Generation ist. Diese Symbolik bezieht sich insbesondere auf Mind Control und die Transhumanismus-Agenda, verbunden mit den verstörendsten Zukunftsaussichten, die man sich nur schwer vorstellen kann, Thema von Kapitel 5.

1980 Rettet den Baum!
1990 Rettet den Regenwald!
1992 Rettet das Ozonloch!
2000 Rettet den Eisbär!
2010 Rettet die Bienen!
2013 Rettet Griechenland!
2015 Rettet die Flüchtlinge!
2019 Rettet das Klima!

2025 ?

Prolog

„Zum Zweck der Machterhaltung wird man die Weltbevölkerung auf ein Minimum reduzieren. Dies geschieht mittels künstlich erzeugter Krankheiten. Hierbei werden Bio-Waffen als Seuchen deklariert, aber auch mittels gezielten Hungersnöten und Kriegen. Als Grund dient die Erkenntnis, daß die meisten Menschen ihre eigene Ernährung nicht mehr finanzieren können, jetzt wären die Reichen zu Hilfsmaßnahmen gezwungen, andernfalls entsteht für sie ein riesiges, gefährliches Konfliktpotential.“[4,5] Dies ist Punkt 10 aus Carl Friedrich Weizsäcker's 12 Prophezeiungen über die zukünftigen Entwicklungstendenzen in der Welt. Wie auf dem Blog „falschzitate.blogspot.com" am 1. Mai 2018 festgestellt, soll dieses Zitat und die zugrundeliegenden 12 Prophezeiungen[6] nicht von Carl Friedrich von Weizsäcker stammen, sondern von einer unbekannten Autorin oder einem unbekannten Autor, wahrscheinlich aus dem Jahr 2007. Selbst wenn dieses Zitat nicht von Carl Friedrich von Weizsäcker stammt, erhebt sich die Frage, inwieweit diese 12 Prophezeiungen unsere Lebenswirklichkeit und die zukünftigen Entwicklungen in der Welt beschreiben? Wenn wir allein diesen Punkt 10 betrachten, so müssen wir feststellen, dass er bereits heute eine beängstigende Realität hat; seit Jahrzehnten wird in Geheimlaboren des Militärs und von Geheimdiensten an der Entwicklung von *Biowaffen* gearbeitet, und es sieht so aus, dass diese bereits die Labore verlassen haben und zu Tod und Verelendung vieler Menschen in der Welt geführt haben. Doch dazu mehr im Kapitel „5. Biokrieg". *Hungersnöte und Kriege* gehören ebenfalls zu unserer heutigen Realität. Wenn die Politiker in den reichen Industrienationen tatsächlich ein Interesse daran hätten, dass keine Kinder mehr in der Welt verhungern müssen, wäre dieses Problem durch sinnvolle Wirtschaftshilfe längst gelöst. Und auch das Problem der Überbevölkerung könnten sie mit humanen Mitteln lösen, durch Bildung und Abkehr von der Praxis von Knebelverträgen mit den 3.Welt-Ländern, sprich Freihandelsabkommen, die diese Länder noch ärmer machen. Stattdessen werden deren Märkte mit den Billigprodukten der reichen Industrieländer überschwemmt und deren Rohstoffe ausgebeutet.

Die anderen 11 Zitate[7] haben heute ebenfalls eine beängstigende Realität oder deuten sich in ihren Grundtendenzen bereits heute in erschreckender Weise an. Wer die gesellschaftliche Entwicklung unseres Landes kritisch und mit wachen Augen verfolgt, wird die Vorboten erkennen, die genau in die Richtung weisen, die diese Prognosen thematisieren. Um diese Vorboten geht es in diesem Buch, die schon bald bittere Realität sein können.

Das vorliegende Buch ist der zweite Teil einer Trilogie mit dem übergreifenden Titel „2025". Der Titel des ersten Teils lautet „2025 – Der vorletzte Akt" und ist bereits im April 2019 erschienen (Kuzzusammenfassung auf Seite 215 des vorliegenden Buches). Der dritte Teil hat den Arbeitstitel „2025 – Der letzte Akt" und ist in Vorbereitung.

1. Die Agenda 2025

"Durch ihre Unglaubhaftigkeit entzieht sich die Wahrheit dem Erkanntwerden."
(Heraklit von Ephesos um 500 v. Chr.)

„Die Vernichtung war so groß, dass diese Waffe im Jahre 76 – 77 von den Vereinten Nationen verboten wurde. Man hat ein Abkommen (ENMOD-Konvention[*]) *getroffen, dass Klima-Waffen für kriegerische Auseinandersetzungen nicht benutzt werden dürfen. Doch tatsächlich wird sie immer noch benutzt. Was kann man und was macht man mit dieser Waffe? Mit dieser Waffe kann man Regen erzeugen, Stürme, Wolken, Blitze, Gewitter, an jedem Ort der Welt oder das Gegenteil, man kann Regenfronten auflösen, den Hagel und Schneefall stoppen und auch um Dürre entstehen zu lassen. Was passiert? Diese Waffe der Klimakontrolle, der sie besitzt, hat die absolute Kontrolle über die Schätze dieser Welt. Besonders über die Nahrungsmittel. Also im Klartext. Wenn ein Land diese Technologie hat, kontrolliert es den Wasserhahn der ganzen Welt. Mach, was man dir sagt, und du kriegst Wasser, und wenn du dagegen bist, wird dein Land mit Wasser unterversorgt, die Wolken zerstört, eine verlängerte Dürre ist die Konsequenz, das führt zur Unfähigkeit, die Bevölkerung jenes Landes zu ernähren, die Folge ist eine Hungersnot. Das gibt es. Es gibt Länder, die haben diese Technologie, und in den USA ist diese Technologie bereits Teil ihrer Außenpolitik geworden. Ein Bericht der nordamerikanischen Luftwaffe heißt – achten sie auf den Titel! – 'Das Klima[†] besitzen bis 2025'* (s. Abbildung 1). *Dieser Titel, der sich selbst erklärt, läßt uns ohne Worte und ohne Luft. Dass man so anma-*

---

[*] Die **ENMOD-Konvention**, englisch *Convention on the Prohibition of Military or Any Other Hostile Use of **En**vironmental **Modi**fication Techniques* (dt: *Umweltkriegsübereinkommen*), ist ein von der Abrüstungskommission der Vereinten Nationen ausgearbeiteter völkerrechtlicher Vertrag über das Verbot der militärischen oder einer sonstigen feindseligen Nutzung umweltverändernder Techniken (Wikipedia).

[†] Wenn auch in dieser Übersetzng (aus dem Spanischen) von *Klima, Klima-Waffen,* und *Klimakontrolle* gesprochen wird, so scheinen im deutschen Sprachgebrauch dieBegriffe *Wetter, Wetterwaffe* und *Wetterkontrolle* den Sachverhalt treffender zu charakterisieren.

ßend sein kann, den Wasserhahn der Welt kontrollieren zu wollen, geht den meisten nicht in den Kopf. In diesem Bericht steht auch, dass die Modifizierung des Klimas Teil der amerikanischen Außenpolitik ist, egal ob die Welt das will oder nicht. Und diese Politik wird durchgesetzt, mit bilateralen Abmachungen, durch Organisationen wie die NATO, die sind ja für uns zuständig, oder durch die Vereinten Nationen. Tatsächlich, in der letzten Generalversammlung der Vereinten Nationen wurde im Abschnitt D des 5. Berichts über den Klimawechsel (Klimawandel), dem IPCC,[‡] wird mehr oder weniger legitimiert, was man Geoengineering nennt." [8]

Genauso, wie heute Menschen als Verschwörungstheoretiker stigmatisiert werden, wenn sie behaupten, im Rahmen von Geoengineering würden Tausende Tonnen Gifte aus Flugzeugen über unseren Köpfen versprüht, geschieht dies auch mit Menschen, die behaupten, dass das Wetter durch das Militär, Geheimdienste oder andere Mächte manipuliert wird, dass Dürren, Überschwemmungen, Erdbeben, Hurrikans, Tsunamis künstlich ausgelöst oder herbeigeführt werden können. Weil diese Stigmatisierung durch die öffentlichen Medien durch sogenannte „Experten" unterstützt und befeuert wird, glaubt man diesen so stigmatisierten „Verschwörungstheoretikern" nicht. Doch genau deshalb, weil die Menschheit schon in den 70er Jahren des vorigen Jahrhunderts technisch in der Lage war, solche Naturkatastrophen auszulösen, hat die Weltgemeinschaft dies zum Anlass genommen, die ENMOD-Konvention zu schaffen. In der Interpretationsabsprache zur ENMOD-Konvention steht ganz klar drin, dass es um das Verbot der Anwendung von Wetterwaffen geht, wobei explizit von Tsunamis, Erdbeben und Verschiebung des ökologischen Gleichgewichts gesprochen wird. Das heißt, dass die Technik der Wettermanipulation bereits vor 1976 Stand der Technik war (Details im Abschnitt „HAARP – der Allesschneider am Himmel").

Die Jahreszahl „2025" im Titel des vorliegenden Buches ist dem im obigen Zitat erwähnten Dokument (Abbildung 1) entlehnt, dessen Titel im Originaltext lautet:

[‡] Der „Intergovernmental Panel on Climate Change" (IPCC) ist eine Institution der Vereinten Nationen, kurz Weltklimarat.

„Weather as a Force Multiplyer: Owning the Weather in 2025"[9,10], im Folgenden kurz „Wetterkriegs-Dokument" genannt. Dieses Wetterkriegs-Dokument ist im US-Verteidigungsministerium erstellt und am 17. Juni 1996 vorgelegt worden. Es beinhaltet in freier Übersetzung:[11]

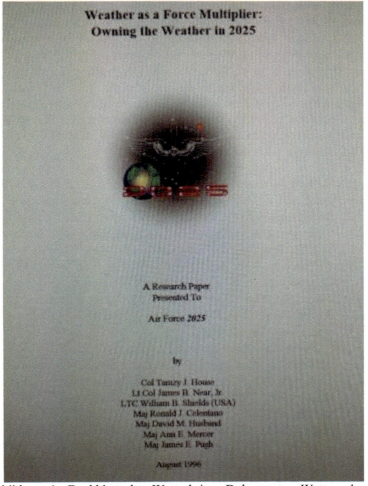

Abbildung 1: Deckblatt des Wetterkriegs-Dokuments „Wetter als ein Streitmachtverstärker: Die Beherrschung des Wetters bis 2025"

„Im Jahr 2025 können die US-Streitkräfte der Luft- und Raumfahrt das Wetter beherrschen`, indem sie von neuen Technologien profitieren und sich auf die Entwicklung dieser Technologien für Kriegshandlungen konzentrieren. Eine solche Fähigkeit bietet den Streitkräften Werkzeuge, um den Kampfraum auf eine Weise zu gestalten, die noch nie zuvor möglich war. Aktuelle Technologien, die in den nächsten 30 Jahren reifen werden, werden jedem, der über die notwendigen Ressourcen verfügt, die Möglichkeit bieten, Wetterverhältnisse und die damit verbundenen Auswirkungen zumindest lokal zu verändern. Die aktuellen demographischen, wirtschaftlichen und ökologischen Trends werden zu globalen Spannungen führen, die für viele Länder oder Gruppen den notwendigen Anstoß geben, diese Fähigkeit zur Wetterveränderung in praktisches Handeln umzusetzen.“ Dieser Text umreißt ein Programm zur Entwicklung von Wetterwaffen, und es stellen sich folgende wichtige Fragen:

1) Gibt es eine Verbindung zu dem Dokument „Future Strategic Issues/Future Warfare [Circa 2025]“ (s. Abbildung 2)? D.h. steht hinter beiden Dokumenten eine gemeinsame Agenda? Diese Frage liegt nahe, denn beide Dokumente weisen als Ecktermin die identische Jahreszahl „2025“ aus. Welche Konsequenz ergibt sich daraus?

2) Wie weit sind diese Entwicklungen, wie sie im Wetterkriegs-Dokument beschrieben sind, bis zum heutigen Zeitpunkt gediehen? Über welche Fähigkeiten der Wetterbeeinflussung verfügt das Militär bereits heute, und werden sie bereits angewendet?

Die erste Frage impliziert eine weitere Frage:

3) Ist das Wetterkriegs-Dokument Teil des von den Eliten geplanten Projektes, das den Übergang vom schleichenden Prozess der Globalisierung zur globalen Machtübernahme charakterisiert?[12]

Die Frage 3) ist mit hoher Wahrscheinlichkeit mit JA zu beantworten. Denn es gibt noch ein drittes Dokument mit dem Eckpunkt 2025; in diesem Dokument wird für das Jahr 2025 eine dramatische Bevölkerungsreduktion in der westlichen Welt prognostiziert.

13

Abbildung 2: NASA-Dokument von 2001 (Deckblatt) zur zukünftigen Kriegsführung, autorisiert von NASA, U.S. Air Force, CIA, FBI, ...[13].

Dieses Dokument (Abbildung 5 zeigt einen Auszug, in dem Bevölkerungszahlen für das Jahr 2025 prognostiziert worden sind) stammt von der Firma 'Deagel',[14] die mit Informationen militärischer Art handelt, die sie direkt von CIA, FBI, NSA, US Army,

Mossat, Nato, EU bezieht (Details s. Abschnitt „Reduzierung der Weltbevölkerung").

Damit ist es offensichtlich, dass es einen Plan, eine Agenda gibt, nennen wir sie **Agenda 2025**, die den Zusammenbruch der Staaten der westlichen Welt anvisiert, gewissermaßen die große Krise, auf deren Trümmern beabsichtigt ist, die Neue Weltordnung (NWO) zu errichten, ganz im Sinne David Rockefellers Aussage: *„Wir stehen am Rande einer weltweiten Umbildung, alles was wir brauchen, ist die richtige allumfassende Krise und die Nationen werden in die neue Weltordnung einwilligen."*[§] In dem NASA-Dokument, Abbildung 2, ist der Plan beschrieben, wie der Übergang vom schleichenden Prozess der Globalisierung (in dem wir uns gerade befinden) zur globalen Machtübernahme durch die Elite erfolgen soll. Damit dieser Plan funktioniert und der zu erwartende Widerstand durch die Bevölkerungen den Plan nicht gefährdet, braucht die Elite diese „richtige allumfassende Krise". Die Zahl „2025" steht als Synonym für den Tag X, an dem die Machtübernahme erfolgen soll. Und diese Machtübernahme wird zeitgleich in den USA, Deutschland und den anderen EU-Ländern erfolgen.[15]

Die früheren amerikanischen Präsidenten Eisenhower und Kennedy hatten bereits 1961 vor den Gefahren einer immer mächtigeren Schattenregierung, initiiert durch einen immer mehr erstarkenden Militärisch-industriellen Komplex, gewarnt.[16] Kennedy sagte in seiner historischen und programmatischen Rede am 27. April 1961: *„Wir haben es mit einer monolithischen und ruchlosen weltweiten Verschwörung zu tun, die ihren Einfluß mit verdeckten Mitteln ausbreitet: Mit Infiltration statt Invasion, mit Umsturz statt Wahlen, mit Einschüchterung statt Selbstbestimmung, mit Guerillakämpfern bei Nacht statt Armeen bei Tag. Es ist ein System, das mit gewaltigen menschlichen und materiellen Ressourcen eine komplexe und effiziente Maschinerie aufgebaut hat, die militärische, diplomatische, geheimdienstliche, wirtschaftliche, wissenschaftliche und politische Operation verbindet. Ihre Pläne werden nicht veröffentlicht, sondern verborgen, ihre Fehlschläge werden begraben, nicht publiziert. Andersdenkende werden nicht gelobt,*

[§] 1994 vor dem Wirtschafts-Ausschuss der Vereinten Nationen (UN Business Council). (https://wahrheitinside.wordpress.com/2017/04/19/zitate-zur-neuen-weltordnung/)

sondern zum Schweigen gebracht ... "[17] Weil Kennedy angekündigt hatte, diese Machenschaften der Elite offen zu legen, wurde er ermordet.[18]

Es gibt Websites, die *"Hohn und Spott gegen diejenigen hinausschleudern, die das US Air Force Programm `Owning the Weather 2025` ernst nehmen. Wir seien - wie üblich behauptet - Verschwörungstheoretiker. Daher diese Aussage vom ehemaligen US-Aussenminister Cohen:"*[19] *"Andere (Terroristen) betreiben sogar einen Öko-Terrorismus, bei dem sie durch elektromagnetische Wellen das Klima verändern, Erdbeben und Vulkane aus der Ferne auslösen können. Es gibt also viele geniale Köpfe, die auf der Suche sind, um Wege zu finden, Schrecken in andere Nationen zu verbreiten. Es ist real, und das ist der Grund, warum wir unsere Anstrengungen verstärken müssen."* ** Und für diese Anstrengungen steht dieses Programm, formuliert in diesem Wetterkriegs-Dokument, Abbildung 1.

Genau wie im Falle des Wetterkriegs-Dokument (Abbildung 1) und dem NASA-Dokument[20] (Abbildung 2) werden auch die Informationen der Firma 'Deagel' (DEAGEL.com) von verschiedenen Seiten angezweifelt oder ins Lächerliche gezogen. Wenn man aber die Recherchen berücksichtigt, die von den Autoren des You-Tube-Videos[21] angestellt worden sind, tun wir gut daran, den Informationen von DEAGEL.com unsere volle Aufmerksamkeit zu widmen.

Bei dieser **„Agenda 2025"** handelt es sich um ein langfristig angelegtes Projekt, das das Ziel der globalen Machtübernahme durch die Elite hat und bereits viele Jahrzehnte zuvor gefasst worden ist, sichtbar zum Beispiel auch in dem Dokument **„Silent Weapons**

** Englischer Originaltext: *"Others (terrorists) are engaging even in an eco-type of terrorism whereby they can alter the climate, set off earthquakes, volcanoes remotely through the use of electromagnetic waves ... So there are plenty of ingenious minds out there that are at work finding ways in which they can wreak terror upon other nations ... It's real, and that's the reason why we have to intensify our efforts."*

16

for Quiet Wars"[††,22], das aus dem Jahre 1986 stammt und dessen Entstehungsgeschichte bis auf das Jahr 1954 zurückgehen soll, dem Jahr, in dem die Bilderberg-Gruppe gegründet worden ist.[23] Wenn man also die 3. Frage mit JA beantwortet, so kann das bedeuten, dass der *„Tag X, an dem ... die globale Machtübernahme durch die Elite erfolgen soll"*,[24] nicht nur für den westlichen Einflussbereich der Eliten vonstatten gehen soll, sondern auch im Rest der Welt.

Denn die wetterverändernden Techniken, beschrieben im Wetterkriegs-Dokument, sind heute schon so weit ausgereift, dass deren Wirkungen jeden Punkt der Erde erreichen kann mit verheerenden Folgen für das jeweilige Land (Details im Kapitel „Zerstörung unserer Lebensgrundlagen"). Ein weltweiter Wetterkrieg scheint heute wahrscheinlicher als ein weltweiter Atomkrieg. Denn ein Atomkrieg hinterließe auch für die Eliten einen über lange Zeit „verstrahlten" Planeten.

Unter Umgehung internationaler Abkommen erfolgt parallel zu diesem „Geoengineering program" die Entwicklung neuer Biologischer Waffen, aber auch die Entwicklung neuer Strahlenwaffen, deren verheerende Wirkungen auf die Menschheit gigantisch sein werden. Die „Wetterwaffen", die Biologischen und Strahlenwaffen gehören zu dem Plan, der die Reduzierung der Bevölkerungszahl auf ein Niveau unter 500 Millionen auf der Erde[‡‡] anstrebt, aber auch der Beeinträchtigung der Gesundheit der Überlebenden sowie die Manipulation unseres Denkens und unserer Gefühle, um so die Überlebenden sicher beherrschen zu können. (Details im Kapitel „Biokrieg")

Mit Nanochips und Staubpartikeln (Smart Dust), die auf verschiedenen Wegen in unsere Körper eingebracht werden, ohne dass wir dessen gewahr werden, kann mittels des intelligenten IoT-Rasters[§§] das Gehirn eines jeden Menschen ausgelesen, aber auch von außen gesteuert und sogar bestimmte Bewußtseinszustände von außen

---

[††] *„Stumme Waffen für heimliche Kriege"*
[‡‡] *„BE NOT A CANCER ON THE EARTH – LEAVE ROOM FOR NATURE – MAINTAIN HUMANITY UNDER 500.000.000 IN PERPETUAL BALANCE WITH NATURE"* (Inschrift in den Georgia Guide Stones)
[§§] IoT = Internet of Things – Internet der Dinge, für dessen Realisierung das sogenannte 5G-Netz geschaffen wird.

aufgeprägt werden.[25] Daneben ist mithilfe der synthetischen Biologie eine völlig neue Kategorie von Lebensformen erschaffen worden, Morgellons-Fasern[26] genannt, die sich selbst replizieren und als Sender und Empfänger fremder Signale bzw. Informationen genutzt werden können, mit deren Hilfe die Gedanken, Gefühle und Körperfunktionen der Menschen registriert, aber auch ferngesteuert werden können.

Es ist das ultimative Endspiel, die Bevölkerung ferngesteuert zu beeinflussen und zu kontrollieren, indem sie die Gedanken überschreiben (und deren Denken programmieren) und Gefühle und Handlungen der Massen steuern. Das klingt unglaublich und „verschwörungstheoretisch" und muss bewiesen werden, deshalb dieses Buch.

Wenn man sich die technologischen Möglichkeiten vor Augen führt, über die das Militär bereits heute verfügt, so erscheinen die Probleme,

Raubbau unserer Rohstoffe,
Vermüllung der Meere,
Abholzung der Regenwälder,

die von den Regierungen bisher recht stiefmütterlich behandelt worden sind von eher nachgeordneter Bedeutung. Denn diese Probleme wären lösbar, wenn sich der Wille zur Lösung endlich auch bei den Regierungen durchsetzen würde. Was tun aber die Verantwortlichen in Politik und Wirtschaft gegen diese Bedrohung? Auch wenn sich einzelne Regierungen der Problematik anzunehmen scheinen (Stichwort Nachhaltigkeit), der Raubbau unserer Rohstoffe geht weiter, ebenso die Vermüllung der Meere, die Abholzung der Regenwälder, die Ausbeutung der 3.Welt, der Hunger in der Welt und die Kriege, s. Abbildungen 3 und 4. Das Militär ist heute der größte Umweltverschmutzer der Welt, insbesondere das Militär des US-Imperiums. *„Die gigantische Kriegsmaschinerie ist der weltweit größte Verbraucher von Erdölprodukten. Offiziell werden auf den weltweit 7.000 Militärbasen täglich 320.000 Barrel Öl verbraucht. Sie verursacht die meisten sogenannten Treibhausgasemissionen und schleudert Tag für Tag megatonnenweise giftige Schadstoffe in die Umwelt. Doch ist das Pentagon von sämtlichen internationalen Klima- und Umweltab-*

kommen pauschal ausgenommen... Das Pentagon produziert mehr hochgiftigen Müll als die fünf größten amerikanischen Chemiekonzerne zusammengerechnet. Unter den Giftstoffen befinden sich Pestizide, Blei oder radioaktive Materialien aus der Waffenproduktion, um nur einige wenige zu nennen. So wurde etwa der Irak während beider Invasionen mit abgereichertem Uran bombardiert ... Bis heute sind weite Teile Vietnams mit Dioxin verseucht.[27]

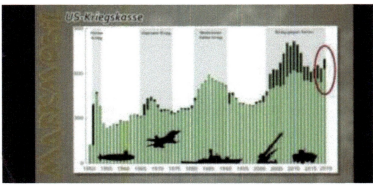

Abbildung 3: Entwicklung des US-Militärbudgets (in Md. US-$). Die Maxima korrelieren zeitlich mit dem Koreakrieg und dem Vietnamkrieg sowie mit dem Westrüsten/Kalter Krieg und dem Krieg gegen den Terror.

Abbildung 4: Die SOZ (**S**hangheier **O**rganisation für **Z**usammenarbeit), ein 2001 gegründeter Zusammenschluss der grün markierten Länder, eingekreist von US-Militär und NATO, illustriert durch die tiefblauen Symbole.[28]

19

Bezüglich Abbildung 3:[29] *„Besorgniserregend ist dieser Balken hier ganz rechts. Obwohl gerade die US-Truppen aus Syrien und Afghanistan abgezogen werden, was eigentlich eine erhebliche Einsparung von Kosten mit sich bringen sollte, haben die USA ihren Militärhaushalt für 2019 so drastisch erhöht wie in den letzten sechs Jahren nicht mehr. Die Frage ist, wird hier Geld für einen großen Krieg bereitgestellt? Vielleicht sogar für einen Krieg gegen die SOZ?"*

Ebenso schwer in Sachen Umweltzerstörung wiegen die mindestens 2200 zerstörerischen Atomwaffentests seit 1945, die in der Summe eine Sprengkraft hatten, die mindestens 6000 mal größer war als die der Hiroshima-Atombombe.[30] Der Einfluss dieser Atombombentests dürfte einen wesentlich nachhaltigeren Einfluss auf das Weltklima gehabt haben als alle zivilen Einflüsse zusammengenommen, Darmabgase von Kühen, Abgase von Autos, Flugzeugen, Schiffen, Kohlekraftwerken.

Es werden Kriege geführt um Rohstoffe und Macht, Freihandelsabkommen mit Dritte Weltländern abgeschlossen, die diese noch ärmer machen und verhindern, dass diese Länder sich wirtschaftlich entwickeln können, stattdessen die Korruption unterstützen. Die Abholzung der Regenwälder geht weiter,[31] getrieben durch das Streben nach Profit, und die Vermüllung der Meere wird nicht gestoppt. Statt diese Probleme zu lösen, versuchen die Verantwortlichen die Aufmerksamkeit auf ein künstlich und propagandistisch aufgebauschtes Problem zu lenken, den „menschengemachten Klimawandel". Wie wir in den folgenden Kapiteln nachweisen werden, ist dieser „menschengemachten Klimawandel" beides: eine zerstörerische Waffe, aber auch ein riesengroßer Schwindel, der die Reichen noch reicher macht und den Rest der Menschen ärmer. Mit „zerstörerischer Waffe" ist das „Geoengineering programm" gemeint, mit dem versucht werden soll – so die offizielle Sichtweise -, die Klimaerwärmung zu stoppen, in Wirklichkeit aber ein gigantisches Programm umgesetzt wird zur Manipulation von Klima, Wetter, Ionosphäre und Erzeugung künstlicher Erdbeben. Diese sogenannten „Wetterwaffen" werden die zukünftige Kriegsführung wesentlich dominieren, werden aber auch heute schon eingesetzt. Dieses „Geoengineering program" wird vor allem vom Militär und den Geheimdiensten vorangetrieben, wesentlich finanziert von Steuergeldern, aber auch durch Spenden privater Investoren, einer Gruppe superreicher Menschen – nennen wir sie Elite.

Wer sich ein Bild davon machen will, was Geoengineering bedeutet, der kann sich auf der Homepage der Bundeswehr, Planungsamt der Bundeswehr,[32] informieren. Dort wird Geoengineering als eine **Zukunfts**technologie dargestellt, die das Ziel verfolgt, die Klimaerwärmung zu bekämpfen. Jedoch wird dieses Geoengineering bereits seit Jahrzehnten, insbesondere vom Miltär, in Deutschland vom US-Militär, eingesetzt, was aber offiziell nicht bestätigt wird, um Klagen wegen Umweltzerstörung vorzubeugen. Denn bei Anklagen wegen Umweltverschmutzung müsste der Verursacher zweifelsfrei nachgewiesen werden, was umso schwerer fällt, wenn die Anwendung von Geoengineering von offizieller Stelle geleugnet wird. Auf der Homepage der Bundeswehr, Planungsamt der Bundeswehr,[33] wird ganz klar gesagt, dass es sich bei Geoengineering um eine Zukunftstechnologie handelt. So steht es schon in der Überschrift: „Geoengineering - eine sicherheitspolitische Perspektive", und eine der Unterüberschriften lautet: „Wie könnte Geoengineering eingesetzt werden?", also formuliert in der Möglichkeitsform.

Auf NEW.EURO-MED.DK[34] kann man lesen: *„Seitdem die US Navy und Airforce 1996 das Programm,"Owning the Weather by 2025", startete, ist unser Himmel nicht der Gleiche mehr: Übersät mit giftigen Chemtrails und HAARP Waschbrett Wolken – und "unsere" ideologischen Meteorologen sind ständig bemüht, uns nicht-existente vom Menschen verursachte globale Erwärmung einzubilden."*

2. Zerstörung unserer Lebensgrundlagen

„Die globale Machtstruktur hat vor langer Zeit die Wahl getroffen, unserem Planeten (und dem gesamten Netz des Lebens, das er unterstützt, einschließlich der Menschheit) einem unvorstellbar massiven und zerstörerischen Klimaintervention / Wetterkriegsangriff zu unterwerfen. "[35]

Psychopathen

„Solange die Welt von Psychopathen regiert wird, müssen wir leider aus Erfahrung immer vom Schlimmsten ausgehen: Kriege, Wettermanipulationen, Bewusstseinskontrolle. "[36]

Vergebt ihnen nicht, denn sie wissen was sie tun!

Was wir in diesem Buch thematisieren, ist so unglaublich und monströs, dass es die menschliche Vorstellungskraft übersteigt. Die Elite dieser Welt will die NWO errichten, die durch „Eine Weltregierung" und eine absolute Bankenherrschaft beherrscht wird. Sie hat es sich zur Aufgabe gemacht, die Bevölkerungen zu versklaven und so die absolute Macht über sie zu erlangen. Das klingt unglaublich. Und weil diese Dinge so unglaublich sind, entziehen sie sich dem Erkanntwerden. *"Durch ihre Unglaubhaftigkeit entzieht sich die Wahrheit dem Erkanntwerden."* (Heraklit). Zahlreiche Diskussionen mit Freunden und Kollegen zum Beispiel zur Frage, „gibt es Chemtrails überhaupt?" haben mir gezeigt, dass die meisten von ihnen entweder noch nie etwas von Chemtrails gehört haben und ungläubig meinen Argumenten zuhören, die deren Existenz belegen sollen, oder mich fortwährend bei dieser Argumentation lautstark unterbrechen und daran hindern, diese Argumente überhaupt vorzutragen. Sie fordern Beweise, hindern mich aber gleichzeitig daran, diese vorzulegen, indem sie mir immer wieder ins Wort fallen. Ein dazu passender Kommentar zu einem 2017 erschienenen Artikel, worin Chemtrails und HAARP[***] thematisiert werden:[37] *„... Es ist fast nicht zu glauben, was da läuft. Wenn man draussen das Thema erwähnt, wird man als völliger Spinner und Verschwörungstheoretiker abgekanzelt."* Ja genau so ergeht es mir auch immer wieder. Das hat mir gezeigt, dass die Menschen sich auch nicht im Entferntesten vorstellen können und auch nicht bereit sind zu glauben, dass es Menschen und Institutionen geben könnte, die vorsätzlich unsere Lebensgrundlagen zerstören und uns vergiften wollen. Ähnlich sieht es aus bei der Frage, „gibt es HAARP-Anlagen überhaupt, und wozu werden sie eingesetzt?" Ein häufiges Gegenargument ist: „Wie schützen sich die Eliten selbst davor?" *„Diese Leute sind geschützt. Alle anderen der Bevölkerung ... sind es nicht. Die Pharmabosse hocken ganz woanders, in ihren Bergen, irgendwo, in reiner Luft ... Die haben Mittel, sich dagegen zu wehren, das dumme Volk nicht."*[38] Es gibt noch einen weiteren Aspekt: Die Motivation, solche Dinge zu tun, selbst wenn diese sich gegen die eigene Person richten können, liegt auch in der Psyche solcher Menschen begründet. Hinter den Projekten, die in diesem Kapitel thematisiert sind, stehen Menschen, die skrupellos und empathielos sind, beides Eigenschaften, wie sie für Psychopathen typisch sind, aber auch für einige Politiker in Spitzenpositionen. Beides scheint einer Karriere bis in höchste Entscheiderpositionen förderlich zu sein.

1 bis 15 % der Menschheit sollen wohl Psychopathen sein.[†††] Eine Systemanalyse liefert: eine Organisation mit einer Pyramidenstruktur ist anfällig dafür, dass die höheren Entscheider-Positionen nach und nach immer von Psychopathen besetzt werden. Die hierarschich aufgebauten Strukturen sind umso anfälliger dafür, je älter und je größer die Organisation ist. Beispiele für solche Pyramidenstrukturen sind Vatikan, Weltbank, UNO, Siemens, UBS, Deutsche Bank.[39] Und wenn die Führungsebene

---

[***] High Frequency Active Auroral Research Program.

[†††] Psychopathie bezeichnet heute eine schwere Persönlichkeitsstörung, die bei den Betroffenen mit dem weitgehenden oder völligen Fehlen von Empathie, sozialer Verantwortung und Gewissen einhergeht. (Wikipedia)

einer solchen Organisation irgendwann hauptsächlich durch Psychopathen besetzt ist, entwickelt sie ein großes Zerstörungspotential gegen alle und alles, was deren Zielen, Einfluss, Machtanspruch und Profitmaximierung entgegensteht. Betrachten wir die Verantwortungsträger in der Pharmaindustrie, der Medizin und der Tiermast. *„Laut Robert-Koch-Institut sterben in Deutschland schon jetzt jedes Jahr zwischen 1000 und 4000 Menschen durch Infektion mit multiresisten Erregern. In Europa sind es 25000. In den USA werden regelmäßig jedes Jahr rund 23000 Menschen Opfer solcher sogenannten Superkeime (Superbugs).*"[40] Einer Studie[41] aus dem Jahr 2016 zufolge, die in 30 Ländern erhoben worden ist, sterben jährlich etwa 91000 Menschen an Krankenhausinfektionen, in Deutschland 15000. Die Zahlen von diesen zwei Quellen unterscheiden sich für Deutschland erheblich. Dennoch, diese Tausende Todesfälle durch multiresistente Keime sind eine Folge dessen, dass die Keime im Laufe der Jahre Resistenzen entwickelt haben, gegen die die zur Verfügung stehenden Antibiotika inzwischen unwirksam geworden sind. Eine Ursache ist der unverantwortliche massenhafte Einsatz von Antibiotika in der Tiermast. Dadurch war es möglich, die Tiere auf engstem Raum zu halten und so die Kosten gegenüber tierfreundlicher Haltung extrem zu senken und damit den Profit zu steigern. Dass die Verantwortungsträger dadurch aber selbst der Gefahr ausgesetzt sind, sich resistente Keime einzufangen und daran vorzeitig zu sterben, kommt ihnen nicht in den Sinn. Oder sie verdrängen gedanklich die Gefahr. Denn wie sagte schon Karl Marx:[42] Mit entsprechendem Profit wird das Kapital kühn; bei 50 % wird es waghalsig; bei 100 % ignoriert es alle menschlichen Gesetze; und bei 300 % Profit existiert kein Verbrechen, das es nicht riskiert, selbst auf die Gefahr der eigenen Vernichtung![‡‡‡]

[‡‡‡] Dieses Zitat stammt eigentlich von P.J. Dunning (1860), ist aber durch Karl Marx in einer Fußnote im „Kapital" bekannt gemacht worden: *„Das Kapital hat einen Horror vor Abwesenheit von Profit, oder sehr kleinem Profit, wie die Natur von der Leere. Mit entsprechendem Profit wird Kapital kühn. Zehn Prozent sicher, und man kann es überall anwenden; 20 Prozent, es wird lebhaft; 50 Prozent, positiv und waghalsig; für 100 Prozent stampft es alle menschlichen Gesetze unter seinen Fuß; 300 Prozent, und es existiert kein Verbrechen, das es nicht riskiert, selbst auf Gefahr des Galgens."*

Ein weiteres Beispiel ist die Einführung und weltweite Verbreitung von synthetischen chemischen Mitteln in der Landwirtschaft und Nahrungsmittelindustrie – Umweltgifte wie Pestizide und Insektizide –, wie sie zur Unkrautvernichtung oder für die längere Haltbarkeit von Nahrungsmitteln eingesetzt werden, die von einigen Medizinern als Ursache für die rapide Zunahme zum Beispiel von Krebserkrankungen angesehen werden.[43] Diese erhöhte Gesundheitsgefahr bedroht natürlich auch diejenigen, die für die weltweite Verbreitung dieser Gifte verantwortlich sind oder nichts dagegen unternehmen, Konzernchefs wie auch Politiker. Gegen diejenigen, die auf die unglaublichen Dinge, die um uns herum geschehen, wird immer wieder gern das Schlagwort „Verschwörungstheoretiker" in Stellung gebracht, wodurch eine inhaltliche Diskussion von vornherein abgewürgt wird.

Menschen, die der Behauptung, die Klimaerwärmung sei menschengemacht, widersprechen, werden heute genauso bekämpft wie diejenigen, die *Chemtrails* und *HAARP* thematisieren, *ideologisch* durch Politiker und die öffentlichen Medien, und *sachlich* durch "Medienexperten", wozu es eine ganze Serie von YouTube-Videos gibt. So teilt uns der Moderator Markus Lanz in einer Talkshow mit:[44,45,46] *„Am Nordpol war es dieser Tage wärmer als in Berlin."* Und sein Talkshowgast Dirk Steffens antwortet darauf: *„Ja, und wir zwei werden es, wenn es ganz gut läuft, noch erleben, wie wir mit dem Schlauchboot über den Nordpol fahren können, weil der im Sommer irgendwann eisfrei sein wird."* Markus Lanz hat offenbar recht mit seiner Feststellung. Er unterschlägt aber dabei, dass das Abschmelzen der Arktis gar nichts mit einer globalen Erwärmung zu tun hat, sondern dass diese menschengemacht ist, und zwar nicht über das vom Menschen in die Luft geblasene CO_2, sondern durch den Beschuss mit sogenannten ELF-Wellen. Dieses Projekt geht auf einen Vertrag zurück, der 1974 zwischen den USA und der UdSSR abgeschlossen worden ist und dem Ziel dient, an die unter dem Arktiseis befindlichen Bodenschätze zu gelangen.[47,48]
In diesem Zusammenhang sei auch das eBook "Wahrheitslügen"[49] des Autors Thomas Beschorner erwähnt, *„eine online Sammlung höchst brisanter und sensibler Themen. Die Artikel sollen Pro und*

Contra der einzelnen Sichtweisen der Bevölkerung hervorheben."
Im 1. Artikel dieses sehr umfangreichen Werkes wird betont, dass HAARP ein rein wissenschaftliches Projekt ist, von vielen internationalen Wissenschaftlern betrieben wird und keiner Geheimhaltung unterliegt. Und es wird betont, das HAARP in Verschwörungstheorien als *'Geheimprojekt' bezeichnet und in Zusammenhang gebracht* (wird) *mit weltweit stattfindenden Naturkatastrophen wie Erdbeben, Überschwemmungen und Vulkanausbrüchen. Manchmal wird auch Gedankenmanipulation mittels ELF-Wellen unterstellt."* Im 2.Artikel werden diejenigen, die solche Behauptungen aufstellen als "Spinner" bezeichnet. Im 3.Artikel wird dagegen genau der gegenteilige Standpunkt vertreten. Man kann da lesen: *"Einzelheiten und Hintergründe eines Wahnsinns-Projekts, das bereits seit Jahren unter strengster Geheimhaltung in Alaska von den US-Militärs entwickelt wird. Das sogenannte HAARP-Projekt (High Frequency Active Auroral Research Program) heizt mit gigantischen Energieschleudern (bis zu 100 Milliarden Watt) die Ionosphäre auf, um mit den berüchtigten ELF-Wellen, die Erdoberfläche und das menschliche Bewusstsein zu beeinflussen."* Zwei konträre Sichtweisen auf das Projekt HAARP. Wer lügt da? Die Autoren der ersten beiden Artikel? Oder die des 3.Artikels? Welchem Artikel würden Sie, lieber Leser, liebe Leserin, eher glauben, dem letztgenannten oder den beiden vorherigen? Ich nehme an, den beiden vorherigen; denn die Vorstellung aus dem 3. Artikel ist so menschenverachtend, so monströs, dass man sie nicht glauben kann und will, dass Menschen imstande sein könnten, solche Forschung gegen die menschliche Existenz zu betreiben.
Jedoch, die Standpunkte, die im 1. und 2. Artikel vertreten sind, passen genau zu dem Ziel, Verschwörungstheorien in Misskredit zu bringen (Verschwörungstheorie als Kampfbegriff). Im Folgenden werden wir zeigen, dass wir gut daran tun, dem 3. Artikel aus den oben zitierten "Wahrheitslügen"[50] nicht von vornherein abzulehnen, sondern selbst aktiv zu werden und nach unabhängigen Quellen zu suchen.

Es sind eine Reihe von Projekten gestartet worden, um 1) eine starke Reduzierung der Weltbevölkerung herbeizuführen und 2) die absolute Herrschaft und Kontrolle über sie zu erlangen. Die Projekte im Einzelnen kann man kurz wie folgt zusammenfassen:

- a) Kriege und Bürgerkriege,
- b) Auflösung der Nationalstaaten/Ethnische Durchmischung der Bevölkerungen
- c) Absenkung des durchschnittlichen IQ
- d) Zerstörung der Familien
- e) Zerstörung der Gesundheit der Menschen
- f) Absolute Kontrolle der Menschen

Mit diesen Projekten soll erreicht werden,

- i) eine massive Reduzierung der Weltbevölkerung
- ii) willenlose, geistig, körperlich und psychisch geschwächte Menschen, die nicht mehr fähig sind, politische Zusammenhänge zu erfassen und auch nicht die Kraft haben, aufzubegehren.

Wie geht die Elite vor? Ein wichtiger Meilenstein, diese Projekte in die Tat umzusetzen, war die Propagierung der Klimaerwärmung und die Behauptung, diese sei durch den Menschen verursacht. Inzwischen ist diese Behauptung durch viele ernstzunehmende Wissenschaftler widerlegt worden und wird von diesen als „Klimalüge" bezeichnet (Details s.u.). Dennoch wird sie durch die Politiker und öffentlichen Medien weiterhin propagiert und dient als Begründung für eine Reihe von Geoengineering-Projekten, die zur Zerstörung der Lebensbedingungen und Gesundheit der Menschen führen. Eins dieser Geoengineering-Projekte ist, über Chemtrails hochgiftige Chemikalien, Schwermetalle, Aluminium, Strontium- und Bariumverbindungen in Form von Nanopartikeln sowie Kunststofffasern, in der Stratosphäre zu versprühen (Fakten und Quellen dazu s. Abschnitt „Chemtrails – „Die Chemiesuppe" am Himmel"). Das Ausbringen dieser toxischen Substanzen (Chemtrails) wird von den öffentlichen Medien entweder geleugnet oder es wird behauptet, es diene der Reduzierung der Sonneneinstrahlung, stellt jedoch in Wirklichkeit ein extrem hohes Risiko für die Gesundheit der Menschen dar, zum einen wegen der hochgiftigen Materialien, die nach Verbreitung über den ganzen Globus sich in den Gewässern und den durch die Landwirtschaft erzeugten Nahrungsmitteln anreichern, zum andern dadurch, dass diese Substanzen durch die Menschen eingeatmet werden, aber auch durch die zusätzliche Reduzierung der Vitamin D-Produktion infolge der Abdunklung des natürlichen Sonnenlichtes. *„Was mir auffällt, ist, dass sie uns das Licht nehmen. Und zur Fortpflanzung und überhaupt zum Aufbau des Immunsystems gehört Licht. Das ist die Basis des ganzen. Das Sonnenlicht wird gemindert. Wir kriegen das ganze Spektrum nicht mehr mit. Das wirkt sich aus, ganz klar, auf das Fortpflanzungsverhalten der nächsten Generation.“*[51] Diese Feststellung, *„dass sie uns das Licht nehmen“*, ist keine Übertreibung, s. dazu das Video[52] (ab Minute 14:26).

Reduzierung der Weltbevölkerung

Zählst du alle Menschen auf der Welt,
Wirst du finden, daß ein Drittel fehlt,
Was noch übrig, schau in jedes Land,
Hat zur Hälft' verloren den Verstand.
(aus „Lied der Linde"[53], 1850)

Dass die wachsende Weltbevölkerung eines der gravierendsten Probleme unserer Zeit ist, ist wohl jedem klar. Um das Bevölkerungswachstum zu begrenzen, hat es in der Vergangenheit schon eine Reihe von Maßnahmen gegeben, zum Beispiel die Einführung der Antibabypille oder die 1-Kind-Politik Chinas, wodurch dieses Problem bisher jedoch nicht gelöst werden konnte. Die Elite verfolgt dagegen eine ganz andere, wirksamere Strategie, die unter verschiedenen Namen im Internet benannt geworden ist. Auf „News-for-Friends.de kann man lesen: Agenda 21, Agenda 2030, Agenda 2050. Diese haben gemeinsam, dass auf ihrer Grundlage die Weltbevölkerung um bis zu 95% reduziert werden soll. Die Mittel, um dies durchzusetzen, sind: *„Chemtrails (oder 'Geoengineering'), Impfstoffe, bestrahlte Lebensmittel, GVO*[§§§] *(Codex*

[§§§] GVO: Gentechnisch veränderter Organismen

28

Alimentarius****), *intelligente Zähler, 5G-Einsatz,...* "[54] Ergänzend muss man hier noch die Massenmigration der Bevölkerung aus Afrika und dem Nahen Osten nach Europa erwähnen, die dessen „Bevölkerungsschwund", nach offizieller Lesart, entgegen wirken soll. Jedoch ist diese Massenmigration keineswegs eine Entlastung der Überbevölkerung Afrikas, weil dessen Bevölkerungswachstum erheblich größer ist als der Bevölkerungsverlust durch Abwanderung. Denn Afrikas Bevölkerung wächst wesentlicher rascher: innerhalb von zwei Wochsen wächst diese um etwa eine Million Einwohner. Wenn man ernsthaft das Bevölkerungswachstum auf der Erde reduzieren wollte, wäre der naheliegende und humanitärere Weg, die Länder mit hohem Bevölkerungswachstum derart zu unterstützen, dass man Bildung und Lebensstandard in diesen Ländern anhebt auf ein für europäische Verhältnisse vergleichbares Niveau. In Europa gibt es kein ausuferndes Bevölkerungswachstum mehr, was mit dem hohen Bildungsstand und hohen Lebensstandard zu tun hat. Statt diesen Weg, Anhebung des Bildungsniveaus und des Lebensstandards in Afrika, einzuschlagen, wird Europa durch die Massenmigration destabilisiert. In Wahrheit dient diese Massenmigration der Erzeugung eines riesigen Konfliktpotentials in den europäischen Ländern, das sich in Bürgerkriegen entladen wird, wenn die autochtonen Bevölkerungen zu Minderheiten in ihren angestammten Ländern geworden sind, so der Plan der Elite.[55] *„Merke! Wer über Jahre 'Multikulti ist gescheitert!' propagiert, die Gefahren genauestens kennt, um dann später genau dieses Klientel* (d.h. kulturfremde Menschen), *in Massen nach Deutschland zu lenken, der macht das nicht 'aus Versehen' "*.[56] Dahinter steckt eine Absicht.

„Zum Zweck der Machterhaltung wird man die Weltbevölkerung auf ein Minimum reduzieren. Dies geschieht mittels künstlich erzeugter Krankheiten. Hierbei werden Bio-Waffen als Seuchen deklariert, aber auch mittels gezielten Hungersnöten und Kriegen.

**** Codex Alimentarius: *„Der* **Codex Alimentarius** *ist eine Sammlung von Normen für die Lebensmittelsicherheit und -produktqualität der Vereinten Nationen, die von der Ernährungs- und Landwirtschaftsorganisation (FAO) und der Weltgesundheitsorganisation (WHO) erstmals 1963 herausgegeben wurde..."* (Wikipedia)

Als Grund dient die Erkenntnis, daß die meisten Menschen ihre eigene Ernährung nicht mehr finanzieren können, jetzt wären die Reichen zu Hilfsmaßnahmen gezwungen, andernfalls entsteht für sie ein riesiges, gefährliches Konfliktpotential."[57]†††† Dies ist Punkt 10 in Carl F. Weizsäcker's Prognosen über die zukünftigen Entwicklungstendenzen in der Welt.[58] Wie wir im Kapitel „Biokrieg" thematisieren werden, hat dieses Zitat bereits heute eine beängstigende Realität; seit Jahrzehnten wird mit genau diesem Ziel an Biowaffen gearbeitet.

Was die Reduzierung der Weltbevölkerung betrifft, so gibt es eine Prognose über den Einwohnerverlust in den einzelnen Ländern. Entsprechend dem Video[59], veröffentlicht am 22.02.2015, in dem sich auf die Quelle www.deagel.com bezogen wird, sind für 14 europäische Staaten große Einwohnerverluste prognostiziert worden, ein Gesamt-Einwohnerverlust von 137,7 Millionen (2. Zahlenspalte in Abbildung 6). Im Jahre 2017 sind diese Einwohnerverluste noch einmal zu noch wesentlich größeren Werten hin korrigiert worden (in Summe 193,6 Millionen, 3. Zahlenspalte in Abbildung 6, entspricht der 1. Zahlenspalte in Abbildung 5).

In diesem Dokument, Abbildung 5, begegnet man auch wieder der Jahreszahl 2025, genau wie in den beiden im Prolog thematisierten Dokumenten, dem Wetterkriegs-Dokument (Abbildung 1) und dem NASA-Dokument (Abbildung 2). Damit scheint es wahrscheinlich, dass es einen Plan, eine Agenda gibt, nennen wir sie Agenda2025, die den Zusammenbruch der Staaten der westlichen Welt anvisiert, gewissermaßen die große Krise, auf deren Trümmern beabsichtigt ist, die NWO zu errichten, so wie es David Rockefeller bereits 1994 formuliert hatte: *„Wir stehen am Rande einer weltweiten Umbildung, alles was wir brauchen, ist die richtige allumfassende*

---

†††† Wie auf dem Blog „falschzitate.blogspot.com" am 1. Mai 2018 festgestellt, soll dieses Zitat und die zugrundeliegenden 12 Prophezeiungen nicht von Carl Friedrich von Weizsäcker stammen, sondern von einer unbekannten Autorin oder einem unbekannten Autor wahrscheinlich aus dem Jahr 2007.

Krise und die Nationen werden in die neue Weltordnung einwilligen." [60],‡‡‡‡

Abbildung 5: Prognose der Bevölkerungszahlen für 2025 (1. Zahlenspalte) und des Bruttoinlandsproduktes (2. Zahlenspalte). Schwarze Schrift: Iststand, rote Schrift: Prognose für 2025. (Ausschnitt kopiert aus der Tabelle „...View year 2017 listing" veröffentlicht auf www.deagel.com/country/).

Die Firma 'Deagel', die diese Seite (www.deagel.com/country/) betreibt, handelt mit Informationen militärischer Art, die sie direkt von CIA, FBI, NSA, US Army, Mossat, Nato, EU bezieht. Außerdem veröffentlicht DEAGEL.com Informationen zum Bruttoin-

---

‡‡‡‡ (1994 vor dem Wirtschafts-Ausschuss der Vereinten Nationen – UN Business Council)

landsprodukt BIP, zu den Militärausgaben, zur Kaufkraftparität KKP und Bevölkerungszahlen der einzelnen Länder sowie Prognosen dazu für das Jahr 2025.[61] Die in Abbildung 6 wiedergegebenen Prognosezahlen für die Bevölkerungen hatte Deagel 2014 (2. Zahlenspalte in Abbildung 6) und 2017 (3. Zahlenspalte in Abbildung 6) veröffentlicht. Als Ursache für die hohen Bevölkerungsverluste wird im erklärenden Text unter der Tabelle der totale Zusammenbruch der Wirtschafts- und Sozialsysteme in diesen Ländern angeführt, wobei auf folgende Punkte hingewiesen wird:

1) Pandemieszenarios (z.b. Ebola)
2) Zusammenbruch des westlichen Finanzsystems
3) Zusammenbruch von Ponzi-Programmen[§§§§] wie die Börse und die Pensionskassen

In dieser Begründung der Prognosen sind Kriege, Bürgerkriege und Hungersnöte nicht explizit thematisiert. Man kann aber davon ausgehen, dass es nach einem Zusammenbruch des Finanzsystems zu bürgerkriegsähnlichen Szenarios kommen kann. Es kann auch eine Hungersnot mittels Wetterwaffen herbeigeführt werden, wie einleitend im Prolog beschrieben. Diese Wetterwaffen können auch gegen das eigene Volk eingesetzt werden, wie es offensichtlich bei den „Waldbränden" in Kalifornien 2017 und 2018 der Fall war.[62] Der Sprecher im Video[63] sagt: „... *Und diese Informationen führen dazu, dass Deagel bis zum Jahr 2025 den totalen Zusammenbruch des Wirtschaft- und Sozialsystems in diesen Ländern prognostiziert. Das wiederum würde dazu führen, dass es sozusagen eine neue Völkerwanderung gibt, und Millionen von Menschen in andere Länder abwandern oder Selbstmord begehen oder verhungern oder sonst irgendwie zu Tode kommen."* Das wäre dann eine erneute "Völkerwanderung", jedoch genau in die entgegengesetzte Richtung, wie sie heute stattfindet. Dies wird zum Migrationsdruck nach außen führen.

[§§§§] Ein Ponzi-Programm hat Ähnlichkeiten mit einem Schneeballsystem, was irgendwann kollabieren muß.

Quelle: Prognose von:	*2) 2017 Einwohnerzahl (in Millionen) **2017**	*1) 2014 Prognose Einwohner- **Verlust** (in Millionen) **2025**	*2) 2017 Prognose Einwohner- **Verlust** (in Millionen) **2025**
Italien	62.0	-19.0	**-18.2**
Frankreich	67.0	-24.6	**-27.9**
Österreich	8.8	-1.8	**-2.6**
Schweiz	8.2	-5.2	**-2.9**
Deutschland	80.6	-1.6	**-52.6**
Belgien	11.5	-2.1	**-3.4**
Niederlande	17.1	-7.7	**-0.3**
Portugal	10.8	-4.0	**-2.7**
Großbritanien	65.7	-31.3	**-51.1**
Spanien	49.0	-21.3	**-21.2**
Schweden	10.0	-6.2	**-2.8**
Norwegen	5.3	-3.1	**-1.5**
Irland	5.0	-2.1	**-3.7**
Griechenland	10.8	-7.8	**-2.7**
Summe	**411.7**	**-137.7**	**-193.6**
USA	327.0	-247.4	**-227.4**
Kanada	35.6		**-9.3**
Australien	23.2		**-8.0**

*1) https://www.youtube.com/watch?v=W8Ifp_O9oRA&feature=youtu.be
*2) http://www.deagel.com/country/
Abbildung 6: Prognose Bevölkerungsverlust für 2025. (1. Zahlenspalte: Bevölkerungszahlen 2017; 2. Zahlenspalte: Bevölkerungsverlust 2025, prognostiziert 2014; 3. Zahlenspalte: Bevölkerungsverlust 2025, prognostiziert 2017).

Migrationsdruck nach außen

Die beiden Prognosen von 2014 und 2017 unterscheiden sich für Deutschland fundamental: Der 2014 prognostizierte Bevölkerungsverlust von 1,6 Millionen (2. Zahlenspalte in Abbildung 6) ist in der Prognose von 2017 auf 52,6 Millionen (3. Zahlenspalte in Abbildung 6) hochgeschnellt. Berücksichtigt man die im September 2015 erfolgte Öffnung der deutschen Grenzen, die also zeitlich zwischen diesen beiden Prognosen gelegen hat, so wird dieser fundamentale Unterschied in diesen zwei Prognosen verständlich.***** Denn dieser millionenfache Zustrom von Migranten und deren offensichtliche Förderung durch die deutsche Regierung (sowie die Unterstützung durch den größeren Teil der deutschen Bevölkerung) legt den Schluss nahe, dass das Sozialsystem ab einem bestimmten Zeitpunkt zusammenbrechen wird. Denn die durch die millionenfache Migration und den mit dem Familiennachzug verbundenen zusätzlichen, ständig weiter wachsenden Kosten in Höhe von mehreren Zig Milliarden Euro pro Jahr können ab einem bestimmten Zeitpunkt nicht mehr durch die angeschlagene deutsche Wirtschaft aufgefangen werden. Das Sozialsystem wird deshalb früher oder später zusammenbrechen. Wann das geschieht, hängt auch davon ab, inwieweit die Kreditgeber bereit sind, weitere zusätzliche Kredite zur Finanzierung zu gewähren. Es liegt also in der Hand der Kreditgeber, also der Finanzelite, den genauen Zeitpunkt des Zusammenbruchs zu bestimmen. Das bedeutet, dass dann der Staat

---

***** Allerdings erfolgte die Änderung der Prognose für die Bevölkerungszahlen für Deutschland in mehreren Teilschritten (am 23.April 2015 geändert von 79,6 auf 48,1; 16.August 2016 von 48,1 auf 40,8; 22.Juni 2017 von 40,8 auf 31,3 bzw. 28 Millionen; Quelle: https://www.youtube.com/watch?v=t4OwfkSEtlY). Die ersten beiden Änderungen erfolgten noch vor der Grenzöffnung in Deutschland. Ich gehe aber davon aus, dass diese Grenzöffnung nicht spontan erfolgte, sondern einem Plan folgte, der die Lenkung der Migrationsströme nach Europa vorsah, und die Kenntnis dieses Planes fand in den Prognosen Berücksichtigung. Dass dieser Plan existierte, wird durch die Tatsache nahegelegt, dass das UNO-Flüchtlingshilfswerk (UNHCR) unmittelbar vor Ausbruch der Massenmigration nach Europa die ohnehin schon knapp bemessenen Gelder für die Flüchtlingslager nahe Syrien und Libanon drastisch gekürzt hatte, wonach die Zahl derer rapide anstieg, die sich auf den Weg nach Europa machten.
(Quelle: https://www.youtube.com/watch?v=EQOl0HxNEOY&t=300s)

auch keine Renten und Sozialhilfen mehr bezahlen kann. Und das ist dann der oben zitierte prognostizierte *"totale Zusammenbruch des Wirtschaft- und Sozialsystems"*. Was den Zusammenbruch des Wirtschaftssystems betrifft, so sind wir seit einigen Jahren Zeuge, wie auch die deutsche Wirtschaft systematisch abgewickelt wird, insbesondere die deutschen Schlüsselindustrien wie Energieerzeugung (Atomindustrie und Kohleverstromung) und neuerdings auch die Automobilindustrie.

Die den Zusammenbruch überlebenden Menschen werden entwurzelt sein. Die Richtung der Migration wird sich umkehren, nicht mehr nach Deutschland (bzw. Europa) hinein, sondern aus Deutschland (bzw. Europa) hinaus; der Migrationsdruck wird in Richtung Osten zeigen. Doch nach dem Zusammenbruch muss man davon ausgehen, dass die Grenzen wieder geschlossen werden, abgesichert durch die Söldner der EU-Armee, deren Errichtung durch Macron und Merkel schon länger gefordert bzw. angekündigt worden ist. Vorläufer dieser EU-Armee sind die Geheimarmeen GLADIO[64] und EUROGENDFOR, in denen auch ausländische Söldner dienen, die dann auch bereit sein werden, den Befehlen zu folgen, selbst wenn sie auf die eigene Bevölkerung schießen sollen. Nach dem Zusammenbruch wird es also nicht mehr möglich sein, die Grenze zu überschreiten. Die Überlebenden dieser "großen Krise" sind dann die idealen Neubürger des Einewelt-"Staates" bzw. UNO-Staates, ohne Rechte und ohne lebenswerte Zukunft. Das ist die Neue Weltordnung.

Eine ähnliche Prognose-Entwicklung gibt es auch für die USA, nur noch detaillierter über der Zeitachse. Abbildung 7 zeigt, wie die Prognose für die USA an die jeweiligen Gegebenheiten angepasst worden ist. Der größte Sprung (Korrektur) in der Prognose erfolgte am 3. April 2014, wo die für 2025 prognostozierte Bevölkerungszahl von 182 Millionen auf 88 Millionen, und anschließend, am 24.September 2014, noch einmal auf 69 Millionen heruntergestuft worden ist.

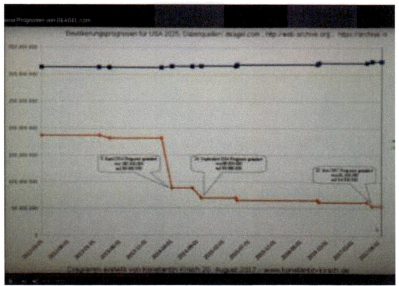

Abbildung 7: Korrekturen der Prognose der Bevölkerungszahlen in den USA für 2025 (untere Kurve). Obere Kurve: Bevölkerung „Ist"-Stand, bezogen auf den jeweiligen Zeitpunkt auf der X-Achse".[65]

Für die USA ist bemerkenswert, dass sich in den letzten Jahren Naturkatastrophen in Häufigkeit und Intensität zu verstärken scheinen, Wirbelstürme, Überschwemmungen, Waldbrände. Es liegt der Verdacht nahe, dass da von Menschenhand nachgeholfen wird, zum einen, um die Menschen in Angst zu halten, zum anderen, um deren Lebensgrundlagen zu zerstören. Da sind die beiden verheerenden Waldbrände im Oktober 2017 und im November 2018 in Kalifornien, die einem wirklichen Waldbrand sehr unähnlich waren: Autos geschmolzen und Häuser bis auf die Grundmauern zerstört, während umstehende Bäume weitestgehend unbeschädigt blieben.[66] Oder die Hurrikane, die in den letzten zehn, zwanzig Jahren die USA heimgesucht haben, übertrafen die bekannten früheren Hurrikane an Kraft und Zerstörung bei weitem, zum Beispiel der Hurrikan Katrina, der im August 2005 über den Golf von Mexiko hereinbrach und 11 lang Tage wütete, schließlich New Orleans zerstört hatte und Zehntausende Menschen evakuiert werden mussten. Oder der endlose Regen und die damit einher gehenden verheerenden Überflutungen weiter Teile der Agraranbauflächen in den USA, die eine Aussaat unmöglich machten. Wenn nicht ausgesät werden kann, kann auch nicht geerntet werden. Die Folge kann eine Hungersnot sein. In einem Artikel beschreibt Michael Snyder die Situation der Agrarindustrie in den USA im Juni 2019 so:[67] *„Amerikas Bauern stehen vor der schwersten Krise seit einer Generation – und das nächste monströse Unwetter ist bereits im Anmarsch"*[68] *„Wegen des unglaublich feuchten Wetters werden dieses Jahr Millionen und Abermillionen Hektar besten amerikanischen Farmlands brachliegen müssen, weil die Feuchtigkeit keine Aussaat zulässt. Auf weiteren Millionen Hektar Fläche wird zwar ausgesät, aber der Ertrag dürfte wegen der furchtbaren Situation deutlich hinter dem Normalzustand zurückbleiben. "*

Jetzt kann man sich natürlich fragen: werden sich die Bevölkerungen nicht dagegen wehren? Wird es da nicht überall Bürgerkrieg geben? Sicher wird es das geben. Doch was können die wehrlosen Bürger tun? Viele verstehen gar nicht, was um sie herum geschieht, was die Ursachen für die „Verwerfungen" sind. Sie haben inzwischen verlernt, die großen Zusammenhänge nach logischen Gesichtspunkten zu hinterfragen. Das ist das Ergebnis der seit Jahrzehnten laufenden Indoktrination, eine Art „Doppeldenk-Gehirnwäsche"[69], einer Verdummung der Menschen durch die öffentlichen Medien, die die politischen Akteure stützen.

3. Der Klimawandel – ein Thema für alle Menschen

Der Klimawandel – die neue Weltreligion

„Der angeblich menschengemachte Klimawandel ist der ultimative Vorwand, um die Menschen zu kontrollieren, denn CO2 ist nicht mehr und nicht weniger als Leben. Alles menschliche Tun und Handeln basiert auf CO2; sogar das Atmen! Wer den CO2-Ausstoss der Menschen gesetzlich kontrolliert, kann bestimmen, wie wir zu leben haben und wie viele Menschen leben dürfen. Genauso wie vor 9/11 niemand einen Grund gesehen hätte, den Nahen Osten in Schutt und Asche zu legen, hätte vor der Klimahysterie niemand freiwillig auf das Reisen, sein Haustier oder sogar auf eigene Kinder verzichtet.“[70]

Abbildung 8: Titelblatt des SPIEGEL aus dem Jahr 1986: Startschuss für die Klimahysterie. *„Solange wir keine Katastrophen ankündigen, wird niemand zuhören.“* (John Harton, Vizepräsident des IPCC, 1994)

*„Alle Parteien der Industriestaaten, ob rechts oder links, werden
die CO2-Erwärmungstheorie übernehmen. Dies ist eine einmalige
Chance, die Luft zum Atmen zu besteuern. Weil sie damit angeblich
die Welt vor dem Hitzetod bewahren, erhalten die Politiker dafür
auch noch Beifall. Keine Partei wird dieser Versuchung
widerstehen. "*[71]

Der „menschengemachte Klimawandel" ist eine Erfindung der
Elite, die folgende Ziele verfolgt:
1) Schaffung eines gemeinsamen Projektes bzw. Themas, das
   die gesamte Weltgemeinschaft betrifft, nicht nur einzelne
   Gruppen, Staaten oder Staatengruppen, mit dem sich die
   gesamte Menschheit identifizieren kann. Diese Gemeinsamkeit dient der Elite, die eine Eineweltregierung anstrebt. Dirk Müller bringt dies in einem Kommentar auf
   den Punkt:[72] *„Als Weltgesellschaft hatten wir nie ein gemeinsames Thema. Bis heute gab es nicht ein einziges
   Thema, das alle Menschen der Welt betroffen hat, mit dem
   sie sich auseinandergesetzt haben, um das sie sich geküm-
   mert haben, weil sie es nicht betroffen hat. Selbst ein Welt-
   krieg war nur für einen Teil der Staaten ein Thema ...
   Wenn ich aber eine Weltgesellschafft möchte, brauche ich
   ein gemeinsames Thema, um das wir uns alle als gemeinsame Menschheit kümmern. Und da ist der Klimawandel –
   wenn'se nicht gerade 'Außerirdische' finden, die von außerhalb kommen, wenige Themen, die man dafür überhaupt verwenden könnte. Aber das Klima betrifft alle. Klima ist für jeden greifbar, ist für jeden nachvollziehbar, betrifft jeden irgendwie. Und genau das ist das Thema, das
   man jetzt offenkundig gefunden hat, was den Narrativ für
   die Weltgesellschaft darstellt, um diese Weltgesellschaft
   überhaupt erst mal zu schaffen, um sie zu einem gemeinsamen Verständnis für den Globus zu führen. "*
2) die Umverteilung von unten nach oben (CO2-Steuer[†††††,73],
   „ständig neue und höhere Umwelt- und Ökosteuern,*

[†††††] Das Gutachten der Expertenkommission für Forschung und Innovation (EFI)
fordert die Bundesregierung auf, eine CO2-Steuer einzuführen.

Mauterhöhungen, Dämmrichtlinien, Emissionsabgaben, CO$_2$-Zertifikatehandel, Dieselverbote und Elektroautounsinn... "[74])

3) Legalisierung von Geoengineering (und damit Chemtrails) mit der Begründung, dass Geoengineering benötigt wird, um der drohenden Temperaturerhöhung der Erde entgegenzutreten (Umgehung des ENMOD-Abkommens[‡‡‡‡‡] von 1976)

4) Schwächung der deutschen Wirtschaft (Angleichung der Lebensverhältnisse innerhalb der EU. Denn ein regierbares, geeinigtes Europa ist nicht möglich, wenn das eine Land reich, das andere Land arm ist.)

5) Ablenkung von anderen politischen Veränderungen, insbesondere vom schleichenden Demokratieabbau, den neuen Gesetzen zur Überwachung und Zensur der Bürger und der Massenmigration nach Europa. Vor der Europawahl am 26.5.2019 wurde das Thema besonders in den Mittelpunkt des medialen und öffentlichen Interesses gepusht, so dass die eigentlichen Probleme wie Flüchtlinge, Familiennachzug, innere Sicherheit, Soziales, Altersarmut völlig in den Hintergrund getreten sind.

6) Verwirren und Erzeugen von Angst

7) Eine weitere Komponente zu „Teile und Herrsche": Zu der tiefen Spaltung in der Bevölkerung (Rechts gegen Links, Patrioten gegen „Gutmenschen", Einheimische gegen Migranten, Muslime gegen Christen und Juden, Verschwörungstheoretiker gegen Mainstreamgläubige, arm gegen reich) kommt nun eine neue Komponente hinzu: „Jung gegen Alt", ein künstlischer Generationenkonflikt wird aufgebaut und geschürt.

8) Demokratieabbau und dessen Beschleunigung. Dazu folgende Argumentation: Da die demokratischen Abläufe in einer Demokratie letztlich von Mehrheitsentscheidungen abhängen, erfordern die Entscheidungsprozesse viel Zeit. Zentralistische Systeme sind dagegen viel schneller und einem demokratischen System vorzuziehen, um den globa-

---

[‡‡‡‡‡] Die ENMOD-Konvention verbietet den Einsatz von umweltverändernden Techniken.

len Herausforderungen der heutigen Zeit gerecht zu werden. So ist der „Klimawandel" ein Paradebeispiel dafür, diese Denkungsart auch in der Bevölkerung zu verankern, indem man die Menschen davon überzeugt, dass nur schnelle Entscheidungen die „drohende Klimakatastrophe" abwenden könnten. Dazu eine im ZDF ausgestrahlte Diskussion zwischen dem Psychologen Richard David Precht und dem als Kanzlernachfolger gehandelten Grünen-Chef Robert Habeck, wo dieser das Zentralistische System dem Demokratischen System vorzog. Auch wenn diese Aussage von Habeck im Nachhinein als missverständlich und so nicht gemeint hingestellt worden ist,[75] zeigt sie doch ganz klar, worum es geht: Zurückdrängung demokratischer Prinzipen, begründet mit dem Vorwand, politische Entscheidung schneller durchsetzen zu können.

Mehrheitsentscheidung: „Klimakiller CO2"

„Berechnen Sie jetzt Ihren CO2-Fußabdruck - Die Erde schlingert dem Klima-Kollaps entgegen ... "[76]

Von den Vertretern der Hypothese, die Klimaerwärmung sei menschengemacht, wird immer wieder behauptet, *„97% der Wissenschaftler sind sicher, dass der Klimawandel größtenteils menschengemacht ist.* "[77] Diese Behauptung, die immer wieder gern als Argument gegen „Klimaskeptiker" ins Feld geführt wird, ist jedoch falsch, wie im Youtube-Video[78] begründet wird. Dieser Behauptung steht sogar eine Petition („Global Warming Petition Project", auch unter „Oregon-Petition" bekannt) gegenüber, die von 31000 Wissenschaftlern unterzeichnet worden ist (Stand Januar 2018) und in der festgestellt wird, dass die Hypothese der vom Menschen verursachten globalen Erwärmung falsch ist.[79] Am 19.6.2019 unterzeichneten 90 italienische Wissenschaftler eine „Petition gegen Klimaalarm", in der sie noch einmal explizit die wissenschaftlichen Fakten zusammenfassen, die obiger Hypothese widersprechen.[80] Bereits 1992 haben 4000 Wissenschaftler das Heidelberger Manifest (Heidelberger appeal) unterzeichnet, erschienen am letzten Tag des Klimagipfels in Rio de Jenairo, worin die Unterzeichner forderten, dass die Gesellschaft den Wissenschaflern mehr Aufmerksamkeit schenken solle als den vielen irrationalen Gesundheits- und Umweltaktivisten.[§§§§§] Gegen diese „Oregon-Petition" mit den 31000 Unterzeichnern wird durch die „Klimawandel"-Lobbyisten, vertreten u.a. durch die Huffington Post oder durch www.klimafakten.de scharf geschossen, indem versucht wird, dieses als Propaganda darzustellen. Oder die Aussagekraft der „Oregon-Petition" wird in Abrede gestellt mit der Begründung, dass diese von überwiegend fachfremden Wissenschaftlern unterschrieben worden sei. Oder: unter den unterzeichnenden Wissenschaftlern seien auch Bachelor-, Master- oder Doktortitel in einem mit den Naturwissenschaften verwandten Fach; wenn man aber die Zahl der Absolventen von höheren Bildungseinrichtungen seit dem Schuljahr 1970/71, die den Kriterien der „Oregon-Petition" entsprechen, mit der Zahl der Unterzeichner vergleicht, dann ist das Verhältnis 10,6 Millionen zu 31000.[81] Also eine Mehrheitsentscheidung für den menschengemachten Klimawandel?! Was für ein wissenschaftliches Armutszeugnis! „Die Erde ist eine Scheibe" war im Mittelalter auch eine Mehrheitsentscheidung, zumindest widersprach damals kaum jemand dieser Sichtweise. Oder betrachten wir die Gegenwart: Das „Standardmodell der Elementarteilchen", die kosmologischen Theorien von Parallelwelten und Extradimensionen, Blasen-Multiversum sind ebenfalls als Mehrheitsentscheidungen zu betrachten, denen die meisten der Fachspezialisten unwidersprochen folgen. Sind sie deshalb richtig?

Prof. Dr. Horst-Joachim Lüdecke[82] vom EIKE-Institut schreibt zu den Einlassungen auf www.klimafakten.de: *„Der Blog Klimafakten.de (im Folgenden kurz die KF) versteht sich als Lobbyverein der Hypothese vom menschgemachten Klimawandel. Ein wissenschaftliches Thema ist somit in den vergangenen Jahren zur Waffe von ideologischen Interessengruppen und einer Politik geworden, die mit „Klimaschutz" unübersehbar gänzlich andere Ziele als die*

[§§§§§] Wikipedia: „Heidelberger appeal": „*... The document most of the signatories thought they were signing was an appeal for the society to pay more attention to scientists than to the many irrational health and environmental activists...."*

„Rettung der Welt vor dem Wärmetod" verfolgen. Als Folge davon haben inzwischen alle maßgebenden politischen Parteien das Thema 'Klima' in ihre Programme aufgenommen..."

Der emeritierte Professor an der University of London, Philip Stott, wird im Klimazustandsbericht der UN-Klimakonferenz im November 2016 wie folgt zitiert:[83] *„Der fundamentale Punkt war immer Folgender. Klimawandel wird durch Hunderte von Faktoren oder Variablen bestimmt, und allein der bloße Gedanke, dass wir den Klimawandel vorhersagbar managen können, indem wir den einzigen politisch gewählten Faktor CO2 verstehen und manipulieren, ist so abwegig wie nur irgendwas".* Und er fügte hinzu: *„Das ist wissenschaftlicher Unsinn".* Und warum wird dieser wissenschaftliche Unsinn zu einer Staatsdoktrin, oder drastischer, zu einer Staatsreligion aufgebaut? Dieser Standpunkt von Philip Stott wird auch durch viele seriöse Wissenschaftler geteilt, die in einem Youtube-Video[84] zu Wort kommen: es gibt Zehntausende von Wissenschaftlern, die nicht einverstanden sind mit der Hypothese, dass der Mensch einen bedeutenden Beitrag liefert am Klimawandel. Unter diesen Zehntausenden von Wissenschaftlern gibt es auch mehr als 70 Nobel-Preisträger.[85] Insbesondere die Behauptung der Vertreter der menschengemachten Klimaerwärmung, dass für diese das CO2 verantwortlich sei, wird durch die empirische Tatsache widerlegt, dass zwischen 1905 und 1940 eine ausgeprägte Erderwärmung gemessen worden ist, hingegen zwischen 1940 und 1970, wo die industrielle Produktion und damit der menschengemachte CO2-Ausstoß außerordentlich anstieg, eine leichte Abkühlung erfolgt war. Was auch in Vergessenheit geraten ist: in der Mitte und der zweiten Hälfte des vorigen Jahrhunderts war eine Erdabkühlung, ja sogar eine neue Eiszeit, angekündigt worden. [86,87,88] Die Absurdität der These, dass das menschengemachte CO2 verantwortlich sei für die Klimerwärmung, wird auch thematisiert in einem 2011 auf welt.de erschienen Artikel,[89] der aber weder durch die Politiker noch durch die Apologeten der CO2-These zur Kenntnis genommen wird.

Die These, dass die drohende Klimaerwärmung vom menschengemachten CO2 befeuert wird, hat auch eine satirische und groteske Seite, wie uns ein EU-Abgeordneter in einem Video[90] vor Augen führt. So ziehen die EU-Abgeordneten mit ihren Mitarbeitern, insgesamt etwa 3000 Menschen, einmal monatlich für drei Nächte und vier Tage von Brüssel nach Straßburg um und anschließend wieder zurück. Das Gepäck wird mit Lastwagen transportiert, die Parlamentarier nehmen gewöhnlich den Flieger. Dieser monatliche Umzug *„bedeutet im Jahr rund 20 Tausend Tonnen CO2-Ausstoß. Das ist soviel wie Dreizehntausend Flüge ‚London – New York' und retour, nur weil wir hier zwischen zwei Standorten hin- und herziehen.*"[91] An diesem Beispiel wird klar, dass es den Entscheidern gar nicht darum geht, den sogenannten Klimakiller CO2 zu begrenzen, sondern dass es sich bei der Debatte um die Begrenzung des CO2-Ausstoßes um eine Scheindebatte handelt. Finanziell bedeutet dieser monatliche Umzug 114 Millionen Euro pro Jahr (laut Rechnungshof). *„Welches Unternehmen würde auf die absurde Idee kommen, 3000 Mitarbeiter und Mitarbeiterinnen jeden Monat für drei Nächte und vier Tage wo anders hin zu verfrachten?*"[92] Ebenso dem Anliegen der CO2-Reduzierung widersprechend, wurden die 709 Abgeordneten des Bundestages extra aus dem Urlaub zurückbeordert, um der Vereidigung der amtierenden Verteidigungsministerin AKK beizuwohnen, Kosten mehr als 1 Million Euro plus jede Menge zusätzlichen CO2-Ausstoß.[93] Wenn es den „Klima-Aktivisten" wirklich um den Klimaschutz und den Erhalt menschenwürdiger Lebensbedingungen ernst wäre, würden sie alles dafür tun, der Abholzung der Regenwälder in Südamerika oder Indonesien entschieden entgegenzutreten. Und sie würden entschiedener der Vermüllung der Meere und Ozeane durch Plastikabfälle entgegentreten. Und sie würden für einen verantwortungsvollen Einsatz der auf der Welt vorhandenen Ressorcen eintreten. Diese Probleme sind zwar seit langem bekannt und tauchen immer mal wieder in den Medien als Nachrichten oder Kommentare auf. Es bleibt aber der Eindruck, dass gegen diese Probleme praktisch wenig unternommen wird, stattdessen Drohkulissen, wie die CO2-Legende, aufgebaut werden, die dann immer wieder als Motor für weitere Investitionen und Begründung für Steuererhöhungen bzw. neue Steuern dienen.

Testserien mit Bohrkernen im ewigen Eis haben gezeigt, dass die Temperatur innerhalb der letzten 100.000 Jahre steigt oder fällt, dann folgt das CO2 im Abstand von ein paar hundert Jahren nach, d.h., *„CO2 verursacht nicht den Klimawandel, sondern folgt ihm nach. ... Die Grundannahme der Theorie des menschengemachten Klimawandels ist also erwiesenermaßen falsch."*[94] Die Erklärung dafür, warum der CO2-Gehalt der jeweilige Temperaturänderung nachfolgt, hängt mit der CO2-Abgabe der Ozeane zusammen, die ansteigt oder sinkt, je nachdem, ob die globale Temperatur steigt oder fällt. Die Erwärmung oder Abkühlung der Ozeane selbst hängt aber mit der Sonne, insbesondere mit der sogenannten Sonnenaktivität, zusammen, d.h., *die Sonne steckt hinter dem Klimawandel, CO2 spielt keine Rolle."*[95]

Erst wurde vor der **"Klimaerwärmung"** durch CO_2 gewarnt; als sich aber herausstellte, dass sich im Verlauf der letzten 20 Jahre die gemessenen Jahresdurchschnittstemperaturen nicht wirklich erhöht hatten,[96] hat man diesen Begriff einfach ersetzt durch **"Klimawandel"**. *"Das Wort „Klimaerwärmung" (war so um die Jahrtausendwende noch sehr populär) wurde nahezu gänzlich aus dem Verkehr gezogen und durch den erheblich universeller anwendbaren Begriff „Klimawandel" ersetzt. Diese Begriffsneutralität erlaubt nunmehr die klimareligiös neutrale Verwendung des Wortes. Jetzt kann es gefahrlos zu einer Eiszeit oder auch zu einer Warmzeit kommen, was gesichert auch der Fall sein wird. Es geht nur darum die Dramatik aufrechtzuerhalten und keinem Irrtum zu erliegen, um den Klima-Ablasshandel nicht zu gefährden. Dieses Geschäftsmodell lebt ausschließlich von einer „nachhaltigen" Panik in den Köpfen der Klima-Gläubigen, wobei es völlig dahingestellt bleiben kann, ob es nun wärmer oder kälter wird, denn ausschließlich auf den verbrieften Wandel kommt es an."*[97]

„Alles hängt an dieser einen Frage: Wenn Kohlendioxyd keine wichtige Ursache ist, dann sind CO2-Abscheidung, Cap-and-Trade, CO₂-Handel und das Kyoto-Abkommen eine Verschwendung von Zeit und Geld. All dieses lenkt die Ressourcen weg von den wichtigen Dingen, die uns interessieren – wie eine

Heilung von Krebs zu finden oder somalische Kinder zu ernähren."[98]

In einem Artikel auf http://news-for-friends.de[99] wird geurteilt: *„Der anthropogene Klimawandel ist die wahrscheinlich größte Lüge und der größte Schwindel aller Zeiten mit gravierendsten Folgen. Er dient ausschließlich zur Umverteilung von Vermögen von unten nach oben in nicht dagewesenem Maßstab, d. h. der totalen Beraubung und damit in diesem sozioökonomischen System, in dem wir nun mal leider im Moment immer noch leben müssen, letztlich der Versklavung der gesamten Menschheit."*

In dem viel zitierten Film von Davis Guggenheim und Al Gore, „Eine unbequeme Wahrheit",[100] in dem vor dem menschengemachten Klimawandel gewarnt wird, *„wurden einerseits Fakten verschwiegen und andererseits so angepasst, dass sich der gewünschte Effekt einstellt: Angst in der Bevölkerung zu erzeugen und Legitimation für die absurde und ruinöse „Klima"-Politik zu erhalten, wie etwa ständig neue und höhere Umwelt- und Ökosteuern, Mauterhöhungen, Dämmrichtlinien, Emissionsabgaben, CO_2-Zertifikatehandel, Dieselverbote und Elektroautounsinn ..."*[101]

Was wir heute erleben, ist die Zelebrierung einer Klimareligion, die mit wissenschaftlichen Fakten nichts anfangen kann, stattdessen den „menschgemachten Klimawandel" auf die Stufe eines Dogmas erhoben hat. Zentrale Behauptung der Vertreter des „menschengemachten Klimawandels" ist, dass das vom Menschen verursachte CO2 die Klimaerwärmung beschleunigen würde, Stichwort „Treibhauseffekt". Hier ein Argument, das das Gegenteil nahelegt:

Die Gegenthese

„Über dem Thema 'Klimawandel' herrscht ein absolutes Diskussi-onstabu, und das ist wohl das Schlimmste an der ganzen Sache."
(Naomi Seibt, 16 jährige Abiturientin[102])

CO_2 ist schwerer als Luft; infolgedessen ist die CO_2-Konzentration in Erdnähe größer als in oberen Atmosphären-schichten. Dieser Punkt wird von den Klima-Apologeten gern be-nutzt, um die „Klimaleugner" zu widerlegen, indem sie sagen, dass durch die Verwirbellung der Luftmassen (durch Wind, Strömun-gen) ein Absinken des CO_2 verhindert wird und deshalb CO_2, N_2 und O_2 mehr oder weniger in der Athmosphäre gleich verteilt sei-en.[103] Jedoch unterschlagen sie dabei einen anderen Effekt, nämlich die Wolkenbildung, die in Höhen von etwa 2 bis 13 km stattfindet. Bei der Wolkenbildung kondensiert aufsteigender Wasserdampf und gibt dabei die beim Verdunsten an der Erdoberfläche aufge-nommene Wärmenergie wieder ab, die in alle Richtungen glei-chermaßen abgestrahlt wird. Das CO_2, das unter den Wolken in höherer Konzentration vorliegt als über den Wolken, bewirkt nun, dass die Wärmeabstrahlung in Richtung Weltall größer ist als in Richtung Erdoberfläche, das bedeutet eine Kühlung des erdnahen Bereichs im Vergleich zur (hypothetischen) Situation, dass kein CO_2 vorhanden wäre.[104] Eine Methode des sogenannten Geoengineering, die Erderwär-mung durch die Sonneneinstrahlung zu begrenzen ist, einen künst-lichen Sonnenschirm aus feinsten Metallpartikeln in der oberen Athmosphäre zu errichten, der einen großen Teil der direkten Son-neneinstrahlung zurück ins Weltall reflektieren soll (5. Aspekt im Abschnitt „Welche Ziele werden mit den Chemtrails verfolgt?"). Dies geschieht bereits seit 2003 über Deutschland mittels Ausbrin-gen riesiger Mengen kleinster Metallpartikel in die obere Athmosphäre (s. Abschnitt Chemtrails – *„Die Chemiesuppe"* am Himmel). Das Ergebnis ist ein milchig-weißer Himmel, der tat-sächlich zu einem Rückgang der auf die Erde auftreffenden Son-nenstrahlung führt. Jedoch vermindert dieser milchig-weiße Him-mel gleichzeitig auch die Wärmeabstrahlung der Erde in Richtung Weltall, was wiederum zur Erderwärmung beiträgt. Ohne diesen milchig-weißen Himmel wäre die Wärmeabstrahlung von der Erde in den Weltraum größer, was eine zusätzliche Abkühlung der Erdoberfläche bedeutete. Dieser Abkühlungseffekt war in früheren Jahren gut zu beobachten: Die nächtliche Abkühlung war immer dann besonders ausgeprägt, wenn der Himmel sternenkar und wolkenlos war. Dagegen verminderte eine dichte Wolkendecke die Wärmeabstrahlung in Richtung Weltall, weshalb die nächtliche Abkühlung nicht so stark war wie bei wolkenlosem Himmel. Während die Wärmeabstrahlung von der Erdoberfläche in Richtung Weltall immer stattfindet, d.h. 24 Stunden am Tag, wirkt die Abschirmung der Sonneneinstrahlung durch den milchig-weissen Himmel nur während der Tageszeit, nämlich wenn die Sonne am Himmel steht. In der Bilanz bedeutet das, dass dieser künstliche Sonnenschirm eher noch zu einer Erhöhung der mittleren Temperatur auf der Erdoberfläche beiträgt, jedoch nicht zu einer Temperaturerniedrigung.

Der durchschnittliche CO2-Anteil in der normalen Luft ist außerordentlich gering. Er beträgt nur etwa 0,04 % CO2. Das Europäisches Institut für Klima & Energie (EIKE) macht dazu die folgende Rechnung auf:[105] *"Also 0,038 Prozent CO2 sind in der Luft; davon produziert die Natur 96 Prozent, den Rest, also vier Prozent, der Mensch. Das sind dann vier Prozent von 0,038 Prozent also 0,00152 Prozent. Der Anteil Deutschlands hieran ist 3,1 Prozent. ... Damit wollen wir die Führungsrolle in der Welt übernehmen, was uns jährlich an Steuern und Belastungen etwa 50 Milliarden Euro kostet."*
Wenn das so ist, erhebt sich die Frage: Warum wird dann gerade das Gegenteil behauptet, nämlich dass CO2 die Erderwärmung verursacht? Die Antwort ist einfach: 1) Würde man sagen, dass CO2 die globale Erderwärmung verringern oder umkehren kann, dann könnte man auf dieser Basis keine CO2-Zertifikate begründen und auch keine CO2-Steuer. Man könnte schwerer begründen, dass die Kohleverstromung abgeschafft werden muss. 2) Eine tatsächliche Erderwärmung ist gewünscht, um die Behauptung, CO2 trage zur Erderwärmung bei, aufrechterhalten zu können. Man kann dann sagen, wir haben noch nicht genug CO2 eingespart, deshalb steigt die globale Temperatur weiter an und man muss die CO2-

48

Besteuerung noch effizienter, d.h. preistreibender auslegen. Man geht davon aus, dass die Masse der Menschen die wahren Hintergründe und Zusammenhänge nicht durchschaut. Denn würde sie es durchschauen, würde das ganze Klima-Besteuerungsprojekt wie ein Kartenhaus zusammenfallen. Deshalb verbreiten und befeuern die Massenmedien die CO_2-Erderwärmungsthese propagandistisch, und dies mit Erfolg, wie man am Beispiel der Friday-for-Future-Bewegung erkennen kann, aber auch an den Wählerstimmenzugewinnen der Grünen bei der EU-Wahl und bei den letzten Landtagswahlen.

Was mit dem Kampf gegen das CO_2 gleichzeitig bewirkt wird, ist ein Kampf gegen die Pflanzenwelt, die eine der Voraussetzungen für die menschliche Existenz ist. CO_2 ist ein wichtiges Gas, ohne das eine menschliche Zivilisation nicht exististieren könnte. Denn CO_2 ist ein essentieller Stoff für die Pflanzenwelt, der zur Energiegewinnung über die Fotosynthese gebraucht wird. Und die Fotosynthese funktioniert nur, wenn ausreichend Sonnenlicht vorhanden ist. Durch die anderen Massnahmen, die zur Abminderung der Erderwärmung eingesetzt werden, zählt auch die Verringerung der Sonneneinstrahlung durch Einbringen von Aerosolen in die oberen Bereiche der Atmosphäre, um einen Teil des Sonnenlichts zu absorbieren bzw. ins All zurück zu reflektieren. Das hat wiederum eine Reduzierung der Fotosynthese zur Folge.

Wie ist es – trotz des extrem minimalen menschgemachten CO_2-Beitrags – möglich, dass darauf eine ganze „Klimareligion" aufgebaut werden kann? Eine Antwort darauf gibt das Video „Der Ursprung der Klimalüge".[106] Darin stellt der Autor fest, *"dass Medien, überwiegend lesbare, natürlich auch TV, dabei waren, Fakten zu erfinden, die überhaupt noch gar nicht da waren. Und all diese Fakten liefen darauf hin, wenn man darüber etwas nachgedacht hatte, Angst zu erzeugen."* - In der Kurzbeschreibung zum Buch „Die Lüge der Klimakatastrophe" von Hartmut Bachmann kann man lesen: *„Laut Umfrage sind 70 % aller Deutschen durch systematische Panikmache über eine heraufziehende Klimakatastrophe geängstigt. Wer jedoch erkennt, dass die Basiswerte dieser angeblichen Katastrophe **größtenteils gefälscht*** *sind*, *kann seine Ängste abbauen.* *... die gesamte Konstruktion, welche die Klimakatastrophe stützen soll, (ist)* **ein einziges Lügengebäude***, aufgebaut von den obersten internationalen Klimabehörden bis hinunter zu den Landesregierungen. Nach Dekuvrierung dieser Fakten geht der Autor der Frage nach:* **CUI BONO?** *Wem nützt dies? Dabei stößt er auf kriminelle Machenschaften ... (und) wie skrupellose Ausbeuter und Egoisten aus Wirtschaft und Politik, Menschen manipulieren und ängstigen, um sie dann auszubeuten.*"[107]

Das Klima-Projekt ist zu groß um zu scheitern

Abbildung 9a zeigt den Anstieg der Durchschnittstemperatur der erdnahen Atmosphäre und der Meere seit Beginn der Industrialisierung (Wikipedia). Laut Wikipedia handelt es sich um *„einen Klimawandel durch anthropogene (menschengemachte) Einflüsse "*. Abbildung 9a repräsentiert einen Teil der sogenannten „Hockeyschläger-Klimakurve", die vollständig in Abbildung 9b gezeigt ist: die Durchschnittstemperatur auf der Nordhalbkugel seit dem Jahre 1000, ermittelt auf der Grundlage verschiedener Quellen. Diese Grafiken bilden die wesentlichen Eckpfeiler für die Behauptung, der Klimawandel sei „menschengemacht". Und sie bilden die Grundlage für die Klimamodelle, mit denen die Klimawissenschaftler die Temperaturentwicklung bis zum Jahre 2100 abschätzen, wenn wir den CO2-Ausstoß nicht reduzieren. Sie bildet auch eine Grundlage für die Klimaberichte des IPCC.
Die Grafik, Abbildung 9a, stammt von der NASA und ist von einem Herrn James Hansen (und Koautoren) 2010 erstellt und später von einem Herrn Nathan Lenssen (und Koautoren) 2019 überarbeitet und ergänzt worden. Die „Hockeyschläger-Klimakurve", Abbildung 9b, wurde von einem gewissen Herrn Michael Mann (und Koautoren) 1998 veröffentlicht. Sie zeigt einen allmählichen Rückgang der Temperatur seit etwa dem Jahr 1000, aber mit dem Einsetzen der Industrialisierung seit etwa 1890 einen steilen Anstieg bis zum Jahr 1998.

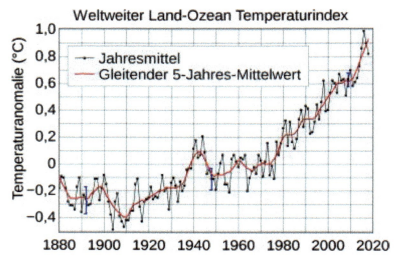

Abbildung 9a: Globale Erwärmung bzw. Erderwärmung seit Beginn der Industrialisierung. (kopiert aus Wikipedia)

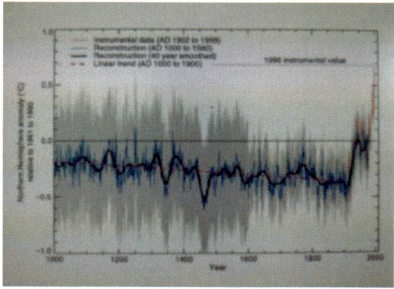

Abbildung 9b: Globale Erwärmung bzw. Erderwärmung für die letzten 1000 Jahre. (kopiert aus Wikipedia)

Doch handelt es sich bei dieser „Hockeyschläger-Klimakurve" offensichtlich um eine von Herrn Mann erfundene oder manipulierte Kurve. Denn dieser Herr Mann ist jetzt von einem kanadischen Gericht der Lüge überführt worden.[108,109] Das ist ein hartes Urteil.

„Der hochgelobte Michael Mann weigerte sich nämlich beharrlich, seine Rohdaten und Computer-Codes herauszurücken, damit nachgeprüft werden konnte, wie sein berühmter Kunstgriff zustande kam."[110]

In der Vergangenheit gab es auch eine Reihe von Veröffentlichungen anderer Autoren, in denen die Glaubwürdigkeit der Daten, die die Grundlage der Grafik (Abbildung 9b) bilden, in Zweifel gezogen worden ist. 2013 wurde auf SPIEGEL ONLINE das durch die Kritiker thematisierte Dilemma bezüglich der „Hockeyschläger-Klimakurve" analysiert. Der Autor dieses Artikels kommt zu dem Schluss:[111] *„Unter Druck der Industrielobby - Offenbar sah sich das "Hockeyteam", wie sich Mann und Kollegen selber nannten, von einer mächtigen Lobby aus Industrieverbänden in die Enge getrieben. Die Lobbyisten schrecken bekanntermaßen nicht vor der bewussten Falschinterpretation von Klimadaten zurück, um die Gefahren der Erderwärmung zu bagatellisieren...."* Hier wurde also der Spieß umgedreht, nicht Mann und Kollegen haben gefälscht, sondern sie wurden gedrängt „... *die Gefahren der Erderwärmung zu bagatellisieren...."*, was sie aber nicht taten.
Wikipedia kommt abschließend zu diesem Urteil: *„Inzwischen haben neuere Klimarekonstruktionen der vergangenen 1.000 Jahre ein dem Hockeyschläger-Diagramm vergleichbares Bild geliefert. Diese aktuellen Graphen sind weitgehend konsistent mit dem ursprünglichen Hockeyschläger-Diagramm und bewegen sich innerhalb des Rahmens der von Mann et al. vorgegebenen Fehlergrenzen."* Wikipedia verweist dabei auf diese beiden Quellen.[112,113] Und auf www.klimafakten.de kommt man zu einem ähnlichen Ergebnis.[114]
Dieses Urteil ist nicht überraschend, denn die *„neuere Klimarekonstruktionen"* basieren auf manipulierten Daten, wie wir im nächsten Abschnitt zeigen werden.

Bezüglich der anderen Grafik, Abbildung 9a, ist über deren Autoren folgendes zu berichten: Während man über den Autor Nathan Lenssen im Internet keine Spuren findet, findet man von James Hansen, dem „Vater der Klimakurve", Eintragungen mit überraschenden Ergebnissen: In einem Bericht der *Washington Post* aus dem Jahre 1971 wird er zitiert; damals warnte er noch vor einer Eiszeit: *„In den nächsten 50 Jahren könnte der Feinstaub, den die Menschen durch die Verbrennung von Fossilen-Kraftstoffen stetig in die Atmosphäre blasen, das Sonnenlicht soweit schwächen, dass die Durchschnittstemperaturen bis zu 6 Grad fallen könnten ... 10 Jahre später wird James Hansen zum Direktor des NASA-Goddard-Instituts erklärt und zaubert aus der globalen Abkühlung und der Temperaturkurve ..., die nach unten geht, eine globale Erwärmung mit einer Kurve, die nach oben geht* (Abbildung 9). *Nun hieß es: „es drohe doch keine Eiszeit, ganz im Gegenteil, es wird wärmer, und zwar so warm, dass bald die Polkappen schmelzen werden."*[115]

Manipulation von Messdaten

„Die Manipulation von Temperaturdaten ist der größte Wissenschafts-Skandal jemals"[116]

Wie kann es sein, dass aus einer ursprünglich prognostizierten Eiszeit nach nur so wenigen Jahren eine drohende Klimaerwährmung mit der Ankündigung einer Klimakatastrophe wird? Ganz einfach: durch Datenmanipulation: „*... die Basiswerte dieser angeblichen Katastrophe* (sind) *größtenteils gefälscht ...",* so die Behauptung in der oben zitierten Quelle[117]. Diese Behauptung wollen wir überprüfen. Schauen wir uns einige Daten genauer an. In einem Artikel des EIKE-Instituts[118] ist solchen Fälschungen einmal konkret nachgegangen worden. So wird dort zitiert, wie durch die NASA Meßdatensätze der Temperatur, die über einen Zeitraum von mehr als 100 Jahren an verschiedenen Orten auf der Erde meßtechnisch erfasst worden waren, manipuliert worden sind.[119] In einer der darin zitierten Quellen werden Beispiele von Datenmanipulationen aus sechs verschiedenen Orten auf der Welt gezeigt, wo Meßtemperaturen manipuliert worden sind: Punta Arenas, Chile; Marquette, State of Michigan, USA; Port Elizabeth, Südafrika; Davis, Antarktis; Hachijojima, Tokyo; Valentia Observatory, Irland. Diese neuen Messtemperaturdatensätze liefern jetzt teilweise Aufwärmungstrends, selbst an Orten, an denen es einst einen Abkühlungstrend gab. *„Auf diese Weise verwendet die NASA ihren Zauberstab des Schummelns, um die Abkühlung in eine (gefälschte) Erwärmung umzuwandeln.“******* Drei Beispiele von Datenmanipulationen sind in den Abbildungen 10 bis 12 wiedergegeben. Die NASA hat dazu ihre ursprünglichen, sogenannten *„V3 unadjustierten Daten"* geändert und unter dem neuen Namen *„V4 unadjustierte Daten"* veröffentlicht. Im jeweils oberen Bild sind die Originaldaten (*„V3 Unadjustiert"*) über der Zeit angetragen, im jeweils unteren Bild die veränderten Daten (*„V4 Unadjustiert"*). In Abbildung 10 ist aus einem deutlichen Abwärtstrend der mittleren Temperatur ein ganz leichter Temperaturabfall gemacht worden, in Abbildung 11 aus einem leichten Abwärtstrend ein deutlicher Aufwärtstrend. In Abbildung 12[120,121] sind die entsprechenden Grafiken für den Messort Darwin Airport, Australien, wiedergegeben, wo die *„V3 Unadjustiert"*-Daten einen deutlichen Abwärtstrend der mittleren Temperatur zeigen, die *„V4 Unadjustiert"*-Daten dagegen einen deutlichen Aufwärtstrend.

Ein anderes Beispiel von Datenmanipulation durch GISS/NASA ist die Temperaturkurve seit 1900 für die ausgewählte Messstation „Zürich Fluntern". Die Temperaturdaten von GISS/NASA für die Zeitreihe von 1900 bis 2018 sind signifikant höher als die Orignalmessdaten.[122] *„Im Ergebnis wird die Schweiz im GISTEMP-Datensatz, der die Grundlage vieler Klimamodelle bildet, zu warm ausgegeben, und zwar mit wachsender Tendenz, d.h. neue Werte der Erd-Temperatur, die die NASA für Zürich Fluntern oder die Schweiz ausweist, tendieren dazu, immer stärker von denen abzuweichen, die MeteoSwiss ausweist."*

****** *"This is how NASA uses its magic wand of fudging to turn past cooling into (fake) warming."*

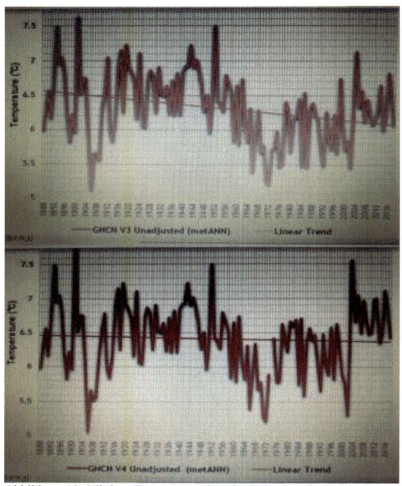

Abbildung 10. Mittlere Temperatur über der Zeitachse für Punta Arenas, Chile, von 1888 bis 2018. Oberes Bild: Originaldaten (*„V3 Unadjustiert"*); hier war noch ein deutlicher Abwärtstrend der mittleren Temperatur zu erkennen, der jedoch in den *„V4 Unadjustiert"*-Daten (unteres Bild) fast verschwunden ist.

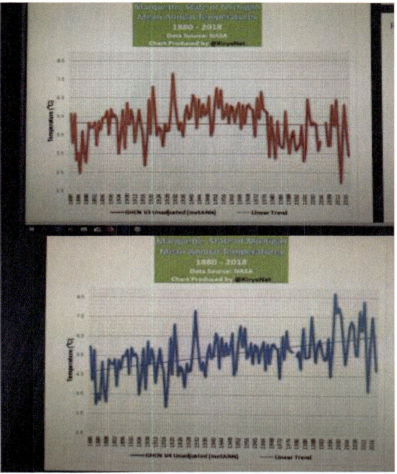

Abbildung 11. Mittlere Temperatur über der Zeitachse für Marquette, State of Michigan, USA, von 1880 bis 2018. Oberes Bild: Originaldaten („*V3 Unadjustiert*"); unteres Bild: modifizierte Messdaten („*V4 Unadjustiert*"). Hier ist aus einem leichten Abfall der mittleren Temperatur ein Temperaturanstieg gemacht worden.

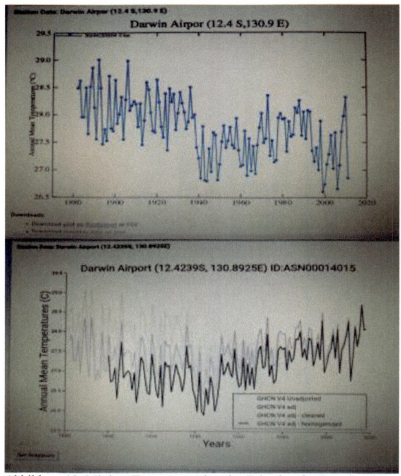

Abbildung 12. Mittlere Temperatur über der Zeitachse für Darwin Airport von 1880 bis 2011. Oberes Bild: Originaldaten („*V3 Unadjustiert*")[123] mit deutlichem Abwärtstrend; unteres Bild: modifizierte Messdaten („*V4 Unadjustiert*")[124] mit deutlichem Aufwärtstrend.

Eine andere Art von Manipulation ist, wenn mit fortschreitender Zeit eine immer stärkere Gewichtung von Meßtemperaturdaten aus wärmeren Gegenden (Städte, Siedlungen) gegenüber ländlichen Gegenden erfolgt. Da es in den Städten und Siedlungen generell 2 bis 4 Grad wärmer ist, weil die Bebauung sich tagsüber stärker aufheizt und nachts diese Wärme länger speichert, wird mit dieser Manipulationsart eine Temperaturzunahme über die Zeit vorgetäuscht. Und genau das ist geschehen mit den Temperaturmessdaten in Deutschland. Überlagert man die Deutschlandkarten mit den eingetragenen offiziellen Temperaturmessstationen aus den Jahren 1989 und 2018 und schauen uns die Veränderungen der Messwerterfassung an, so sehen wir, dass in den letzten 30 Jahren eine Menge Messstationen aus den kühlen Standorten verschwunden oder in die wärmeren Zonen verschoben wurden, und zwar in die Nähe von Siedlungen, wo es natürlich wärmer ist als in der unberührten Natur. [125] So ist eine Zunahme der mittleren Temperatur in Deutschland über der Zeitachse erzeugt bzw. manipuliert worden. *„Dennoch ist es in vielen Regionen wärmer geworden, aber auch nur, weil unsere Straßen und Städte gewachsen sind, und wir alles zubetonieren. Der Asphalt glüht im Sommer ... Die Wärme kommt aus den Städten, nicht vom CO_2.* "[126]

Manipulationen findet man auch bei den Meeresspiegelhöhen über der Zeitachse. Abbildung 13[127] zeigt die Änderungen des Meeresspiegels von 1880 bis 2019 (obere Kurve), wie sie von der NASA veröffentlicht worden sind, einmal veröffentlicht 1982 und einmal 2019. Der Vergleich zeigt, dass die Kurve, veröffentlicht 1982 (untere durchgezogene Kurve) nur einen Meeresspiegelanstieg von 8 cm ergibt, während die obere Kurve, veröffentlicht 2019, einen Meeresspiegelanstieg von 14 cm für den gleichen Zeitraum, 1880 bis 1980, zeigt. Beide Kuxrven sind auf denselben Anfangswert des Meeresspiegels im Jahre 1880 normiert.

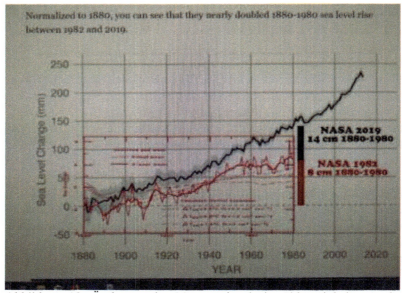

Abbildung 13. Änderung des Meeresspiegels in Abhängigkeit von der Zeit: untere durchgezogene Kurve stammt aus einer Veröffentlichung aus dem Jahr 1982, die obere Kurve aus 2019, beides Veröffentlichungen der NASA.[128] Die resultierenden Meeresspiegelanstiege unterscheiden sich für den Zeitraum 1880 bis 1980 gravierend: 8 cm gegenüber 14 cm.

Dazu ein Kommentar von Chris Frey, EIKE-Institut:[129] *„Bei der NASA scheint es so, als ob die Sonne, Ozeane, Wasserdampf usw. keine Rolle zu spielen scheinen, wenn es um globale Temperaturtrends geht. Der Nummer 1-Faktor hinter der „Erwärmung" bei der NASA scheint nicht einmal CO$_2$ zu sein, sondern vielmehr deren Orwell'sche Fälschung von Daten. Falls bei der NASA die Daten nicht mit den (erfundenen) Modellen übereinstimmen, dann verändere man sie einfach, bis sie passen. Legt diesen NASA-Sumpf endlich trocken!"*

Das "CUI BONO? Wem nützt dies?" ist meiner Meinung nach auch hier die entscheidende Frage, die gestellt werden muss, um die Behauptung, es gäbe einen Klimawandel, und der sei menschengemacht, zu hinterfragen.

1976/77 wurde die ENMOD-Konvention aufgrund der weltweiten Ablehnung der Anwendung von Monsantos Agent Orange und anderen technischen Umwelteingriffen während des Vietnamkrieges in den 60er Jahren geschaffen, Es wuchs damals die Befürchtung, dass angesichts der rasanten technischen Entwicklung von Umweltwaffen diese ganz bewusst als Waffen in einem Konflikt eingesetzt werden könnten. Die Umwelt als Kriegswaffe zu missbrauchen, ist seitdem verboten.[130] In einer der Konvention anhängenden Interpretationsabsprache („Understandings Regarding The Convention") werden folgende Phänomene aufgeführt, die durch umweltverändernde Techniken erzeugt werden können: *„Erdbeben, Tsunamis; eine Störung des ökologischen Gleichgewichts einer Region, Veränderungen des Wetters (inklusive Wolkenbildung, Zyklone, Tornados), Veränderungen des Klimas, Verlagerungen von Ozeanströmungen, Veränderungen der Ozonschicht und Änderungen im Zustand der Ionosphäre."*[††††††]

Allein dieses Begriffsverständnis aus dem Jahre 1976 (!) sollte uns wirklich aufhorchen lassen.[131] Das bedeutet, dass man u.a. die technischen Möglichkeiten zur künstlichen Erzeugung von Erdbeben, Tsunamis, eine Störung des ökologischen Gleichgewichts einer Region, Veränderungen des Wetters (inklusive Wolkenbildung, Zyklone, Tornados), Veränderungen des Klimas, bereits zu diesem Zeitpunkt als eine realistische Bedrohung durch den Menschen erkannt hatte.

Wie kann man dieses Verbot von klimaverändernden Manipulationen umgehen? Ganz einfach. Durch Schaffung einer hypothetischen weltweiten Bedrohung, gegen die man aktiv werden muss, um sie abzuwenden. Und diese Bedrohung repräsentiert der Kampfbegriff "menschengemachter Klimawandel". Und dagegen muss man etwas tun. Dieser

---

[††††††] *„earthquakes, tsunamis; an upset in the ecological balance of a region; changes in weather patterns (clouds, precipitation, cyclones of various types and tornadic storms); changes in climate patterns; changes in ocean currents; changes in the state of the ozone layer; and changes in the state of the iono-sphere."*

Terminus ist die "Legitimierung" von Geoengineering. Mit dem Kampfbegriff "Klimawandel" wird auch Angst geschürt, um so die Zustimmung der Bevölkerung zu diesem Projekt zu erzwingen.

Auf der Grundlage der oben erwähnten, gefälschten Fakten hat die Politik eine Art „Klimareligion" geschaffen, verbunden mit einem Ablasshandel, CO2-Zertifikate genannt, auf dessen Grundlage zusätzliche Staatseinnahmen kreiert werden. Diesen Ablasshandel vergleiche ich gern mit Johann Tetzels Ablasshandel im Mittelalter. *„Die Klimabruderschaft versteht sich übrigens nicht als Konkurrenzveranstaltung zum Heiligen Stuhl, sondern eher als unikate Ergänzungsinstitution zur Pflege einer modernisierten* **„Abschöpfungstheologie"**, *die mit noch schrecklicheren Geschichten um die Ecke kommt als beispielsweise die Bibel."*

Trotz dieser nachgewiesenen Manipulationen/Fälschungen wird das Klimaprojekt weiter vorangetrieben. The climate thing is too big to fail.[‡‡‡‡‡‡] Und es wird immer Spezialisten geben, die bereit sind zu „beweisen", dass die Kritiker „falsch" liegen.

Der Kinderkreuzzug 2019

„Ich will, dass Ihr in Panik geratet"
(Greta Thunberg)

„Denn wer in Panik ist, kann nicht denken. Und das ist genau der Zustand, den hier unsere führenden gesellschaftlichen Kräfte wollen wie beispielsweise die Grünen und andere."
(Gerhard Wisnewsky[132])

Auch die Einbeziehung unserer Kinder in die Verbreitung der Schreckensvision einer heraufziehenden Klimakatastrophe, die ihren Ausdruck in den „Friday-For-Future"-Demos der Schulkinder findet, zeigt „religiösähnliche" Züge und erinnert an Parallelen zum Kinderkreuzzug 1212 (peregrinatio puerorum), wo Tausende,

---

[‡‡‡‡‡‡] *Das Klima-Ding ist zu groß um zu scheitern.*

überwiegend Kinder und Jugendliche aus Deutschland und Frankreich, unter Leitung visionärer Knaben zu einem unbewaffneten Kreuzzug ins Heilige Land aufbrachen und damit den ursprünglich bereits 1095 von Papst Urban II aufgerufenen Kreuzzug der Erwachsenen§§§§§§ unterstützten. In ähnlicher Weise werden heute Schulkinder instrumentalisiert, die in der Schule die heraufziehende Klimakatastrophe als Faktum gelehrt bekommen und dies auch meist für wahr halten. Und an den „Fridays-for-future"-Kinder-Demos nehmen die Kinder auch gern teil, zumal diese vonseiten einiger Politiker unterstützt wird und diese das legale Schulschwänzen möglich machen. Im Mittelpunkt der „Fridays-for-future"-Kinder-Demos steht die Kohle und die Abschaltung der Kohlekraftwerke zu einem möglichst frühen Zeitpunkt. Genau wie auch bei dem Kinderkreuzzug 1212 werden hierbei visionäre Kinder gefördert und als Galionsfiguren vermarktet, wie Greta Thunberg aus Schweden und *„ihr deutsches Pendant, die sechs Jahre ältere Geografie-Studentin Luisa-Marie Neubauer, die die Freitagsdemos federführend mitorganisiert ('Wir sind in der größten Krise der Menschheit!')."* Allerdings wurde sie *„dabei erwischt, dass es trotz ihres jugendlichen Alters bereits fast alle Kontinente bereist hat – zu den Zielen gehörten u.a. Kanada, China/Hongkong, Namibia, halb Europa, und Marokko"*,[133] was ja die „Klimakatastrophe" infolge der mit dem Weltreisen verbundenen Vielfliegerei erst recht beschleunigen dürfte, wenn man den Vertretern der Klimareligion Glauben schenkt.

Der Punkt 7) in der Aufzählung der Ziele (s. Abschnitt „Der Klimawandel – die neue Weltreligion"), die die Elite verfolgt bei der Erfindung des „menschengemachten Klimawandels", ist der bedeutendsamste und zugleich gefährlichste. *„Jetzt werden nicht nur die Kinder auf die Straße geschickt, sie werden jetzt gegen ihre Eltern aufgehetzt; sie werden jetzt gegen die alte Generation auf-*

---

§§§§§§ *„Eventuell beruht die Vorstellung eines Kinderkreuzzuges auf einem sprachlichen Missverständnis. Das lateinische Wort „puer" kann nicht nur als „Kind" oder „Knabe" übersetzt werden, sondern auch als „Knecht". Damit waren vor allem jüngste Kinder von Bauernfamilien bezeichnet, die oft höchstens eine Arbeit als Hirten oder Taglöhner fanden und so eine arme ländliche Unterschicht bildeten."* (Wikipedia)

gehetzt: 'Ihr seid schuld, ihr habt nichts gemacht, ihr seid die Bö-
sen' Das ist 'ne ganz, ganz gefährliche Entwicklung: Wenn jetzt
die junge Generation gegen die alte gehetzt wird und die alte Welt
damit zerstört oder bzw. alles was von den Alten kommt, war
schlecht, hingestellt wird, dann sind wir in einer ganz gefährlichen
Situation, was den Generationenvertrag angeht, was die Renten-
frage später mal angeht usw. usw., wenn jetzt die Jungen gegen die
Alten aufgehetzt werden. Sind wir da wieder sehr, sehr vorsichtig
und sehr, sehr achtsam, was jetzt in diesem Bezug in den nächsten
Monaten, in den nächsten zwei, drei Jahren passiert, und lassen
wir nicht zu; es war schon schlimm genug, dass sie rechts gegen
links gespalten haben, dass sie uns in der Gesellschaft in der Hori-
zontalen gespalten haben. Wenn es ihnen jetzt gelingt, die Kinder
gegen die Eltern zu spalten und aufzuhetzen, dann wird's sehr,
sehr gefährlich ... "[134]

Die Maoistische Blaupause

"Die Masse wird zu hörigen Lemmingen erzogen "[135]

Die „Friday-for-Future"-Demos haben sehr viel Ähnlichkeit mit
den Anfängen der Kulturrevolution während der kommunistischen
Herrschaft in China (Kulturrevolution, 1966 – 78). *"Während*
Maos Kulturrevolution wurden Millionen Jugendliche gegen die
Erwachsenen aufgehetzt. Sie verfolgten Lehrer, Wissenschaftler
und Parteifunktionäre. Sie durften dafür der Schule fern bleiben.
Am Ende standen Millionen Tote. "[136,137,138,139]). In gewisser Weise
wird man auch an Kombodscha Ende der 70er Jahre erinnert, als
die Roten Khmer ihr Terrorregime errichteten, 1975 – 1979: *„Geld*
wurde abgeschafft, Bücher wurden verbrannt, Lehrer, Händler und
beinahe die gesamte intellektuelle Elite des Landes wurden
ermordet, ..." (Wikipedia).

Die Analogie zwischen der heutigen „Friday-For-Future"-
Bewegung und Maos Kulturrevolution ist augenscheinlich; auch
heute wird mit Unterstützung von Regierung und Schule freitags
der Schulunterricht ersetzt durch die Protestaktionen der Schüler,

landes- und europa-, ja sogar weltweit, angeführt von einer hochstilisierten Ikone, Greta Thunberg. Das gefährliche an diesem Aufhetzen der Jugend gegen die Alten besteht auch wieder darin, dass dieser Prozeß schleichend erfolgt und dass der Jugend eine sie einende Idee gegeben wird, in diesem Falle das „Klima", und dass die sozialen Bindungen zwischen Jugend und Eltern zerstört werden und sich dieser Prozeß irgendwann in eine ähnliche Richtung entwickeln kann wie ehemals in China oder Kambodscha. Dass diese Hetze im Zusammenhang mit dem Klimawandel auf fruchtbaren Boden fällt, haben die erdrutschartigen Zugewinne der Grünenpartei bei den Landtagswahlen 2018 in Bayern (17,6 %) und Hessen (18,8 %) sowie der Wahl zum Europäischen Parlament (20,5%) am 26. Mai 2019 gezeigt.

In der Kulturrevolution hatte Mao über China absolut irrsinige Maßnahmen verhängt, *„wo eigentlich die gesamten chinesischen Bildungsschichten abgeräumt wurden, und zwar also mindestens mal aus den Ämtern geworfen, wenn nicht umgebracht wurden. Und darum geht's ja hier auch. Man merkt ja schon auch den Konflikt und die Wut auf die alten weißen Männer. Das ist nix anderes; die alten weißen Männer sind ja die Kulturträger und die Bildungsträger hierzulande, ja, und die möchte man entmachten. Und der Tonfall von Leuten wie Greta, aber auch ANTIFAs oder aber auch von manchen Grünen ist ja eindeutig maoistisch, und die Handlungen sind auch maoistisch, das Konzept ist maoistisch. Also, kurz und gut, wir haben einfach dieselbe Operation vor uns, dasselbe Handlungsmuster, dieselbe Blaupause wie bei der chinesischen Kulturrevolution. Und da wird es auch hin laufen."*[140] Gerhard Wisnewski zitiert die Forderung von Rezo aus dessen legendären Youtubevideo, *„Es geht hier nicht um verschiedene politische Meinungen; es gibt nur eine legitime Einstellung!"* und antwortet darauf: *„Und wenn wir in einem Staat ankommen, in dem es nur noch eine legitime Einstellung gibt, dann sind wir in höchster Gefahr."*[141]

Es ist festzuhalten, dass auch hier die öffentlichen Medien mit ihren heraufbeschworenen Horrorszenarien Vorreiter sind zur Installierung eines Bewußtseins in der Bevölkerung, dass der

Klimawandel menschengemacht sei und sein CO_2-Ausstoß zur weltweiten Katastrophe entscheidend beiträgt, Abbildung 8 veranschaulicht ein solches Horrorszenarium. Diesen BILD-Titel kann man durchaus als Beginn einer Klimahysterie ansehen. Die öffentlichen Medien üben damit einen verheerenden Einfluss auf die Ängste der Bevölkerung aus, was schließlich das logische Denkvermögen außer Kraft setzt. Orwell lässt grüßen. Warum sind auch hier wieder die öffentlichen Medien an vorderster Front? Ganz einfach: mit Katastrophenmeldungen kann man viel mehr Umsatz machen, die Auflagen steigern. Für eine solche Umsatzsteigerung sind keine zusätzlichen Investitionen nötig.[142]

4. Geoengineering

Der menschengemachte Einfluss auf das Wetter

„Das Einzige, was viele noch abhält zu glauben, das Wetter werde mit Absicht manipuliert, ist die Unkenntnis darüber, ob dies überhaupt möglich ist. Die meisten Menschen denken, es sei nicht möglich.[143]

Es gibt ihn tatsächlich – den menschengemachten Einfluss auf das Wetter: Wettermanipulation durch „Geoengineering". In einem Artikel[144] schreibt der Autor: *„Die USA und wahrscheinlich auch andere Staaten sind inzwischen in der Lage, mit Geo-Engineering-Maßnahmen (Elektromagnetische Wellen/HAARP, Chemtrails) das Wetter maßgeblich zu beeinflussen."* Diese Feststellung, dass es heute möglich ist, unser Wetter künstlich zu beeinflussen und auch, dass dies als Kriegswaffe eingesetzt werden kann, war bereits in den 70er Jahren des vorigen Jahrhunderts erkannt worden, was zu dem UN-Vertrag *„CONVENTION ON THE PROHIBITION OF MILITARY OR ANY OTHER HOSTILE USE OF ENVIRONMENTAL MODIFICATION TECHNIQUES (UN 1976 Weather Weapon* Treaty), kurz ENMOD-Konvention geführt hat."[145]

Künstlich Regen erzeugen durch „Impfen von Wolken", indem man von Flugzeugen Silberjodid versprüht, ist lange bekannt. Aber was weniger bekannt ist, ist die technische Möglichkeit, Trockenheit und Dürre zu erzeugen, indem man die Kondensation von Wasserdampf in der Atmosphäre, d.h. die Bildung von Wolken, verhindert, zum Beispiel durch HAARP-Aktivitäten.[146,147] (s. Abschnitt „HAARP – der Allesschneider am Himmel"). Abbildung 14 zeigt zwei Radaraufnahmen über Deutschland am 2.8.2018, eine Aufnahme vor 1:30 Uhr (rechtes Bild), die andere nach 1:30 Uhr (linkes Bild).[*******] Dieser kreisrunde Bereich über dem Nordwes-

*******Weitere ähnliche Radaraufnahmen findet man zahlreich im Internet.

ten Deutschlands ist das Ergebnis von HAARP-Aktivitäten. So wird die feuchte Luft vom Atlantik von Deutschland ferngehalten, und das CO_2-Problem kann uns so besser verkauft werden! Künstliche Dürre! Im Youtube-Video[148] wird das wie folgt beschrieben: *„Man pulst Energie in Gebiete, wo Regen normalerweise entsteht und drückt damit die Wolkenbildung nach oben und außen weg, wo sie bei gleichzeitiger Erwärmung durch die Energie nicht mehr richtig zustande kommt und vor allem nicht mehr regenträchtig ist. Am Regenradar sind dann nur diese kreisförmigen Wolkenmuster erkennbar ... Und das lässt uns natürlich fragen, wie so diverse Hitze- und Dürrewellen auf der Welt zu begründen sind? Man könnte ja auch fragen, ist es wirklich so, dass die Wetterstrukturen auf der Welt gerecht verteilt sind? Und wenn man Dürren auslösen kann, so kann man natürlich auch Flüchtlingsbewegungen auslösen."*

Im Sommer 2018 hatten wir in Deutschland eine Hitzewelle, die zu großen Problemen in der Landwirtschaft geführt hatte. Und diese Hitzewelle hat mit einiger Wahrscheinlichkeit ihre Anfänge in den HAARP-Aktivitäten gehabt, wie sie bereits seit Mai 2018 in den Radaraufnahmen über dem Nordwesten Deutschlands registriert worden sind. Welchen Sinn hat es denn nun aber, über dem reichen Deutschland eine lang anhaltende Hitzewelle zu erzeugen. Um die Erzeugung von Flüchtlingsströmen von Deutschland weg kann es sich ja wohl nicht handeln! Dies ist möglicherweise nichts anderes als eine Demonstration, die uns mitteilen soll: Seht, die Klimaerwärmung ist real. Glaubt nicht den „Verschwörungstheoretikern", die die menschengemachte Klimaerwärmung leugnen.
Abbildung 15 zeigt, wie in einem eng begrenzten Gebiet über Mecklenburg-Vorpommern extrem große Hitze herrschte,[149] wohingegen in den angrenzenden Gebieten die Temperaturen deutlich niedriger waren. Dieser Temperaturkontrast könnte künstlich erzeugt worden sein durch HAARP-Aktivitäten im Zentrum dieses aufgeheizten Gebietes: Nahe Rostock steht eine der weltweit größten HAARP-Anlagen der Welt.

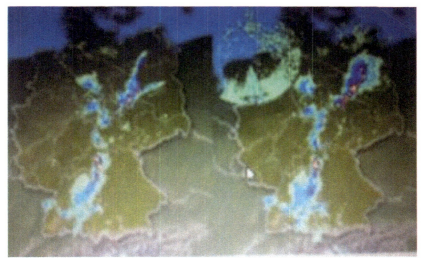

Abbildung 14: Radaraufnahmen über Deutschland am 2.8.2018, eine Aufnahme vor 1:30 Uhr (rechtes Bild), die andere nach 1:30 Uhr (linkes Bild).

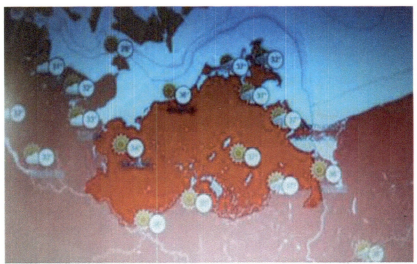

Abbildung 15: Extrem große Hitze über Mecklenburg-Vorpommern am 8. Mai 2018.

Und noch ein anderer Aspekt: Mit dieser Hitzewelle kann man sehr einfach den Einsatz von Geoengineering begründen, indem man behauptet: ja wir brauchen Geoengineering, um dem verheerenden Klimawandel entgegentreten zu können.

Eine Anhörung im „Unterausschuss des US-Senats über Terrorismus, „Wetterkrieg + NWO am 15.Juni 1995":[150] Robert Fletcher, MILITIA OF MONTANA: *„Es gibt Techniken das Wetter zu kontrollieren. Wir haben ein volles Dossier mit Beweisen ... Wir kennen alle Patente dieser Technik. Und dann haben wir die Aussagen und Berichte von Senator Claiborne Pell, dass es nicht nur existiert, sondern im Vietnamkrieg eingesetzt wurde ..."* Vorsitzender: *„Sagen Sie wirklich, die Regierung baute eine Wetterwaffe, damit die – Zitat – 'New World Order' Millionen von Menschen weltweit verhungern lässt? Um den Rest zu unterwerfen ..."* Robert Fletcher: *Ja, sir, Richtig. Wir* (haben) *beweisende Dokumente. Glauben Sie wirklich 85 Hurrikans mitten in unserer Kornkammer ist normal? Nein, leider nicht. Diese Ausrüstung gibt es, und sie wird international eingesetzt. Auch wenn sich das bizarr anhört, wir können alles beweisen. So bizarr es ist, aber diese Wetterkriege gibt es. Ich zitiere Senator Claiborne Pell: das ist die größte Waffe, die die Welt je gesehen hat."* Das war der Stand 1995. Die Entwicklung auf diesem Gebiet ist sicher weiter vorangeschritten.

Das *„Einsatzkonzept"* für die **Wettermanipulation** sieht folgendermaßen aus: *„Bestandteil des Wettermanipulationssystems ist die Auswahl von Techniken, die eingesetzt werden, um das Wetter zu verändern. Mit wenigen Ausnahmen ist es erforderlich, dem meteorologischen Prozess auf die richtige Weise, am richtigen Ort und zur richtigen Zeit entweder Energie oder CHEMIKALIEN zuzuführen."* (Auszug aus: *„Weather as force multiplier: Owning the weather in 2025, Military applications of weather modification"*, http://www.chemtrails-info.de)[151] Bezüglich Erzeugung von Hurrikans und Beeinflussung deren Richtung und Stärke siehe auch das Youtube-Video[152].

Chemtrails – *„Die Chemiesuppe"* am Himmel

Zahlreiche Diskussionen mit Freunden und Kollegen zur Frage, „gibt es Chemtrails überhaupt?" haben mir gezeigt, dass die meisten entweder noch nie etwas von Chemtrails gehört haben und ungläubig meinen Argumenten zuhören, die deren Existenz belegen sollen, oder mich fortwährend bei dieser Argumentation lautstark unterbrechen und daran hindern, diese Argumente überhaupt vorzutragen. Sie fordern Beweise, hindern mich aber gleichzeitig daran, diese vorzulegen, indem sie mir immer wieder ins Wort fallen. Das hat mir gezeigt, dass die Menschen sich auch nicht im Entferntesten vorstellen können und auch nicht bereit sind zu glauben, dass es Menschen und Institutionen geben könnte, die vorsätzlich unsere Lebensgrundlagen zerstören und uns vergiften wollen. Und weil es zu diesem Thema eine große Leugnungs-„Kultur" gibt, ist dieser Abschnitt über Chemtrails etwas ausführlicher geschrieben.

„So genannte "Chemtrails" sind globale, zivile und militärische Wetter-Änderungs-Experimente mit unserer Atmosphäre, d.h. im Klartext, massenweise toxische Substanzen die absichtlich seit 2003 in der unteren Atmosphäre ausgebracht werden. Es ist das größte globale Experiment mit dem Wetter, was jemals stattgefunden hat. Climate-Engineering, auch Geo-Engineering genannt ist die künstliche globale Klima-Manipulation, die absichtliche Veränderung des täglichen Wetters, die absichtliche Auflösung und Veränderung ganzer Wettermuster und die Erstellung eines künstlichen Klimas. Es werden jährlich viele Millionen Tonnen hoch giftiger Aerosole absichtlich von den Militärs + kommerziellen Flugverkehr in unserer Atmosphäre versprüht. Es ist ein Giftgemisch aus toxischen Metalloxyden, Schwefel einschließlich Schwefelsäuren, für Mensch/Tier hoch giftige Nano-Partikel, künstliche Fasern/Polymere, kombiniert mit elektromagnetisch gepulsten Wellen, dem wir und unsere Natur täglich ausgesetzt sind. Das macht nicht nur krank, es zerstört auf lange Sicht die gesamte Biosphäre der Erde. Es kontaminiert die Böden, die Gewässer und unsere Atemluft. Einige Substanzen davon zerstören unsere lebenswichtige Ozonschicht." [153]
Stimmt das? Kann das sein? Wollen die uns vernichten?

Was die oben erwähnte Leugnungs-„Kultur" betrifft, ist festzuhalten, dass es viele YouTube-Videos und auch durch öffentlich-rechtliche Medien verbreitete Beiträge zum Thema Chemtrails gibt, in denen die Behauptung, im Rahmen von Geoengineering-Programmen würden zielgerichtet Chemikalien von Flugzeugen versprüht, als Verschwörungstheorie bezeichnet wird.[154,155,156,157,158,159,160] Es werden auch gezielt „Desinformationswebseiten"[161] ins Netz gestellt, die Falschmeldungen verbreiten, auch zum Thema „Chemtrails", die dieses als Verschwörungstheorie ohne wahren Gehalt bezeichnen, um so eine Aufklärung der Bevölkerung zu verhindern. Bei Wikipedia kann man lesen, dass Chemtrails ganz normale Kondensstreifen seien, bestehend aus den Verbrennungsprodukten CO_2 und Wasser, die aufgrund der sehr niedrigen Temperaturen, die bei den hohen Flughöhen herrschen, entstehen. Auch die Plattform MIMIKAMA, die den Anspruch erhebt, von einer unabhängigen Warte aus, Fakes und Falschaussagen zu entlarven, leugnet die Existenz von Chemtrails. Zum Beispiel wird dort gezeigt,[162] wie in Flugzeugen Tanks eingebaut worden sind, die von „Chemtrailgläubigen" als Transportbehälter der zu versprühenden Giftstoffe interpretiert worden waren, in Wahrheit aber der Aufnahme von Wasser dienen. Am Ende des Artikels zieht MIMIKAMA den Schluss: *„Seit über 20 Jahren kursiert nun die Chemtrails-Verschwörungstheorie. - Und bis heute gibt es nicht einen glaubhaften Beweis dafür."*
Sogar noch im März 2017 erschien bei TAG24.de ein Artikel, in dem zu lesen war: *„Kaum zeigen sich komische Streifen am Himmel, schreit die halbe Welt 'Vorsicht, Chemtrails!' Eigentlich sind es normale Kondensstreifen, die von Flugzeugen erzeugt werden. Doch Verschwörungstheoretiker behaupten, diese Streifen seien giftige Chemikalien, die im Auftrag von Geheimdiensten versprüht werden, um die Menschheit zu kontrollieren oder auszurotten ... Jetzt kommt es noch dicker für die Verschwörer: Denn die wissenschaftliche 'Weltvereinigung der Meteorologen' (WMO) hat die Himmelsstreifen offiziell als 'Wolkenform im Wolkenatlas' eingetragen ... Denn die vermeintlichen Chemtrails sind nun offiziell eine Wolkenart. Diese heißt "Homomutatus" (lat.: vom Menschen*

gemacht). " In den Abbildungen 16-18 sind einige dieser „Wolken-formen", „Mammatus" genannt, gezeigt.

Abbildung 16: Neue Wolkenarten: „MammatusWolken".[163]

Abbildung 17: Neue Wolkenarten: „MammatusWolken".[164]

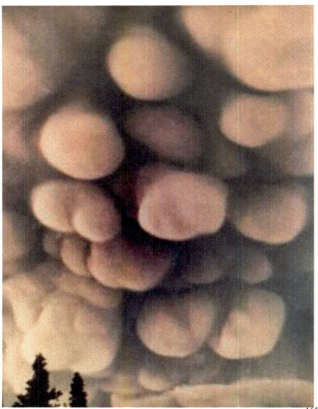

Abbildung 18: Neue Wolkenarten: „MammatusWolken"[165].[†††††††]

[†††††††] Das Aussehen dieser Wolken könnte künstlich erzeugt sein durch ein spezielles Pulver, das durch Flugzeuge versprüht worden ist und die Eigenschaft besitzt, das Wasser, was vielleicht als Niederschlag (Regen) gefallen wäre, zu binden. „*Das Pulver ist extrem saugfähig; es kann das 2000-fache seines Gewichts an Wasser aufnehmen und als ungiftiges Gel binden. Wenn die Flüssigkeit fest wird, steigt ihre Temperatur von 10 auf 15 Grad. Beides zusammen bewirkt, dass dem Sturm Energie entzogen wird.*" (https://www.youtube.com/watch?v=HitwJhUJrT4 „*MammatusWolken aus dem Labor?*", am 04.01.2018 veröffentlicht). Mit diesem Gel kann man also Schlechtwetterfronten auflösen, was ja etwas Positives ist; man kann aber auch Niederschlag verhindern und im schlimmsten Falle Dürren auslösen. Auf WIKIPEDIA kann man unter dem Begriff „Mammatus" weitere Bilder zu dieser Wolkenart finden.

73

Auch Prominente aus dem Fernsehen haben sich in die „Leugnungskampagne" gegen Chemtrail-Verfechter eingereiht,[166,167] so auch der prominente Meteorologe Kachelmann, der in einem Video[168] feststellt, *„Chemtrails gibt es nicht - die spinnen, die Verschwörungstheoretiker"*, aber in einem anderen Video hat er seine harsche Kritik wieder relativiert, indem er sagte:[169] *„Wenn man beim Fernsehen angestellt ist, dann darf man nicht sagen 'Chemtrail'."* Mit diesem Hintergrund ist klar, dass die Mehrheit der Bevölkerung ebenfalls glaubt, dass Chemtrails eine Erfindung von sogenannten Verschwörungstheoretikern ist. *„Sobald 'wissende Personen' sich zum wahren Sachverhalt in der Öffentlichkeit äußern, werden diese Menschen übelst diskreditiert oder vehement bedroht und erpresst."*[170]

Diese Leugnungskampagne hat ihren Ursprung in den USA.[‡‡‡‡‡‡‡,171] *„Im Frühjahr 1999 wurde die Webseite www.carnicom.com erschaffen, um Aufmerksamkeit auf die ungewöhnlichen Ereignisse ... zu lenken, die die Flugzeugaktivitäten über dem südwestlichen Wüstenhimmel der USA umgeben. ... Innerhalb von Tagen war offensichtlich, dass diese Seite sofort die Aufmerksamkeit einer Unzahl von hochrangigen Regierungs- und Militärbehörden, Rüstungsbetrieben, Forschungsorganisationen, Chemischen und Pharmazeutischen Unternehmen und Gesundheitsorganisationen erregte. Dieses Interesse wurde über einen Zeitraum von ein paar Monaten für dieselbe Seite dokumentiert. Über diese Zeit zeigte sich ein deutliches Muster der Überwachung der sich umgebenden Forschung. Über die nächsten paar Jahre hat sich ein offensichtlicher Widerspruch gezeigt. Einerseits wurde nun ein hohes Level an Überwachung der Dokumentation, an Methoden von Probennahmen, an der Forschung, an Analysen und an Aufdeckungsbemühungen verzeichnet, andererseits eine Kampagne kontinuierlicher Abwertung der Bedeutung dieser Angelegenheit. Und die Weigerung, Untersuchungen anzustellen, wurden von genau*

---

‡‡‡‡‡‡‡ In den USA haben die Sprühaktivitäten schon viel früher begonnen als in Deutschland. In Deutschland wird erst seit etwa 2003 gesprüht.

denselben Besuchern von dieser Seite betrieben ... Pentagon, mehrere Airforcebasen, US-Senat, Flugzeugfabrikanten, Pharmazeutische Unternehmen und Arzneimittelfirmen, nationale Sicherheitsagenturen, Geheimdienste und Notfallbehörden, Waffenunternehmer und Unternehmen von Verteidigungssystemen, Forschungsorganisationen und die Navy.[172]

Also alles nur Verschwörungstheorie ohne Wahrheitsgehalt? Weit gefehlt. In dem Video[173] berichten Piloten, Ärzte & Wissenschaftler über Chemtrails. In einer öffentlichen Anhörung in Shasta County (Kalifornien) haben sich diese Spezialisten der Leugnungskampagne entgegengestellt, indem sie zum Thema Chemtrails / Geoengineering zu Protokoll gaben, dass Chemtrails real und Teil eines militärischen Projektes sind, das über schwarze Kassen finanziert wird. Und sie haben auf die möglichen Folgen für die Umwelt, Gesundheit und Natur hingewiesen.

Von offizieller Seite ist inzwischen bestätigt worden, dass Chemtrails real sind, d.h. der lange Zeit offiziell verschriehenen Verschwörungs**theorie** zu ChemTrails steht also doch eine reale Verschwörungs**praxis** gegenüber: *„Eine aufschlussreiche Information des Bundesministeriums für Bildung und Forschung zeigt, dass die bereits seit Jahren über unseren Köpfen illegal praktizierte Anwendung wetterverändernder Maßnahmen zum mutmaßlichen Schutz des Klimas den Bereich der Verschwörungstheorie verlassen hat und nun zur Legitimation auf die Ebene einer wissenschaftlich-politischen Diskussion erhoben wurde."*[174] Wenn man die in diesem Video angegebene Seite[175] bei Google eingibt, findet man als einzigen Eintrag: *„Die Katze ist aus dem Sack - Geo-Engineering samt giftigen ... Es fehlt:* ~~Infografik_climate_engineering~~*"*
Was sagt uns dieser Eintrag? Offenbar hat das Bundesministerium für Bildung und Forschung (BMBF) das entsprechende Schriftstück wieder zurückgezogen. Ein möglicher Grund dafür könnte die Brisanz dieser Aussage *„es gibt sie doch, die ChemTrails"* sein, dass dann alle „Experten", die bisher behauptet haben, das Phänomen *Chemtrails* gibt es nicht, nun als Lügner dastehen würden, oder schlimmer, als (gekaufte?) Propagandisten der Interes-

sengruppen, die hinter den Sprühaktionen stecken. Außerdem besteht natürlich die Gefahr von Klagen wegen Umweltverschmutzung, die dann wahrscheinlich größere Chance auf Erfolg haben, wenn die Existenz von Chemtrails von offizieller Stelle zugegeben wird.

Es gibt aber auch Beiträge des öffentlich-rechtlichen Fernsehens (also einem Mainstreammedium, dem man gewiss nicht unterstellen kann, dass es die Bekanntmachung von Chemtrails fördern will), in denen die Existenz von Chemtrails bestätigt wurde. Der Moderator in einem Video[176] aus dem Jahre 2016 startet mit folgenden Worten: *„Hätten Sie Lust, jetzt gerade, vielleicht beim Frühstück heute Morgen, Plastik zu essen? Unsere NDR-Kollegen von der Redaktion 'Markt' haben diese Plastikteilchen trotzdem aufgespürt. Sie sind in Honig, Milch und Trinkwasser, vermutlich auch in anderen Lebensmitteln. Mit dem bloßen Auge ist es kaum zu erkennen. In die Lebensmittel gelangt es vermutlich durch die Luft oder das Wasser. – Wir haben Regenwasser untersucht. In Regenwasser finden sich große Mengen des Materials. ... Die* **Chemiesuppe** *der* **Chemtrails** *enthält Aluminiumpulver und Bariumsalze, welche ein Teil des Sonnenlichts zurück ins All reflektieren soll. In unseren Breitengraden weisen heute praktisch alle Menschen bereits eine auffallend hohe Vergiftung durch Aluminium und Barium auf. Wie das äußerst seltene Barium in unseren Körper gelangt, kann man ohne* **Chemtrails** *als Ursache erst recht nicht begründen."* (Fettdruck d. d. Autor). Und der Wettermoderator Gunther Thiersch sagte in den Wetternachrichten am 14.01.2009 (wobei er auf der Wetterkarte für Deutschland auf einige weiße, etwa 500 km lange und ca. 10 km breite Streifen zeigte): *„Und dann haben wir hier noch etwas, was wir nicht als Schnee oder Regen identifizieren können. Hier im Westen diese Schlangenlinien, das haben wahrscheinlich am Nachmittag über der Nordsee ein paar Flugzeuge, Militärflugzeuge, rausgebracht in etwa 5 bis 6 km Höhe, hat mit Wetter so nichts zu tun. ... "*[177] Bezugnehmend auf dieses von Militärflugzeugen ausgebrachte Material wird in einem anderen Video Bezug genommen: *„Für die enorm großen Geisterwolken aus Richtung holländischer Küste müssen immer wieder tonnenweise der Substanz über der Bundesrepublik niederge-*

hen. "[178] Dazu ein Kommentar des Meterologen Karsten Brandt: *„Die richten Umweltzonen und ähnliches ein, und anscheinend gilt diese Umweltzone in 4 … 5 km Höhe über der Nordsee und über Deutschland nicht; das spielt keine Rolle, was da ausgebracht wird. Das find ich unglaublich… Alle 20 bis 30 Tage ungefähr, konservativ abgeschätzt, gibt es diese Wetterlagen, wo auch diese Partikel auftauchen, von der Nordsee her, … also alle 20 bis 30 Tage so eine Situation mit einem flächenhaften Partikelstrom. "* [179] Das war bereits 2008 so. Und im Video eingeblendet: „Heute erleben wir es flächendeckend mehrmals die Woche". Auch wenn diese Militärwolken nicht von der Bundeswehr stammen -, dass sich niemand verantwortlich fühlt für Stoffe, die regelmäßig über Deutschland absinken und die eigentlich verboten sind, halten die Meterologen schlichtweg für absurd.[180] *‚ 'Absurd' ist ja noch 'ne nette Umschreibung; hier wird die Bevölkerung getäuscht. "* Und ein Kommentar des Umweltmediziners Dr. Klinghardt:[181] *„ Wow, das Klima mit Umweltverschmutzung zu retten, auf diese Idee muss man zuerst einmal kommen. Für Chemtrail-Aktivisten jedoch ist das keine Idee mehr, sondern bereits Realität. "* In einem Beitrag, der durch die Staatssender ARD und ZDF ausgestrahlt worden ist, festgehalten in einem weiteren Video[182], wird die Existenz von Chemtrails eindeutig bestätigt sowie deren Ziel und Zweck erläutert. Bei diesem Video ist der Sprecher, Joachim Bublath, stark durch Störgeräusche überlagert, so dass man nur mit Mühe dessen Ausführungen folgen kann.

Auf der Internetseite Legitim.ch kann man lesen: *„Während die Mainstream Medien und unsere Volksvertreter das Thema Chemtrails und Geoengineering immer noch leugnen, hat die US-Raumfahrtbehörde (NASA) schon längst zugegeben, dass Lithium, Barium und andere Chemikalien zu 'wissenschaftlichen' Zwecken in die Atmosphäre gesprüht wird. … Ein wichtiger Bestandteil der Investigationsarbeit ist das folgende Telefonat, bei dem Douglas Rowland (NASA-Mitarbeiter) zugibt, dass die Raumfahrtbehörde bereits seit 1970 Lithium und andere Chemikalien in die Atmosphäre sprüht. Selbstverständlich versichert uns Rowland auch, dass diese Aktivitäten sowohl für die Natur als auch für den Menschen unbedenklich sind. "*[183] Lithium ist aber keinesfalls

77

unbedenklich: *"Lithium ... wird in der Psychiatrie bei manischen und bipolaren Störungen als Psychopharmaka eingesetzt und bringt unzählige Nebenwirkungen wie Schlafstörungen, Kopfschmerzen und Selbstmordgedanken mit sich."* [184]

Chemtrails gab es bereits wesentlich früher als 2003. Im Jahre 1978 war bereits toxisches Barium in die Atmosphäre versprüht worden, nicht mittels Flugzeug, aber mittels einer Rakete. So berichtete „DIE WELT":[185] *„Vier mehr als tausend Kilometer lange blauweiß glänzende Barium-Wolken sind in der Nacht zum Montag von einer amerikanischen Forschungsrakete in der hohen Atmosphäre versprüht worden."*

„Die NWO testet damit die Ausbreitung von feinverteilten Aerosolepartikeln in der Atmosphäre. ... Sie verwenden dafür nanogrosses Aluminiumoxid, welches sich wie feinster Rauch oder Wolken verhält und andere Stoffe, die für die Wetter-Radare der Satelliten beonders gut sichtbar sind. Alle Politiker und selbst die am Programm Beteiligten glauben, dass sie damit geheime Tests durchführen, um im Notfall, wenn das Weltklima ausser Kontrolle gerät, eine "Verdunkelung" der Atmosphäre durchführen, um die Sonneneinstrahlung auf die Erdoberfläche zu begrenzen, doch das ist nur eine Lüge, und vielleicht wurde die ganze Klimahysterie auch aus diesem Grunde geschaffen, um auf ihr Konto verdeckte Operationen wie Chemtrails auszuführen. Doch das Weltklima ist ihnen in Wahrheit vollkommen egal. Der wahre Grund für die Chemtrails ist, dass sie planen, wie ich schon mal schrieb, die Weltbevölkerung mit Nanopartikeln zu reduzieren/auszurotten, die so fein sind, dass sie sich, einmal freigesetzt, für lange Zeit in der Atmosphäre halten und über den gesamten Globus verteilt werden. Dafür die Vor-Tests mit den Chemtrails. Die Nano-Partikel werden wie Staub und nicht sichtbar sein, so dass man nicht wissen wird, dass man sie überhaupt einatmet. "[186]

Sprühprogramme sind vor allem Nordamerika, Nordeuropa sowie auf der südlichen Halbkugel Australien ... Eine vierstrahlige Militärmaschine hinterlässt einen massiven Kondensstreifen, der sich nicht, wie sonst üblich, auflösen wird. Dieses in seinem Umfang stetig zunehmende Phänomen wird seit Mitte der 1990er

Jahre in über dreißig Ländern der Erde beobachtet. Der Großraumjet besitzt keinerlei Sichtbarkeitskennung, wie es internationale Bestimmungen vorsehen. Verschwörungstheorien *sprechen von einem völkerrechtlich nicht ratifizierten Versprühen von Chemikalien und Nanopartikeln über unseren Köpfen mit dem Ziel der militärischen Wetterkontrolle und einem gezielten Angriff auf die menschliche Gesundheit.* "[187]

Ein weiterer Hinweis, der die These unterstützt, dass über unseren Köpfen Barium und Aluminium versprüht werden, sind die durch das "Bayerisches Landesamt für Umwelt" gemessenen Konzentrationen dieser Elemente in der Umwelt, die im Zeitraum von 2004 bis 2015 tendenziell angestiegen sind, während zum Beispiel die gemessenen Konzentrationen von Arsen, einem anderen Unweltgift, nicht angestiegen sind.[188] (Arsen wird offenbar nicht versprüht).

Während es zahlreiche Wissenschaftler gibt, die auf die Tatsache hinweisen, dass Chemikalien durch Flugzeuge versprüht werden, die die Menschen krank machen,[189] geschieht dies durch Umweltschutzorganisationen nicht. Warum schweigen Greenpeace, WWF, Rotes Kreuz und Umweltverbände zu diesen globalen Umweltverbrechen? Dazu ein Kommentar:[190] *„Weil Umweltorganisationen, wie Greenpeace und der WWF, das Bundesumweltamt (UBA), und das Forschungsministerium für Luft- und Raumfahrt (DLR) selbst an diesen Forschungen beteiligt sind. Aber in der Öffentlichkeit streiten sie ab, dass diese Forschungen angewendet werden. Was für ein Zufall, dass gerade diese Organisationen mit an Bord sind.“*
Wie kann es sein, dass diese genannten Organisationen mit an Bord sind? Ganz einfach: *„Jede Umweltorganisation, die unbequeme Wahrheiten an die Öffentlichkeit bringt, dem wird als staatliches Druckmittel westlicher Regierungen seine 'Allgemeine Nützlichkeit' entzogen, was verheerende staatliche Nachteile mit sich bringt. Das werden sie schon allein aus diesem Grund nicht riskieren. So kann man diese Umweltgruppen gut im Zaum halten.“* [191]
Auch die Umweltschützer von BUND machen da keine Ausnahme.[192] Als Greenpeace hinsichtlich des Aerosolthemas, also

das Versprühen von chemischen und biologischen Stoffen, kontaktiert wurde, gab Greenpeace im September 2000 bekannt, dass sie *„nicht in der Lage sind, dies zu kommentieren"* und dass sie *„keine offizielle Position"* zu der Sache haben.[193]

Im Januar 2000 wurde ein beglaubigter Brief, der eine physikalische Probe mit Material von höchst ungewöhnlichen Fasern§§§§§§§ aus der Luft enthielt, an die Leiterin der US-Umweltschutzbehörde, EPA, Carol M. Browner, geschickt mit der Anfrage, das Material im Interesse der Öffentlichkeit, der Umwelt und der Gesundheit zu identifizieren. Die EPA antwortete im Februar 2000 in zwei Briefen *„ Wir haben keine Kenntnis"* über irgendwelche Flugzeugprogramme, die Materialien in die Athmosphäre streuen. Die EPA bestätigt im Schriftverkehr weder den Empfang noch die Existenz von physikalischen Materialien. Erst eineinhalb Jahre später, im Juni 2001, bestätigte die EPA den Empfang dieser ungewöhnlichen Fasern. Diese Bestätigung erfolgte aufgrund des Informationsfreiheitsgesetzes, auf das sich ein Bürger berief. Die EPA weigerte sich jedoch, diese Probe zu identifizieren, indem sie bekannt gab, dass es *„nicht die Politik dieses Büros der EPA ist, irgendwelche unverlangten und unbestellten Materialproben oder Gegenstände zu testen oder zu analysieren"*.[194]

Die Partei der Grünen, von der heute noch viele Menschen annehmen, dass sie sich dem Umweltschutz verpflichtet fühlt, fordert für eine saubere Umwelt die Stilllegung von Kohlekraftwerken. Das Widersinnige an dieser Forderung ist, dass die heutigen modernen Kohlekraftwerke mit hocheffektiven Filteranlagen ausgerüstet sind und dadurch die Luftverschmutzung auf ein Minimum reduziert worden ist, andererseits im Rahmen von Geo-Engineering Tonnen von Kohlenflugasche aus Kohlekraftwerken über unseren Köpfen durch Flugzeuge versprüht werden, um die Sonneneinstrahlung zu reduzieren.[195]

---

§§§§§§§ Worum es sich bei diesen Fasern handelt, ist Thema des Abschnitts „High-Tech-Biowaffen – Vorhof zur Hölle".

Im Video[196] wurde auch das psychologische Phänomen angesprochen, weshalb so viele Menschen das Ungewöhnliche am Himmel nicht sehen oder nicht sehen können, und sie nicht in der Lage sind, Zusammenhänge herzustellen: *"Das völlige Fehlen jeglichen Bewusstseins und eigener Erinnerungen über das Aussehen eines natürlichen Himmelsbildes, wie es noch vor 10 Jahren zu beobachten war, machte eine kritische Auseinandersetzung unmöglich. Sie sahen nicht das Ungewöhnliche, was am Himmel offensichtlich zu sehen war, sondern nur das, was sie sehen wollten oder konnten, nämlich nichts. Das größte Verbrechen an der Menschheit liefert die Exposition (?) unseres Planeten mit mehr als 10 Millionen Tonnen toxischer Metallverbindungen bis zum Jahre 2025; (es) ist keine geheime Verschwörung; sie findet fast täglich vor unseren eigenen Augen, über unseren Köpfen unübersehbar statt. Alles was wir tun müssen, ist hinzusehen, zu beobachten, und die offiziellen Medien kritisch zu hinterfragen.*[197] Dieses Vergessen, *"das völlige Fehlen ... eigener Erinnerungen"*, das spielt auch in Orwell's Roman "1984" eine große Rolle. Die älteren Menschen in Orwell's Überwachungsstaat, die bereits vor der "Revolution" gelebt hatten, konnten sich nicht mehr an die Zeit vor der "Revolution" erinnern, *"weil die paar verstreuten Überlebenden aus der alten Welt sich als unfähig erwiesen, die eine Epoche mit der anderen zu vergleichen. ... Sie erinnerten sich an eine Million unnützer Dinge, ... – doch alle wesentlichen Fakten lagen außerhalb ihres Blickfelds."*[198]

In den Abbildungen 19 bis 27 sind Bilder von Chemtrailspuren gezeigt, die eindrucksvoll die These belegen, dass über unseren Köpfen Materialien versprüht werden, die dem Himmel ein unnatürliches Erscheinungsbild verleihen.

„Heute wurde wieder eine riesige Menge an Gift über dem Großraum Stuttgart ausgebracht. ... Innerhalb einer Stunde wurde aus einem wunderschönen hellblauen Himmel eine graue Wand. Mindestens 10 Flugzeuge unterwegs. Das Zeug geht direkt ins Hirn. Es verdummt. Es tötet. ... Es ist unfassbar, aber seht euch die

DEAGEL - Liste[********] *an. Die Bevölkerung soll drastisch reduziert werden. ... Wann, zum Teufel, wacht ihr endlich auf???"* So der Post einer Facebook-Freundin am 23.9.2018,[199] und ein Kommentar dazu: *"Auch in Ulm waren sie fleißig!"* [200] Und ich ergänze: am 29.09.2018 und 17.10.2018 war der Dortmunder Himmel auch wieder übersät mit milchigweißen, bereits stark verbreiterten Chemtrail-Spuren (Abbildungen 23 und 24), deren Erscheinungsbild sicher nichts mit natürlichen Wolkenformationen zu tun haben dürfte, ebenso am 05.08.2019 über Dresden (Abbildung 28).

Die grundsätzliche Frage, die sich automatisch wieder stellt ist, wie schützt sich die Elite vor ihren eigenen Waffen, insbesondere gegen die Aerosolepartikel, die sich, feinverteilt in der Atmosphäre ausbreiten? *„Sicher haben sie so was wie unterirdische Rückzugsorte, die sie erst dann verlassen, wenn auf der Erdoberfläche alles vorbei ist. "*, so der Kommentar zu dem bereits oben zitierten Beitrag[201]. Ein anderer Kommentar lautete: *„In der Zeit, in der diese Tests durchgeführt werden, sind die sogenannten Eliten nicht in dieser Gegend anzutreffen. Die "Eliten", welche über zig verschiedene Gesellschaften zum Orden vom Goldenen Vlies gehören, haben eigene Kommunikationssysteme. ... Warum sterben in sogenannten Unglücken, wie z.B. 11.September keine Angehörigen der Eliten? Zufall?... weil die wissen wann was auf diesem Planet geschieht...* "[202]

[********] Neben Informationen militärischer Art, die sie direkt von CIA; FBI; NSA; US Army; Mossat; Nato; EU bezieht, verbreitet die Firma 'Deagel' Prognosen über die Bevölkerungszahlen in den einzelnen Ländern (s. Abschnitt „Reduzierung der Weltbevölkerung").

Abbildung 19: Vergleich eines gewöhnlichen Sommerhimmels 1999 mit dem 2019. *"Das völlige Fehlen jeglichen Bewusstseins und eigener Erinnerungen über das Aussehen eines natürlichen Himmelsbildes, wie es noch vor 10 Jahren zu beobachten war, machte eine kritische Auseinandersetzung unmöglich. Sie sahen nicht das Ungewöhnliche, was am Himmel offensichtlich zu sehen war, sondern nur das, was sie sehen wollten oder konnten, nämlich nichts."*[203]

Abbildung 20: Chemtrails: Ergebnis nach einer Sprühaktion am Himmel[204]

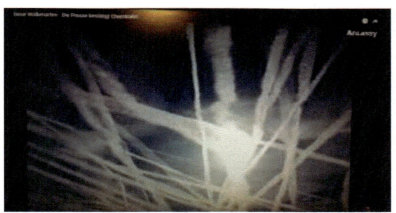

Abbildung 21: Himmel, bedeckt mit zahllosen Chemtrailspuren, die sich mit der Zeit verbreitern.[205]

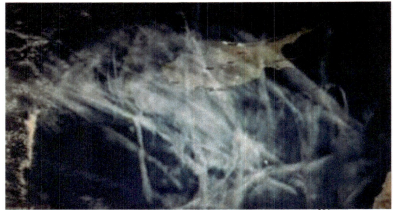

Abbildung 22: Chemtrails vom Flugzeug aus fotografiert. [206]

Abbildung 23: „Neue Wolkenarten" über dem Phönixsee in Dortmund, 17.10.18.

85

Abbildung 24: „Neue Wolkenarten" über Dortmund am 17.10.18.

Abbildung 25: Hier kommen die Chemtrails nicht aus den Turbinen (ein weiterer Beleg dafür, dass es sich nicht um Kondensstreifen handelt).[207]

Abbildung 26: „Neue Wolkenarten" über Berlin. Dr. Klinghardt: „*Meine Patienten vom amerikanischen Geheimdienst haben mir verraten, dass es nicht möglich gewesen wäre, Angela Merkels Telefon abzuhören, ohne dieses hier* (er zeigte dabei auf dieses Foto).[208]

Abbildung 27: Oben: Beladung eines Sprüh-Flugzeugs mit Tanks mit den zu versprühenden Materialien. Unten: Probe-Sprühaktion während eines Flugs.[209]

Abbildung 28: Chemtrails über Dresden am 5. August 2019, 8:40 Uhr.

Und trotz der zahlreichen Belege über Chemtrails, eingeschlossen der eingangs zitierten drei Videos des öffentlich-rechtlichen Fernsehens, wird in den öffentlichen Medien weiterhin versucht, diese zu leugnen. Und in verschiedenen Video-Beiträgen werden *Chemtrails* und *HAARP* immer wieder als Verschwörungstheorien abgetan und ins Reich der Phantasie verortet, was auch von breiten Bevölkerungskreisen geglaubt wird. *„Man erfindet so sinnentfremdete Wörter wie "Klimaleugner", "Chemtrailgläubige" und andere Lächerlichkeiten, um Menschen, die aufmerksam machen wollen, was in dieser Welt alles manipuliert wird, zu diskreditieren - und macht weiter wie bisher".*[210]

Jetzt kann man sich natürlich fragen: Wenn Chemtrails sogar in einzelnen Beiträgen im öffentlich-rechtlichen Fernsehen und in Mainstreammedien bestätigt worden sind, weshalb versucht man in anderen Beiträgen Chemtrails zu leugnen? Warum wird von Mainstreamportalen und den Mainstreammedien die Existenz von

Chemtrails, das Versprühen von Giftstoffen in der Athmosphäre so vehement bestritten, trotz der erdrückenden Beweise? Hier eine Antwort:[211] *„ Und beim Thema Chemtrails handelt es sich wirklich um Staatsgeheimnis. Es ist ein Staatsgeheimnis; es darf niemand wissen, weil es illegal ist. Es ist absolut illegal, es verstößt mannigfach gegen Strafvorschriften.... Sämtliche Umweltstraftatbestände werden erfüllt. Es ist eine Luftverunreinigung, wenn man die Luft mit Nanopartikeln ohne Genehmigung, das ist ja alles, wie gesagt, ohne verwaltungsrechtliche Genehmigung. Und wenn man unter Verletzung von verwaltungsrechtlichen Vorschriften Stoffe in die Luft bringt, die eben geeignet sind, Leben, Gesundheit, Körper und so weiter oder Sachen von bedeutsamen Wert zu schädigen, dann ist das 'ne Luftverunreinigung. Wir haben natürlich auch eine Bodenverunreinigung, weil die Nanopartikel sich ja auch im Boden festsetzen. Wir haben 'ne Gewässerverunreinigung, weil die Gewässer langfristig kontaminiert werden, d.h. wir haben alle drei Umweltstraftatbestände erfüllt, und dann haben wir es noch in bedeutendem Umfang, also praktisch so 'ne Art besonders schwerer Fall, weil das ja flächendeckend geschieht."* Eine Antwort gibt auch der IPCC-Bericht von 2001: In diesem Bericht wird zum Versprühen von Materialien in die Athmosphäre zur Begrenzung der Erderwärmung Stellung genommen. *"Im Bericht ist die Rede davon, dass es möglich sei, durch das Sprühen verschiedener Partikel die zunehmende Erderwärmung zu reduzieren. In dem Bericht wird übrigens das erwähnte Ausbleichen des Himmels[††††††††] als **Risiko für eine vorzeitige Entdeckung der Sprühversuche durch die Öffentlichkeit** erwähnt."[212]* (Fettdruck d. d. Autor) Hintergrund dieser Geheimhaltung ist höchstwahrscheinlich ein rechtlicher Aspekt. Bei Anklagen wegen Umweltverschmutzung müsste der Verursacher zweifelsfrei nachgewiesen werden, was um so schwerer fällt, je weniger Sprühvorgänge überhaupt entdeckt werden.

Nachdem die Existenz von Chemtrails in den eingangs zitierten drei Videos des öffentlich-rechtlichen Fernsehens bestätigt worden

---

[††††††††] Das *"Ausbleichen des Himmels"*, d.h. die Bildung einer milchig-weißen Decke am Himmel, die das einfallende Sonnenlicht mindert, entsteht nach längerem Sprühen.

ist, können wir zu einer inhaltlichen Diskussion dieses Phänomens übergehen. Was genau sind Chemtrails? Worin unterscheiden sie sich von gewöhnlichen Kondensstreifen? Kondensstreifen lösen sich nach ca. 1 Minute wieder auf, Chemtrails aber bleiben am Himmel stehen, verbreitern sich allmählich und verbinden sich zu einer milchig-weißen Decke, die das einfallende Sonnenlicht mindert. Kondensstreifen sind kontinuierlich, sie können nicht an-, aus-, an-, aus-, ... geschaltet werden. In einem Video wird aber gezeigt, wie genau dies geschieht, d.h. in diesem Falle kann es sich definitiv nicht um Kondensstreifen handeln.[213] Ab Minute 12:46 („AWACS Stop + Go- Erwischt in Norddeutschland") kann man sehen, wie zwei Flugzeuge relativ dicht beieinander fliegen, bei dem einen wird der Trail an- und aus geschaltet, bei dem anderen bleibt er kontinuierlich, d.h., das An- und Abschalten kann also auch nicht mit unterschiedlichen Luftschichten erklärt werden, die das Flugzeug durchfliegt, wo sich die Temperaturen unterscheiden und dadurch die Kondensbildung „an" und „aus" -geschaltet würde.

Auch wenn wir in diesem Abschnitt gezeigt haben, dass Chemtrails real sind, wird die Vertuschungsaktion weitergehen, und zwar solange, bis es gelungen sein wird, Geoengineering über das IPCC zu legalisieren, und zwar mit der Begründung, dass ohne Geoengineering der Erde der Klimakollaps drohe. Vorher wird es weiter geleugnet, um nicht Gefahr zu laufen, dass die Verantwortlichen wegen Umweltverbrechen verklagt werden können.

„Die absichtliche weltweite Manipulation des Klimas und des Wetters durch stratosphärische Aerosol-Injektionen ist das größte Umweltverbrechen, das jemals in der gesamten Geschichte der Menschheit stattgefunden hat. Noch ist es rechtswidrig und nicht durch die jeweiligen Parlamente legitimiert. Der IPCC arbeitet stets daran, diese illegalen Programme zu legalisieren."[214] In diesem Sinne bereiten auch die öffentlichen Medien den Boden dafür, dass die Bevölkerungen die Geoengineeings-Massnahmen akzeptieren. Am 28.09.2019 erschien bei zeit.de ein Artikel[215] mit dem Titel *„Geoengineering: Da hilft nur noch, am Klima zu klempnern".* In der Kurzzusammenfassung heißt es: *„Weniger Treib-*

hausgase ausstoßen? Ist gut, reicht aber nicht. Um die Erdüberhitzung zu stoppen, sind Eingriffe ins Klimageschehen nötig – bisher aber kaum praxistauglich." Und im Text heißt es: *„Das Dilemma ist offensichtlich: Um die Erderwärmung unter zwei Grad zu halten, darf die Menschheit bis zum Jahr 2100 nur noch 700 Milliarden Tonnen Treibhausgas in die Luft blasen. Selbst bei rasch sinkenden Emissionen wäre dieses Limit schon in den Dreißigerjahren dieses Jahrtausends erreicht. Danach dürfte kein Gramm Treibhausgas mehr freigesetzt werden.*

*Da das völlig unrealistisch ist, geht der Weltklimarat IPCC schon lange davon aus, dass die Menschheit eingreifen muss. Der am Mittwoch (25.09.2019) veröffentlichte Sonderbericht über den Zustand von Wasser und Eis auf der Erde hat einmal mehr deutlich gemacht, dass es nicht weitergehen kann wie bisher. Zwei Ansätze sind hier grundsätzlich denkbar. Der erste: Der Atmosphäre künstlich Kohlenstoff entziehen und langfristig unter der Erde speichern. Meist wird das als Carbon Capture and Storage bezeichnet, kurz CCS. Doch auch wenn es erste erfolgreiche Projekte gibt, ist unklar, ob CCS in ausreichendem Umfang großtechnisch eingesetzt werden kann – und was das kosten würde. Deshalb gibt es einen zweiten Ansatz: Forscherinnen und Forscher wollen die Erde zusätzlich künstlich abkühlen, indem sie es dem Planeten ermöglichen, einfallendes Sonnenlicht direkt zu reflektieren. Also die Albedo erhöhen. Experten sprechen dabei von **radiation management**, der Beeinflussung der Strahlungsbilanz. Auch dafür sind verschiedene Techniken in der Diskussion, praktisch erprobt wurde bisher aber fast nichts davon."*

Bis es soweit ist, dass diese stratosphärischen Aerosol-Injektionen (Chemtrails) legalisiert sein werden, wird dieses Versprühen geheim gehalten und geleugnet. Wie kann es aber sein, dass dieses Versprühen von Giftstoffen über unseren Köpfen geheimgehalten werden kann? Da müssten doch zumindest einige der Piloten dieser Flugzeuge irgendwann Skrupel bekommen und auspacken. Die Antwort ist: Es gibt sie tatsächlich, diese Piloten, die auspacken. Im dem Video[216] kommt ein ehemaliger ziviler Mitarbeiter des EADS zu Wort, der beim Umbau eines Flugzeugs zu einem Sprühflugzeug mitgearbeitet hat. Er wurde entlassen, nachdem er einer Abgeordneten der Grünen-Partei Details darüber erzählt und Bilder über diese Vorgänge vorgelegt hatte. Dieser ehemalige Mitarbeiter berichtete: *„ Und da kam dann das Militär und hat uns angewiesen, Vollschutzanzüge und Atemmasken zu tragen; denn die Tanks müssen jetzt befüllt werden, und die Substanzen, die da rein kommen, Aluminium, Sulfide, Bariumoxid ... sind durchsetzt mit nanopartikelgroßen Polymerverbindungen; die sind für euch hochgiftig; also ihr habt jetzt Schutzanzüge zu tragen. ... Also ich wollte nur sagen, wir fliegen in eine ökologische Katastrophe. Und jeder, der das nicht begreifen will, dem kann ich gerne die Beweise zeigen, und ich stelle mich jedem Untersuchungsausschuss zur Verfügung ..."* Es gibt noch weitere Piloten, die „ausgepackt" haben.[217] Andererseits wissen die Piloten, z. B. von normalen Verkehrsflugzeugen, oftmals nicht, was sie versprühen oder dass sie Giftstoffe versprühen. Ein großer Anteil dieser Giftstoffe wird durch Militärmaschinen ausgebracht, wobei man dabei davon ausgehen muss, dass diese Piloten zur Geheimhaltung verpflichtet sind und nur Befehlen folgen. Außerdem kennen sie in der Regel nur den Teil ihres speziellen Auftrags, aber nicht, was sie versprühen.

Welche Ziele werden mit den Chemtrails verfolgt?

Nachdem im vorangegangenen Abschnitt zweifelsfrei belegt worden ist, dass Chemtrails real sind, gehen wir im Folgenden der Frage nach: Warum wird gesprüht? Nach meinem Kenntnisstand werden durch Chemtrails verschiedene Aspekte bedient:

1) Versprühen von **Giftstoffen**,
2) Versprühen von Komponenten einer **Biowaffe**,
3) Erzeugen einer „metallischen" Schicht über der Erdoberfläche,
4) **Versprühen von sogenannten Nanorobotern** (Smartdust, zu deutsch, intelligenter Staub), die sich im Gehirn der Menschen festsetzen,
5) **Abschirmung der Sonnenstrahlung**.

Zum 1. Aspekt zählen toxische Nanopartikel, Barium, Strontium, Aluminium, Titan, Lithium, Cadmium, Blei, Quecksilber, Polymerfasern, Dioxine und viele andere krankmachende Substanzen. Das ist das Ergebnis von unabhängigen Untersuchungen und - Analysen in verschiedenen Regionen in der Welt, in denen Chemtrails versprüht worden sind.[218,219] Der 2. Aspekt ist Thema des Abschnitts „High-Tech-Biowaffen – Vorhof zur Hölle". Der 3. Aspekt beinhaltet u.a. Radarreichweiten-verlängerung, Luftraumüberwachung, Raketenschild usw.[220] Dieser 3. Aspekt ist eine Voraussetzung dafür, dass HAARP-Anlagen weltweit agieren können, indem die ausgesendeten elektromagnetischen Wellen an dem durch nanogroße Metallteichen metallisierten Himmel reflektiert werden und an weit entfernten Orten auf der Erdoberfläche auftreffen, s. Abbildung 29.[221] Der 4. Aspekt dient dem Ziel der globalen Versklavung der Menschen über sogenannte Nanoroboter; diese werden, nachdem sie vom Menschen unbemerkt über die Atemwege aufgenommen worden sind, mit einer Cloud verknüpft und können von einer Zentrale aus ferngesteuert werden. Über diesen Komplex soll sowohl das Denken als auch das Handeln der Menschen beeinflusst werden.[222] (Details s. Abschnitt „'5G' und Transhumanismus (Transhumane Agenda))"

Der 5. Aspekt scheint mir aber eher eine Alibifunktion zu erfüllen, eine Legitimation für Chemtrails, damit diese von der Bevölkerung als notwendig toleriert werden zur Begrenzung der Erderwärmung durch Sonnenstrahlen. Ähnlich wie im Abschnitt „Gegenthese" argumentiert, besteht die Gefahr, dass solch ein „Sonnenschirm" die Erde eher noch zusätzlich aufheizt statt abzukühlen.

Auswirkungen von Chemtrails auf unsere Gesundheit

„Es gibt niemanden, der so taub ist wie jener, der nichts hören will und keinen so Blinden, der sich weigert, etwas zu sehen."[223]

Bei den Auswirkungen der Giftstoffe, die über die Chemtrails ausgebracht werden, auf unsere Gesundheit, stehen Atemwegserkrankungen und grippeähnliche Symptome offensichtlich an vorderster Stelle. Wegen der Winzigkeit der über Chemtrails versprühten

Nanopartikel können diese die Blut-Hirn-Schranke mühelos überwinden, sich im Gehirn sowie in den Luftwegen der Menschen einlagern und deren Funktionen beeinträchtigen, zum andern können sie wegen ihrer hohen Toxizität die Stoffwechselprozesse verändern.

„In den USA gab es im Jahr 2000 eine Grippewelle, die laut dem Center for Disease Control von einem 'unbekannten Krankheitserreger' verursacht wurde." [224] Dabei waren die Grippetests bei 99% der kranken Menschen negativ gewesen.

Bereits im Jahre 2005 haben die Autoren des Buches „Chemtrails – Wettermanipulation am Himmel?" [225] eine Liste von unmittelbaren gesundheitlichen Folgeerscheinungen von Sprühaktionen aus der Chemtrail-Webseite 'chemtrail.de' zitiert: *„Kopfschmerzen und chronische Müdigkeit, ... Atemnot, Gleichgewichtsstörungen und Verlust des Kurzzeitgedächtnisses, Grippewellen, Bindehautentzündung und Asthmaanfälle."*

„Auffällig ist, dass viele der gesundheitlichen Effekte von Chemtrails (beispielsweise Müdigkeit, Lethargie, Kopfschmerzen etc.) bei der Mikrowellenstrahlung durch den Mobilfunk-Opfern festzustellen sind. Wie bei der Mikrowellenbestrahlung reagieren die Menschen unterschiedlich auf die Konfrontation mit dem Chemtrail-Fallout. Abhängig vom 'biologischen Fenster' des Individuums (einem Synonym für seinen gesamtheitlichen Gesundheitszustand) gibt es Menschen, deren Immunsystem mit der Chemie anstandslos zurechtkommt, während andere schon beim ersten Kontakt zusammenbrechen." [226]

Besonders gefährlich sind die Nanopartikel (aus Aluminium, Barium, Strontium, ...) und Nanofasern[227,228] wegen ihrer Winzigkeit.

„Über die Atemwege gelangen die giftigen Substanzen direkt in den Blutkreislauf und erreichen so vor allem das Gehirn."[229] Die für den Menschen so schädlichen Stoffe senken sich, nach einer Verweildauer, die von den jeweiligen Wetterverhältnissen abhängt, ab und gelangen durch das normale Atmen in die Lunge, die sich dort in das Lungengewebe einlagern und pathologische Veränderungen verursachen können. Die Verweildauer der Nanopartikel und Nanofasern in der Atmosphäre kann bis zu einem Jahr betragen; gelegentlich kann sie aber auch sehr kurz sein, wie Dr. Klinghardt aus eigenem Erleben in einem YouTube-Video beschreibt.[230]

Als Folge der Kontamination durch diese Gifte werden Atemwegs-erkrankungen wie Atemnot, Asthma, Lungenentzündung sowie Gleichgewichtsstörungen, Schwindel und neurophysiologischen Störungen, die zunehmend mit der rapide ansteigenden Anzahl von Alzheimererkrankungen und frühzeitiger Demenz in Zusammen-hang gebracht werden, genannt.[231] Nanopartikel und Nanofasern sind für den Menschen deshalb so gefährlich, weil sie wegen ihrer Winzigkeit durch die Flimmerhärchen in den Atmungsorganen nicht herausgefiltert werden können und auch die Blut-Hirn-Schranke mühelos überwinden können. Ihre Größe liegt in der Größenordnung von 0,01 bis 1 µm, also in einem Bereich, der bei den üblichen Messungen durch das Bundesumweltamt, die in Großstädten durchgeführt werden, überhaupt nicht erfasst werden. Denn Partikel von 5 µm Größe[232] und größer ist der menschliche Körper in der Lage, aus der Atemluft herauszufiltern. Dies schafft er jedoch nicht mehr, wenn die Partikel deutlich kleiner sind. Um-weltschützer haben deshalb auch Messungen in Bereichen unter-halb PM = 10 µm gemacht und festgestellt, dass gerade in dem gefährlichen Bereich unterhalb 10 µm, insbesondere unterhalb 2,5 µm die Partikeldichte rapide ansteigt, und dass diese offensichtlich nicht von Dieselautos stammen.[233] Diesen Anstieg führen sie zu-rück auf Sprühaktionen von Flugzeugen, die Nanopartikel in gro-ßen Mengen über unseren Köpfen versprühen. „... *bei 2,5µm wird es kriminell, und weiter unten immer krimineller, weil diese Parti-kel im Körper verbleiben und Entzündungsherde bilden. Und wenn das dann noch Stoffe sind, die chemisch irgendwie agieren oder katalytisch agieren, dann habe ich einen Katalysator in der Lunge. Das geht nicht gut. Und deshalb gehen ja auch die Lungenkrank-heiten rapide nach oben.“*[234] Diese Aussage wird von unabhängi-gen Quellen bestätigt. Atemwegserkrankungen stehen in den USA inzwischen auf Platz drei der Todesursachen.[235] Und das, obwohl das Rauchen nicht mehr als Hauptursache dafür verantwortlich gemacht werden kann, weil die weltweite Kampagne gegen das Rauchen, verbunden mit Rauchverboten in öffentlichen Einrich-tungen, doch eigentlich einen Rückgang der Atemwegserkrankun-gen zur Folge gehabt haben müßte. Auf NTV erschien 2011 ein Beitrag über eine neue unbekannte Volkskrankheit namens „Chro-nische obstruktive Lungenerkrankung" (COPD):[236] „*Jeder vierte*

Erwachsene erkrankt einer neuen Studie zufolge irgendwann im Leben am gefährlichen Atemwegleiden COPD. *Damit ist das Risiko für die chronisch-obstruktive Lungenerkrankung (Chronic Obstruktive Pulmonary Disease) größer als für Herzinfarkt oder Krebs, betonen Wissenschaftler um Andrea Gershon vom Institut für klinische Evaluation in Toronto, Kanada, im britischen Medizinjournal 'The Lancet'.*"

„*Die Mainstream-Medien berichten, dass Krankenhaus-Notaufnahmen voll sind mit Patienten mit bizarren Infektionen der oberen Atemwege. Es scheint sich aber offenbar nicht um einen Virus zu handeln. Sie berichten, es sei eine "mysteriöse" Grippe, und dass kein Grippe-Impfstoff wirksam sei. ... 'Das ist alles Quatsch, verlogener Unsinn', sagt Dr. Leonard Horowitz. 'Es ist eine Tatsache, dass wir diese Art von Epidemie seit Ende 1998/Anfang 1999 haben.' ... Das Forschungsinstitut für Pathologie der US-Streitkräfte hat ein Patent für ein pathogenes Mycoplasma registriert, das die Epidemie verursacht. Sie können den Patentbericht in dem Buch 'Healing Codes for the Biological Apocalypse' sehen. Mycoplasma ist nicht wirklich ein Pilz, es ist nicht wirklich ein Bakterium, es ist nicht wirklich ein Virus. Es hat keine Zellwand. Es geht tief in den Zellkern, wodurch es eine Antwort des Immunsystems sehr schwierig macht. Es ist eine von Menschen gemachte biologische Waffe. Der Patentbericht erklärt, wie es eine chronische Infektion der oberen Atemwege verursacht, die praktisch mit dem identisch ist, was die ganze Zeit passiert.*"[237]
(Details dazu im Abschnitt „High-Tech-Biowaffen – Vorhof zur Hölle".)
Lassen wir den Arzt und Spezialist für Vergiftungen des menschlichen Körpers, Dr. Dietrich Klinghardt, zu Wort kommen, der in den USA eine Klinik führt zur Behandlung von Menschen mit Vergiftungserscheinungen. Er sagt: *"Zu uns kommen aus der ganzen Welt Leute mit chronischen Erkrankungen. Wir haben gefunden, dass der Fallout von Chemtrails heute die wichtigste Vergiftungsursache ist am Menschen und so zu einer Palette von chronischen Erkrankungen führt. Dazu gehört bei Kindern Autismus, ... , bei Erwachsenen Störungen, die ganzen Erkrankungen des Nervensystems, MS, ALS, Parkinson, Neuropathien und die ganzen degenerativen Erkrankungen des Gehirns. Dass der Aluminiumge-*

halt in unserem Nervensystem in den letzten Jahren exponentiell angestiegen ist, lässt sich nicht mehr wegwischen durch die Unterarm-Deos oder Aluminium-Kochtöpfen, sondern lässt sich nur noch erklären durch die Chemtrails." Mit dem letzten Satz nimmt Dr. Klinghardt Bezug auf Bekanntmachungen von Umweltschützern, die Deos und andere Körperpflegemittel sowie Alu-Geschirr als krankmachende Ursachen nennen, um die erhöhten Al-Konzentrationen in menschlichen Körpern zu erklären. Dr. Klinghardt hat an 200 Patienten Tests durchgeführt mit dem Ergebnis, dass der Aluminiumgehalt in deren Blut im Durchschnitt um den Faktor 140 mal höher liegt als bei Blei. Und er stellt fest:[238] *"Amerikanische Labore, die Testungen machen für Aluminium, kriegen einen Brief von der Regierung: 'Wenn Ihr nicht sofort damit aufhört, machen wir Euer Labor zu.' Ich weiß nicht, wie es in Deutschland aussieht. Aber da ist es sicher ähnlich. Die Amerikaner haben nie einen Friedensvertrag unterschrieben mit Deutschland. Und jedes Gesetz, und jede Maßnahme in Deutschland, kann gevetod werden von der amerikanischen Regierung. Die meißten von Euch wissen das nicht. Die Amerikaner sind sehr stolz darauf – das habe ich über meine amerikanischen Freunde heraus gefunden. Wichtig ist, was jetzt kommt, ist, der Luftraum über Deutschland ist amerikanisches Hoheitsgebiet."*
Neben der Zunahme dieser *Erkrankungen des Nervensystems* läuft in den westlichen Ländern noch ein anderer Prozess ab, die allmähliche Abnahme des IQ in der Bevölkerung. In einem FOCUS-Artikel[239] kann man lesen: *"Die Menschheit wird immer dümmer – das ergaben wissenschaftliche Tests. Während der Intelligenzquotient durchschnittlich abnimmt, steigen Verhaltensstörungen und Autismus. Forscher gehen davon aus, dass die sogenannten Umwelthormone dafür verantwortlich sind."* Man kann sicher nicht ausschließen, dass auch der massive Einsatz von Hormonen in der Massentierzucht, aber auch der Einsatz von Hormonen im Gesundheitswesen einen negativen Einfluss auf die Volksgesundheit hat. Doch in Anbetracht der obigen Ausführungen scheint es wahrscheinlich, dass auch die über Chemtrails ausgebrachten Umweltgifte eine Hauptursache für die Zunahme der neurologischen Erkrankungen darstellt.

Auch die in Chemtrails enthaltenen Nanokunststofffasern sind für den menschlichen Körper hoch gefährlich. Die mittlerweile im menschlichen Körper nachgewiesenen winzigen Kunststoffpartikel waren auch Thema in einem Beitrag des Radiosenders WDR4, ausgestrahlt am 19.6.2018, wo den Hörern erklärt wurde, auf welchem Wege dieser Plastikmüll in den menschlichen Körper gelangt, nämlich über die Nahrungskette. So weit, so richtig. Aber, als eine mögliche Quelle wurden nicht etwa die über Chemtrails ausgebrachten Kunststofffasern genannt, sondern Funktionskleidung, in denen Kunststofffasern eingearbeitet sind, die sich beim Waschvorgang zum Teil lösen könnten und über das Abwasser der Waschmaschinen ins Grundwasser und von da ins Trinkwasser gelangen könnten. Die naheliegende Ursache, Chemtrails, so wie in dem oben bereits zitierten Video[240] zugeordnet, wurde nicht thematisiert. Stattdessen bekam der unwissende Verbraucher einen anderen „Feind" präsentiert, gegen den sich seine Wut richten kann. Chemtrails als Quelle für den Plastikmüll im menschlichen Gewebe wurde in diesem WDR-Beitrag nicht genannt.

Bei den in dem Video[241] festgehaltenen Sprühaktionen über dem Großraum Stuttgart wurde auch gezeigt, dass sich diese im wesentlichen auf das Stadtgebiet beschränkten, während im ländlichen Großraum um Stuttgart herum keine Chemtrail-Spuren zu sehen waren. Das nährt den Verdacht, dass diese Sprühaktionen nicht nur der Wettermanipulation dienen, sondern dass man in verbrecherischer Absicht möglichst viele Menschen diesem Giftcocktail aussetzen will. In diesem Zusammenhang sollte man auch fragen, warum man gerade solch hochgiftige Materialien wie Aluminium, Barium und Strontium einsetzt, nur um die Sonneneinstrahlung zu reduzieren. Es gibt doch auch wesentlich weniger giftige Metalle, die den Zweck der Reflexion von Sonnenlicht erfüllen könnten. Die Antwort auf diese logische Frage ist im Abschnitt „High-Tech-Biowaffen – Vorhof zur Hölle" gegeben.
Im Video[242] wird festgestellt: *„Da das Zeug in der Luft ist, atmen wir es ein. Es geht in die Atemwege, Nebenhöhlen, Stirnhöhlen und das Gehirn. Aluminium (im Gehirn) ist ursächlich für eine Vielzahl von Krankheiten, z. B. Alzheimer. In den letzten fünf Jahren ist die Anzahl der Patienten mit Alzheimer, Parkinson und anderen neu-*

rodegenerativen Erkrankungen enorm angestiegen, sie hat sich fast vervierfacht. Auf Hawaii ist Alzheimer inzwischen sehr verbreitet. Sie sprühen Aluminium-Nanopartikel, und diese Nanopartikel lösen den Zelltod im Gehirn aus. Darum geht es bei Alzheimer. Die Aufmerksamkeitsdefizitstörung (ADS) begann in den 1970'ern, da war von Autismus weit und breit keine Rede, eines von 100000 Kindern hatte diese Krankheit. Heute hat einer von 48 wegen des Aluminiums eine Aufmerksamkeitsdefizit/Hyperaktivitätsstörung. Wenn man die Schwermetalle ausleitete, normalisierten sich die Gehirne wieder. Es besteht die Gefahr, dass das gesamte Öko-System zusammenbricht wegen der vielen Schwermetalle, vor allem wegen des Aluminiums. Das ist weit mehr als nur ein wenig Verschmutzung. Monsanto hat aluminiumresistente Pflanzen entwickelt. Warum wohl?..."

„Die Versprühung (von Al, Ba, Sr) soll ungeahnte drastische Folgen für Gesundheit von Pflanzen, Tieren und Menschen haben. Berichten zufolge wird in Deutschland seit 2003 gesprüht, in den USA allerdings schon seit den 90er Jahren. Dort steht man laut Experten bereits vor den Folgen dieser Umweltvergiftung, völlig verseuchte Böden und Seen. Normales Saatgut kann darauf nicht mehr wachsen. Das nenn ich wirklich krass. Würdet ihr's mir glauben, dass Chemiekonzerne Aluminium-resistentes Saatgut entwickelt haben und an dessen Verkauf ungeheure Summen verdienen. Sorry, aber es ist so. Wenn wir Jugendlichen, anstatt immer nur in die Glotze, IPhone und IPad zu schauen, uns mal etwas zusammenschließen würden und all diese Informationen mal so richtig betrachten würden, dann könnten auch die Flugzeuge bald nicht mehr sprühen, was sie wollen." [243,244]

HAARP – der Allesschneider am Himmel

„Wenn sich menschlicher Größenwahn, Machtwahn, pervertiertes Denken und Machbarkeitswahn irgendwo politisch, wirtschaftlich, militärtechnisch ausdrücken, so ist es innerhalb des HAARP-Projektes. "[245]

Offiziell handelt es sich bei HAARP *„um ein US-amerikanisches ziviles und militärisches Forschungsprogramm, bei dem hochfrequente elektromagnetische Wellen eingesetzt werden.* "[246] HAARP-Anlagen dienen der Untersuchung der oberen Atmosphäre sowie der Funkwellenausbreitung, Kommunikation und Navigation. Die Funktionsweise dieser Anlagen bietet aber auch enorme Möglichkeiten globaler Manipulation, wie einsehbare Patente bezeugen, zum Beispiel Manipulation des Wetters.[247] Dass das Wetter heute massiv durch entsprechende Manipulationen durch den Menschen beeinflusst wird, Wirbelstürme ausgelöst und verstärkt werden, ist in dem YouTube-Video[248] thematisiert.

„Die HAARP-Anlage ist ein Ionosphärenheizer ... Wie mit einem riesigen Schweißbrenner kann HAARP Teile der Ionosphäre erst erhitzen und dann heraustrennen, um sie dann anheben zu können. Es zerschneidet einen Teil des Himmels, einen Teil der Atmosphäre. Es zerschneidet den Teil, der als äußerster Filter die Erde beschützt und der gleichzeitig Tor zum Weltall ist. Das Bindeglied zwischen WELT und ALL wird zerstückelt – große Löcher werden hineingebrannt. Die erhitzte und herausgetrennte Fläche kann nicht nur angehoben werden, sie kann auch gekippt werden, wie ein riesiges überdimensionales Schild. "[249] Wenn das so ist, dann drängt sich der Verdacht auf, dass so auch das Ozonloch über der Antarktis entstanden sein könnte. Dazu mehr im Abschnitt „Ozonloch – menschengemacht?".

HAARP geht auf ein US-Patent des Erfinders Bernad J. Eastlund vom 10. Januar 1985 zurück, Nummer 4686605, wo auch das Wirkprinzip (Energieübertragung über weite Strecken mittels Mikrowellenstrahlung unter Ausnutzung der Ionosphere) beschrieben ist.[250] Dieses Patent basiert auf einem anderen US-Patent[251], das von Nikola Tesla stammt, Nummer 1119732, zur drahtlosen Energieübertragung. Das Eastlund-Patent wurde durch den US-

Rüstungskonzern REYTHEON aufgekauft, ein Vertragsunternehmen des Militärs. *„Und damit konnte man nicht nur Energie an Orte schicken, wo keine elektrischen Generatoren zur Verfügung standen, sondern man konnte damit auch das Wetter kontrollieren. Man konnte damit die Jet-Winde verändern und Regen bewirken."*[252] Bei Rostock steht eine der größten HAARP-Anlagen der Welt. Die Ostsee und der (zuvor über Chemtrails) metallisierte Himmel dienen als Spiegel, so dass man mit den Radarwellen praktisch jeden Punkt der Erde erreichen kann,[253] auch Orte, die jenseits des sichtbaren Horizonts liegen. Das ist auch das Prinzip bei der Kurzwellenausbreitung unter Ausnutzung der Heavisideschicht. Das Besondere ist, dass mittels HAARP die Ionosphäre gezielt verformt werden kann (s. mittleres und unteres Teil-Bild in Abbildung 29), so dass sie wie ein Fokusierungsspiegel wirkt, was die Bündelung der reflektierten Strahlen ermöglicht, so dass die auf dem Zielpunkt auf der Erdoberfläche auftreffende Strahlung eine sehr hohe Energiedichte besitzt, Voraussetzung für ein hohes Zerstörungspotential. Abbildung 30 zeigt die Oberfläche der Ostsee, die durch Radarwellen, erzeugt in der HAARP-Anlage bei Rostock, über Resonanz in Eigenschwingungen versetzt ist. Zum Vergleich ist in der Bildmitte eine mit Wasser gefüllte Schale auf einem Lautsprecher eingeblendet, über dessen Schwingungen Schwingungsmuster an der Wasseroberfläche mit ähnlichem Muster erzeugt worden sind.

In dem oben bereits erwähnten Beitrag[254], der durch ARD und ZDF ausgestrahlt worden ist, wird auch die Existenz von HAARP-Anlagen bestätigt sowie deren Ziel und Zweck erläutert. Ähnlich wie beim Thema „Chemtrails", findet auch beim Thema „HAARP" eine Leugnungskampagne statt, allerdings weniger darauf gerichtet, ob es HAARP überhaupt gibt, sondern auf dessen wetterverändernde praktische Anwendung. Oft wird gesagt, dass es sich bei HAARP um rein wissenschaftlich orientierte Forschung handelt. In Bezug auf die Sende-Anlage Rostock schrieb die „Ostseezeitung" (OSTSEEZEI-TUNG.DE) am 27.März 2018,[255] dass es sich um die *„Marinefunksendestelle Marlow"* handelt, *...wo die Marine Kontakt zu ihren Schiffen rund um die Welt — mittels zwölf Antennen, verteilt in dem eingezäunten Waldgebiet"*, hält.

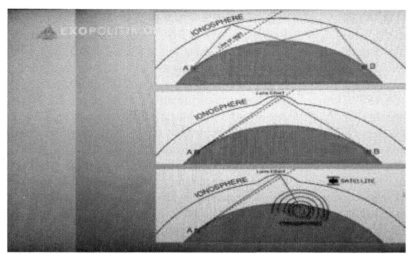

Abbildung 29: HAARP-Anlagen können weltweit agieren, indem die ausgesendete Strahlung am metallisierten Himmel reflektiert wird und an weit entfernten Orten auf der Erdoberfläche auftrifft,[256]

Abbildung 30: Oberfläche der Ostsee, die durch entsprechende Radarwellen, erzeugt in der HAARP-Anlage bei Rostock, über Resonanz in Eigenschwingungen versetzt ist. (In der Bildmitte ist eine mit Wasser gefüllte Schale auf einem Lautsprecher eingeblendet, die mit einer Frequenz im Bereich von 2 und 220 Hz zum Schwingen gebracht wird). (Bild entnommen aus[257])

Bereits im Abschnitt „Chemtrails – *'Die Chemiesuppe'* am Himmel" hatten wir festgestellt, dass MIMIKAMA alles unternimmt, diejenigen, die versuchen, die Menschen auf die gefährlichen Entwicklungen aufmerksam zu machen, in die „Verschwörungstheoretiker-Ecke" zu verorten, so auch hier im Zusammenhang mit HAARP. Denn es gibt inzwischen unzählige Belege für die Manipulationen durch HAARP und Chemtrails, die von MIMIKAMA einfach ignoriert werden. Die Plattform MIMIKAMA nutzt dabei aus, dass sich nur ein sehr kleiner Teil der Bevölkerung mit diesen Phänomenen beschäftigt, die so unglaublich sind, dass sie sich dem normalen Menschenverstand entziehen und man auch nicht gewillt ist zu glauben, dass die Regierung so etwas zulassen würde. Auch auf anderen Seiten im Internet findet man Einträge, worin HAARP und deren Aktivitäten verharmlost werden, so auch auf https://futurezone.at,[258] wo wieder das Schlagwort „Verschwörungstheorie" bemüht wird. Man kann dort lesen: *„Die Wirbelstürme in den USA lassen eine alte Verschwörungstheorie wieder aufblühen: Die Sendeanlage HAARP soll angeblich Naturkatastrophen auslösen."* Diese Leugnungskampagne dient dem Ziel, die Bevölkerung im Unwissen zu halten, damit sie nicht gegen diese Aktivitäten zum Schaden unserer Umwelt protestiert. Doch bereits in einem „Bericht vom 14. Januar 1999 über Umwelt, Sicherheit und Außenpolitik",[259] autorisiert vom Europäischen Parlament, findet man einen Teilabschnitt mit dem Untertitel „HAARP - Ein klimabeeinträchtigendes Waffensystem", worin u.a. zu lesen ist: *„HAARP, Forschungsprogramm für hochfrequente Strahlenforschung ..., wird gemeinsam von der Luftwaffe der USA und dem Geophysikalischen Institut der Universität Alaska, Fairbanks, durchgeführt. Auch in Norwegen laufen ähnliche Untersuchungen, ebenfalls in der Antarktis und auch in der früheren Sowjetunion. HAARP ist ein Forschungsprojekt, bei dem mit einer bodengestützten Anlage mit einem Netz von Antennen, die alle mit einem eigenen Sender ausgestattet sind, Teile der Ionosphäre mit starken Radiowellen erwärmt werden. Die erzeugte Energie heizt bestimmte Teile der Ionosphäre auf, was auch Löcher in der Ionosphäre und künstliche 'Spiegel' herbeiführen kann ... Eine weitere schwerwiegende Folge von HAARP sind die Löcher in der Iono-*

sphäre, die durch die nach oben gerichteten starken Wellen entstehen. Die Ionosphäre schützt uns vor einfallender kosmischer Strahlung. Es besteht die Hoffnung, daß die Löcher sich wieder schließen, aber die Erfahrungen mit den Veränderungen der Ozonschicht deuten in die entgegengesetzte Richtung. Die schützende Ionosphäre weist also große Löcher auf ... " In diesem EU-Bericht wird weiter darauf hingewiesen: *„HAARP steht in Verbindung mit 50 Jahren intensiver Weltraumforschung für eindeutig militärische Zwecke, beispielsweise als Teil des "Kriegs der Sterne", um die obere Atmosphäre und die Kommunikation zu kontrollieren. Solche Forschungsarbeiten sind als schwerwiegend umweltschädigend anzusehen, sie können unübersehbare Auswirkungen auf das Leben der Menschen haben.* "

An dieser Stelle seien noch zwei weitere Kommentare angefügt, in denen versucht wird, auf die Gefahren, die mit HAARP verbunden sind, aufmerksam zu machen: *„ 'Globale Erwärmung', Naturkatastrophen und Wetterextreme werden durch das Wettermanipulationsprogramm nicht bekämpft, sondern gefördert und überhaupt erst künstlich herbeigeführt! ... Die totale Wetterkontrolle hat fatale Auswirkungen auf Umwelt und Gesundheit. Ein Krieg gegen Mensch und Natur!!! Das Wetter wurde zur Waffe ...*"[260] *„Da HAARP die Ionosphäre als Spiegel benutzt, kann es prinzipiell die ganze Erde erreichen." ... Ungefähr seit den letzten 10 Jahren folgt Wetterkatastrophe auf Wetterkatastrophe, beginnend mit dem ungewöhnlich heftigen El niño 1989. Seitdem ist das globale Wettergeschehen chaotisch, der El niño kommt häufiger und heftiger als normal. Auffällig ist nun, dass genau zu diesem Zeitpunkt in Alaska die großflächige HAARP-Anlage errichtet und in ersten Testbetrieb genommen wurde, wie auch derartige Anlagen zu jener Zeit in der damaligen Sowjetunion aufgebaut und getestet wurden ... Diese atmosphärischen Manipulationen sind mit charakteristischen körperlichen Symptomen verbunden - vorherrschenden starken Unruhegefühlen, Magen-Darm-Störungen, Augen- und Kopfschmerzen und Depressionen, die bei mehreren solcher Wettermanipulationszuständen als typisch beobachtet wurden."* [261]

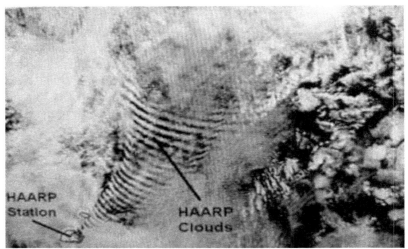

Abbildung 31: NASA-Foto: Man sieht deutlich, wie das HAARP-Wolkenmuster von einer HAARP-Station entsteht.

Abbildung 32 Wolkenmuster über Fukushima kurz vor Ausbruch des Tsunamis 2011. (Bild entnommen aus[262])

Die Technik, die hinter HAARP steht, hat eine Historie, die bis in die 40er Jahre des vorigen Jahrhunderts zurückreicht und ihre Anfänge in Deutschland während des 2.Weltkriegs hat. Diese Technik wurde nach Kriegsende von den Russen übernommen und weiterentwickelt, später auch von den US-Amerikanern. Es handelt sich dabei um Großantennen, mit denen man großräumig sogenannte ELF-Wellen erzeugen kann. Die von solchen HAARP-Anlagen abgestrahlten Frequenzen sind besonders gefährlich, wenn diese in Resonanz zur Erdfrequenz sind, die früher einmal bei 7,8 Hz lag, inzwischen aber bei höheren Frequenzen liegen soll.[263] Wenn die abgestrahlten Wellen im Bereich der Erdfrequenz liegen, können in erdbebengefährdeten Gebieten zielgerichtet Erdbeben ausgelöst werden, einfach dadurch, dass dort schon relativ kleine Schwingungen der Erdkruste ausreichen, um dass labile Gleichgewicht zu zerstören. Je näher die Frequenz der abgestrahlten Wellen an der Resonanzfrequenz liegt, umso größer die Schwingungsamplituden der Erdkruste im erdbebengefährdeten Gebiet.

Ähnliche Wolkenmuster wie in den Abbildungen 33 – 35 zu sehen, sollen auch 2011 kurz vor dem Tsunami in Fukushima am Himmel zu sehen gewesen sein (Abbildung 32; mehr zu diesem Thema im Abschnitt „Tsunamis – menschengemacht?"). *„So ähnlich können auch HAARP-Wellen die Schwingungen in der Erdplatte immer weiter anhöhen und verstärken.*[264]

Damit der *„metallisierte Himmel"*[265] als Reflexionsspiegel, erzeugt durch Chemtrails, auch ständig einsatzbereit ist, muss immer wieder nachgesprüht werden, was offensichtlich auch geschieht. Denn die Metallteilchen sinken allmählich herab auf die Erdoberfläche und der *„metallisierte Himmel"* löst sich dadurch auf, was in praxi bis zu einem Jahr dauern kann, machmal aber auch viel schneller geschieht, je nach Wetterlage, Winde, Ortslage. Dieses Absinken auf die Erdoberfläche erfolgt natürlich umso schneller, je größer die Metallteilchen sind. Das ist ein Grund, weshalb die Teilchengrößen im Nanometerbereich gewählt sind. Ein anderer Aspekt ist der, dass nanometergroße Teilchen ungehindert in menschliche Zellen eindringen können.

Abbildung 33: Stehende Wolkenmuster erzeugt durch Großradaranlagen (HAARP).[266]

Abbildung 34: Stehendes Wolkenmuster: Satellitenaufnahme der iberischen Halbinsel. Der Pfeil markiert Wellen und Rippen, die fest an ihrem Platz bleiben, ganz wie festgehalten. Ebenso der Bereich rechts außen.[267]

Abbildung 35: Stehende Wolkenmuster erzeugt durch Großradaranlagen (HAARP).[268]

Abbildung 36: Eigentümliche Wolkenformation über Dortmund am 7. Mai 2019, 20 Uhr.

Abbildung 37: Eigentümliche Wolkenformation über Dresden am 5. August 2019, 8:35 Uhr

Während des Kalten Krieges gab es nicht nur ein Wettrüsten auf dem Gebiet der Atomwaffen, sondern auch ein Wettrüsten auf dem Gebiet der Strahlenwaffen. Riesige Antennenanlagen wurden errichtet, die in der Lage waren, gigantische Energiemengen abzustrahlen. *„Die Russen haben sehr früh mit diesen riesigen Antennen … sie haben dann auch Erdbeben versucht zu erzeugen in Los Angeles und im Großraum da; das funktioniert so, dass man an den Erdschollen, die aufeinander treffen, die so lange 'kitzeln' kann mit Schwingungen, mit ganz niederfrequenten Schwingungen, dass man so was (Erdbeben) provozieren kann."*[269] Die Russen begannen ihre Strahlenversuche mit gewöhnlichen Radaranlagen, planten im weiteren aber eine riesige Antennenanlage im Gebiet um Tschernobyl, die 10 gigantische 150 m hohe und 600 m lange Mikrowellenantennen im Umkreis von 35 km Durchmesser umfassen sollte.[270] Für die Bereitstellung der erforderlichen gigantischen Energiemengen war der Bau von 16 Atomkraftwerken geplant.[271] *„Den Russen ist dann ein schlimmer Unfall passiert …, und zwar ist denen bei einem Rückschlag dieses gewaltigen Impulses, den sie abgestrahlt haben, eine Atommülldeponie in die Luft geflogen, und weite Gebiete in Russland sind verstrahlt worden."*[272] Auf www.chemtrail.de ist am 25.6.2012 ein Artikel erschienen mit dem Titel: *„Die wahre Ursache der Katastrophe von Tschernobyl"* von Werner Altnickel, der diese Tragödie minutiös aufgearbeitet und die Hintergründe beleuchtet hat. In diesem Artikel wird, mit Belegen untermauert, die oben zitierte Sichtweise für das Tschernobyl-Unglück am 26. April 1986 beschrieben. Wenn das der Wahrheit entspricht, dann haben uns die Medien auch hier über all die Jahre belogen. Denn als offizielle Ursache des Tschernobyl-Unglücks gilt eine "Kernschmelze", die im Zusammenhang mit einem Testlauf durch einen verantwortlichen Ingenieur, unter Nichtbeachtung von Sicherheitsvorschriften, ausgelöst worden sei. Diese offizielle Version war von den damaligen Verantwortlichen des KGB vorgegeben worden.

Tsunamis – menschengemacht?

"Da wir ja jetzt folgende Dinge tun können: Öffnen von Vulkanen, Erregen von Tsunamis, Öffnen von Ozonlöchern, Lenken von Stürmen, sollten wir dafür sorgen, dass diese Techniken nicht angewandt werden." [273] Wir können Tsunamis auslösen? Stimmt das? Ja, es ist möglich; denn wenn es möglich ist, Erdbeben künstlich auszulösen (s. Abschnitt "HAARP – der Allesschneider am Himmel"), zum Beispiel durch Beschuss erdbebengefährdeter Zonen mittels ELF-Wellen, die in Resonanz zur Erdfrequenz gewählt sind, dann ist dies sicher auch möglich in Bezug auf erdbebengefährdete Zonen auf dem Meeresboden. Wenn dies zutrifft, und wenn man die Skrupellosigkeit jener Kräfte, die hinter den in diesem Kapitel beschriebenen Ungeheuerlichkeiten stecken, berücksichtigt, dann ist es nur logisch anzunehmen, dass die Hemmschwelle nicht all zu hoch liegen dürfte, diese technischen Möglichkeiten im praktischen Experiment zu überprüfen bzw. einzusetzen.

Im eingangs zitierten Youtube-Video[274] wird unterstellt, dass der Tsunami, der die Atomkatastrophe in Fukushima herbeigeführt hatte, menschengemacht und durch *HAARP-Aktivitäten* ausgelöst worden ist. Und das Motiv wird auch gleich mitgeliefert, die diese These stützt: *„Der japanische Finanzminister hat in einem Interview bekanntgegeben, dass Japan alle Grenzen für Hedgefonds, also komplette Finanzwelt, fallengelassen hat, weil die Japanischen Atomkraftwerke erpresst wurden mit einer Erdbebenwaffe. Diese Aussagen sind älter als die letzten Erdbeben in Japan und beweisen quasi, dass es sich hierbei um die Wahrheit handelt."*[275] Das gleiche erwähnte Brigitta Zuber in dem Video[276]: *"...dann sagte er* (der japanische Finanzminister), *'weil Japan von einer Erdbebenaffe bedroht wurde'. Ich habe den Vortrag am 1. Detember 2009 gehalten, und ich weiß noch, wie ich gesagt habe: Wenn sie demnächst von Erdbeben und ähnlichen Dingen hören, dann erinnern Sie sich an dieses, was jetzt hier in diesem Vortrag erzählt wurde und hören Sie das mal mit anderen - oder sehen Sie das mal - mit anderen Augen. Kurz danach kam Haiti, und dann fing es an; es kamen immer mehr Horrormeldungen. Und bei Haiti, Chávez hat es auch öffentlich kundgetan, dass er glaubt, das ist* *nicht natürlich entstanden. Und wenn man sieht, wo das Erdbeben war; es hörte an den Grenzen von Haiti, es hörte auf.* Wir haben *auch Bilder, wo der Himmel elektromagnetisch aufgeladen wird, ganz über England, und an den Grenzen Englands hört es auf; es ist wie abgeschnitten; es ist richtig hingesetzt. Also, all das haben wir, und sie tun es. Das sind nicht nur Indizien, sie tun es."* Zur Unterstützung der These, dass der Tsunami in Fukushima 2011 menschengemacht war, kommt in dem Video[277] ein Mann zu Wort, der *"erklärt, dass die Universität von Alaska einen Server besessen hat und Daten gesammelt hat von den HAARP-Aktivitäten und man da ganz eindeutig drauf erkennen kann, dass vor Fukushima, also kurz davor in bestimmten Intervallen und auf bestimmten Frequenzen gepulst wurde, wie das eigentlich sonst nie der Fall gewesen ist, und danach kam gar nichts mehr, also nicht in dem Stil. Und nach Fukushima hat man diesen Server einfach platt gemacht, und jetzt gibt's die Daten nicht mehr. Aber er hat es damals aufgezeichnet, ja, guckt's euch an."*[278] Ist das die Wahrheit? Oder handelt es sich um einen Hoax? Dass es inzwischen technisch möglich ist, Erdbeben von Menschenhand auszulösen, wird auch in dieser Quelle[279] nahegelegt. Und dass die Eliten keine Skrupel kennen, eine große Zahl von Menschen bei ihren „Experimenten" in Lebensgefahr zu bringen, wissen wir auch, spätestens seit dem Bekanntwerden der Enthüllungen durch die Whistleblowerin aus den USA, du-Deborah Tavares.[280] Also hilft uns auch hier die Frage weiter: „Wem nützt es?" In diesem konkreten Fall nützt es den Finanzeliten, die damit eine Drohkulisse aufgebaut haben und die Aufhebung der gegen sie gerichteten Maßnahmen der Kontrollierung ihrer finanziellen Transaktionen in Japan erzwingen, wie im obigen Zitat des Japanischen Finanzministers zum Ausdruck kommt.

Und was für ein Geheimnis verbirgt sich hinter dem verheerenden Tsunami am 26.12.2004 am Indischen Ozean, dem geschätzte 230000 Menschen zum Opfer fielen? Dazu kann man in der India Daily vom 29.12.04 lesen: «*War dieser Tsunami menschgemacht? War dies ein Erdbebenerzeugungs-Experiment, welches außer Kontrolle geriet? Wollte uns eine große ausländische Macht zeigen, zu was sie fähig ist? Unsere Marine ist aufgefordert, aufzuklären, was da wirklich geschah*».[281]

Und der italienische General Fabio Mini schrieb in einem Artikel,[282] *«Das Wetter besitzen. Der globale Umweltkrieg hat bereits begonnen»* folgendes: *„Keiner glaubt mehr, das ein Erdbeben, ein Tsunami, oder ein Hurrikan reine Naturphänomene sind. Durch die moderne Kerntechnologie, die Produktion von Mini-Atomsprengköpfen oder die Überfülle an atomaren Minen ist man in der Lage, unterirdische und unterseeische Explosionen auszulösen, die ihrerseits unter besonderen Bedingungen zu Erdbeben und Tsunami führen können! ... Und schon 1977 wurde in Genf die internationale ENMOD-Konvention zur Ächtung von künstlichem Erzeugen von Tsunamis, dem gezielten Öffnen von Ozonlöchern, der Steuerung von Stürmen sowie der elektrischen Veränderung der Ionosphäre ... — aber warum sollte man etwas ächten, was es angeblich gar nicht gibt?"*

Wenn man bedenkt, dass die Mächte, die keine Skrupel kannten, den Irakkrieg mit seinen geschätzten 0,5 − 1 Millionen Toten herbeizulügen, so muss man davon ausgehen, dass diese Mächte auch nicht davor zurückschrecken, einen solchen „menschengemachten Tsunami" auszulösen.

Hurrikane − menschengemacht?

Anknüpfend an den Abschnitt *„Wetterwaffe − der menschengemachte Einfluss auf das Klima",* stellen wir jetzt die Frage: ist man heute technisch in der Lage, Hurrikane künstlich zu erzeugen, zu steuern und zu verstärken? In einem Artikel[283] schreibt der Autor: *„Die USA und wahrscheinlich auch andere Staaten sind inzwischen in der Lage, mit Geo-Engineering-Maßnahmen (Elektromagnetische Wellen/HAARP, Chemtrails) das Wetter maßgeblich zu beeinflussen. Das gilt auch für Hurrikans, man kann sogar die Richtung, die sie nehmen, in gewissen Grenzen steuern und bei Bedarf verstärken. Wahrscheinlich kann man sie sogar entstehen lassen ..."*

Die Hurrikane, die in den letzten zehn, zwanzig Jahren die USA heimgesucht haben, übertrafen die bekannten früheren Hurrikane an Kraft und Zerstörung bei weitem. Hat dabei das Militär nachgeholfen? Zum Beispiel hehauptete Mary W Maxwell, PhD,

LLB in ihrem Artikel „*Manmade Hurricane Harvey: The Military Can Steer a Hurricane*"‡‡‡‡‡‡‡‡,284. Kann das stimmen? Ja, so sieht es zum Beispiel auch ein anderer Autor, Dane Wigington, auf geoengineeringwatch.org, der über den Hurrikan „Katrina", der am 29. August 2005 begann und 11 Tage andauerte, in einem Artikel von 2010 folgendes sagte: 2005 führte die NASA ein Experiment im Golf von Mexiko durch, genannt Projekt GRIP (Genesis und Rapid Intensification Processes), wo die NASA mit Hilfe von HAARP einen Tropensturm (sie nannten ihn EARL) in einen Hurrikan der Kategorie 4, ein Hurrikan von gigantischem Ausmass, transformiert haben, den sie dann 11 Tage lang im Golf von Mexiko erfolgreich steuerten und direkt nach New Orleans gelenkt hatten. Die Stadt wurde dabei zerstört. Diese Katastrophe war deshalb so verheerend, weil auch die Dämme, die die Stadt vor dem Meer schützte, barsten und die Stadt von Wassermassen überschwemmt wurde und Zehntausende Menschen evakuiert werden mussten. Wie Zeugen berichteten, haben diese zuvor Explosionen gehört, wonach die Dammbrüche erfolgten.[285]

Es spricht vieles dafür, dass diese Katastrophe ein „Inside-Job" war, weil ein Spekulant, ein gewisser Judah Hertz (Hertz Investment Group), im Vorfeld zu Niedrigpreisen Grundstücks- bzw. Immobilienkäufe in New Orleans getätigt hatte, insbesondere in den Gebieten, wo die ärmere Bevölkerung lebte, und die nach der Katastrophe vollständig evakuiert worden waren. Es drängt sich damit der Verdacht auf, dass dieser Spekulant ein Vorwissen gehabt haben könnte über die bevorstehende Katastrophe, so wie es auch im Falle von 9/11 bekannt ist: §§§§§§§§ *„genauso wie Silverstein die beiden World Trade Center-Türme in New York sechs Wochen vor ihrem Fall gemietet hatte, kaufte Hertz im Big Easy viel Immobilien, als die Preise kurz vor Katrina niedrig waren.* "[286]

---

‡‡‡‡‡‡‡‡„Menschengemachter Hurrikan Harvey: Das Militär kann einen Hurrikan steuern"

§§§§§§§§ Silverstein hatte am 24. Juli 2001 einen auf 99 Jahre befristeten Pachtvertrag für die beiden Zwillingstürme WTC1 und WTC2 sowie für das WTC7 abgeschlossen, die alle drei bei der 9/11-Katastrophe zerstört worden waren, und wofür er eine Versicherungssumme von 4,6 Milliarden Dollar kassierte. (Wikipedia)

Eva-Maria Griese schreibt in einem Artikel:[287] *„Wetterextreme als Waffe: Das Weltklima als Versuchslabor – wurden Harvey und Irma künstlich erzeugt?", „Die Hurricanes 'Harvey' und 'Irma' sollen das Resultat von Geoengineering sein. Dieser Vorwurf wird inzwischen immer öfter erhoben."* Weiter schreibt sie: *„Diese massiven, möglicherweise künstlich verstärkten Sturmsysteme, welche die Gefahren des globalen Klimawandels dramatisch beweisen sollen, sind offensichtlich direkt an den POTUS (President of the United States) gerichtet. Der angeblich vom Menschen hervorgerufene Klimawandel ist aber wohl eher ein Geschäftsmodell in der Form eines Ablass-Handels. Mit Verschmutzungsrechten werden dubiose Geschäfte gemacht, sie können ge- und verkauft und sogar an der Börse gehandelt werden. Die Aufkündigung des Klimaabkommens durch Trump bedroht nun diese lukrativen Geschäfte, von denen vor allem Konzerne durch den Handel und Staaten durch CO2-Steuern profitiert haben."*

Ozonloch – menschengemacht?

Das Ozonloch über der Antarktis, das erstmals in den 1970er Jahren gemessen worden ist, war von offizieller Seite u.a. auf die Einwirkung von Fluor-Clor-Kohlenwasserstoffen zurückgeführt worden.[288] Aber könnte es nicht sein, dass hier auch die Umweltverschmutzung in der Stratosphäre durch die Chemtrails[*********] eine Rolle gespielt hat? So können wir auf der Seite *http://www.sauberer-himmel.de/untersuchungen/* lesen: *„Somit wissen wir jetzt jedenfalls, dass die Chemtrails einen empfindlichen Einfluss auf die Bildung von Ozon haben und dass dies der Grund dafür sein könnte, warum die Sonne gegenwärtig so eine harte Strahlung hat. Und wer weiß, vielleicht haben die Technokraten die Ozonschicht durch ihre vielen vorausgehenden Feldversuche zerstört, so dass sie jetzt wie die Verrückten sprühen müssen, damit die technische Plasmaschicht die harte Strahlung der Sonne*

[*********] Auch wenn die massiven Sprühungen (Chemtrails) in den USA erst in den 90er Jahren begannen, und in Deutschland erst seit 2003, so gab es auch schon 1978 erste derartige Experimente (s. Abschnitt „Chemtrails – *„Die Chemiesuppe"* am Himmel").

abhält." Rosalie Bertell schreibt in ihrem Buch „Kriegswaffe Erde": *„Über einen Zeitraum von mehr als 50 Jahren wurden Wetterbeeinflussungsexperimente unternommen, bei welchen man Chemikalien in die Atmosphäre ausbrachte und damit Reaktionen auslöste, ... Die Chemikalien die man in die Erdatmosphäre abwarf, schließen Bariumazid, Bariumchlorat, Bariumnitrat, Bariumperchlorat und Bariumperoxid mit ein. Alle davon sind brennbar und die meisten wirken zerstörerisch auf die Ozonschicht. Allein im Jahr 1980 wurden ca. 2000 Kilogramm Chemikalien in der Atmosphäre abgeworfen."* („BertellWreckingDeutsch.pdf")

Zu einer etwas anderen Sicht auf das Ozonloch-Problem kommen die Autoren des Videos *„Der OZON-SCHWINDEL - ...":* Das „Ozonloch" über der Antarktis sei nichts neuartiges, sondern bildet sich mal zurück, mal verstärkt es sich, abhängig von der jeweiligen Jahreszeit, was eine Folge von Umverteilungen des Ozons in der Stratosphäre ist. Dabei würde sich die Gesamtmenge des Ozons praktisch nicht ändern. Das bedeutet, dass das „Ozonloch" nicht primär verursacht ist durch FCKW, wie offiziell festgestellt (Montreal-Protokoll), sondern auf eine natürliche Umverteilung des Ozons innerhalb der Stratosphäre zurückzuführen ist. Wenn dieses Ergebnis, das NASA-Forscher und eine russische Gruppe Geophysiker anhand gesammelter Satellitendaten herausgefunden haben, korrekt ist, dann war das im Montrealer Protokoll von 1987 festgelegte weltweite Verbot von FCKW ein großer Irrtum. Dieses Verbot hatte den weltweiten Austausch von Kühlgeräten zur Folge und zu einer riesigen Profitsteigerung dieser Industrie geführt. Es sei hier erwähnt, dass auch schon vor der Unterzeichnung des Montrealer Protokolls Satellitendaten vorlagen, die mit den obigen Erkenntnissen übereinstimmen, die aber unberücksichtigt blieben.

Profitiert vom Montrealer Protokoll hat auch die Sonnenschutzindustrie. *„Seit Jahren glauben wir, dass die Sonne eine der Hauptgründe für den Hautkrebs sei, während es in Wirklichkeit diese Kremes sind, die es verursachen können, da sie ungesunde Substanzen mit vielen Nebenwirkungen enthalten. Einige davon tragen zur Entstehung von Krebs bei. Nicht nur das. Sie können auch einen ernsthaften Einfluss auf die DNA nehmen. Vor nicht allzu langer Zeit hat die NASA mitgeteilt, dass sich die Ozonschicht lang-*

sam angefangen hat zu erholen. Ist es möglich, dass die NASA das gemacht hat, weil viele Wissenschaftler begonnen haben, die große Lüge des Ozonlochs aufzudecken? Aber das Schlimmste ist, dass die Angst vor dem Sonnenbad aufgrund des vermeintlichen Verschwindens der Ozonschicht in unseren Köpfen geblieben ist. Es ist zu hoffen, dass wir eines Tages wieder den großen Nutzen der Sonne erkennen werden, den man immer versucht hat, uns vorzuenthalten.[289] Was die in diesem Zitat erwähnten Schäden für die Gesundheit, die von solchen Kremes ausgehen, betrifft, so sei auf das Aufklärungsbuch von M. Schimmelpfennig[290] verwiesen. Nicht zu vergessen, die Herabsetzung der Sonneneinstrahlung auf der Erde, verursacht durch das flächendeckende Versprühen von Chemikalien über unseren Köpfen, sowie die verminderte Exposition von Sonneneinstrahlung auf unserer Haut durch Sonnenschutzkremes, vermindert den positiven Einfluss der Sonnenstrahlung auf unsere Gesundheit und unser Wohlbefinden, psychisch und physisch. Psychisch, weil Helligkeit und Sonnenstrahlen die besten Mittel gegen Depressionen sind, physisch, weil die Sonneinstrahlung das entscheidende natürliche Mittel zur Erzeugung des lebenswichtigen Vitamins D ist. *„Die Sonne wirkt auch Wunder bei der Verhütung von Osteoporose, Knochenerweichung, Diabetes, Bluthochdruck, Demenz, Multipler Sklerose, Infektanfälligkeit oder Immunerkrankungen. Mit Hilfe der Sonne können viele vermeintlich unheilbar kranke Menschen wieder gesund werden."* [291]

Waldbrände – menschengemacht

Unter der Überschrift „Experimente an der Bevölkerung - Ein zweites 9/11?" hatte ich in meinem vorhergehenden Buch, *„2025 – Der vorletzte Akt ..."* (Seiten 204ff), „Waldbrände" thematisiert, die im Oktober 2017 und November 2018 in Kalifornien sowie am 26.7.2018 in Athen gewütet hatten. Da dort die Abbildungen nur in schwarz-weiß gezeigt sind, sind sie hier noch einmal in Farbe gezeigt, Abb. 38 bis 42. Diese drei Katastrophen, die in den öffentlichen Medien als Waldbrände beschrieben worden sind, waren mit hoher Wahrscheinlichkeit mit Strahlenwaffen aus der Luft von Spezialflugzeugen herbeigeführt worden. Bei diesen

„Waldbränden" hatte der Wald nicht wirklich gebrannt, stattdessen waren Mauern und Gebäude zu Staub zerstäubt worden (Abb. 38 und 39) und Autos geschmolzen (Abb. 40 und 41), während andere Gebäude in unmittelbarer Nähe keinerlei Schäden aufwiesen (Abb. 39). Es waren regelrechte Zerstörungsschneisen (Abb. 41 und 42) erzeugt worden, völlig untypisch für Waldbrände.

Abbildung 38:   Zerstörung von Santa Rosa, Oktober 2017.[292] *„Diese Anblicke, sowie die zu Staub zerfallenen Häuser erinnern stark an 9/11. Laut der mittlerweile jahrelangen Studien von Judy Wood handelte es sich dabei nämlich um einen Einsatz einer DEW - einer Directed Energy Weapon - auf deutsch: Gezielte oder Gebündelte Energiewaffe."* [293]

Abbildung 39: Zerstörung von Santa Rosa, Oktober 2017: Man sieht deutlich zwei bis auf die Grundmauern zerstörte Gebäude, während das dritte, angrenzende Gebäude noch völlig unberührt erscheint. Und die umgrenzenden Bäume sind völlig intakt.[294]

Abbildung 40: Zerstörung von Santa Rosa, Oktober 2017: Zerstörtes Auto. „Verbrannte Autos sehen anders aus. Googelt mal."[295]

Abbildung 41: Zerstörte und in Teilen geschmolzene Autos auf einer Hauptstraße in Athen, ereignet innerhalb von Minuten, während die angrenzenden Grundstücke unzerstört blieben.[296]

Abbildung 42: Spur der Verwüstung entlang der Perikleous Street and Poseidonos Street in Athen (rote Pfeile).[297]

Im Video[298] wird der militärische Nachrichtendienst zitiert, demzufolge sie Laser- und Teilchenstrahlenwaffen, sogenannte DEW's, getestet haben, welche an Flugzeugen montiert waren. Anders bei den Waldbränden bei den verheerenden Waldbränden in Südamerika und Zentralafrika Ende August 2019, die sicher nicht durch Strahlenwaffen herbeigeführt worden sind. Wahrscheinlicher ist, dass einfach das Brandroden der vergangenen Jahre weitergeht, zum einen, um weitere Anbauflächen für Agrartreibstoffe zu gewinnen,[299] zum anderen, um Platz für Ölpalmplantagen zu schaffen.[300] Hinzu kommen Brandrodungen der Bauern, um Ackerland für die nächste Aussaat zu gewinnen, und Feuer zum Verbrennen von Abfällen. Was aber offenschtlich ist, dass die Waldbrände in Südamerika durch die öffentlichen Medien benutzt werden, um dem „menschengemachten Klimawandel" Nachdruck zu verleihen und die Angst in den Köpfen der Menschen aufrechtzuerhalten und zu verstärken. Diese Brände waren Hauptthema in den öffentlich-rechtlichen Nachrichten, und in den Kommentaren wurde immer wieder ein Zusammenhang zum menschengemachten Klimawandel unterstellt und mit eindrucksvollen Satellitenbildern das Ausmaß dieser Waldbrände in die Wohnzimmer der Menschen gesendet. Mit tiefrot markierten Farben wurden die Flächen hervorgehoben, in denen es brannte. Die Message: Wir müssen etwas dagegen tun, und wir müssen schnell handeln. Denn die riesigen Mengen an $CO2$, die durch diese Brände erzeugt werden, werden unsere ganzen Anstrengungen zur Klimarettung zunichte machen und das Klimaziel, die Begrenzung der globalen Temperaturerhöhung um maximal 1,5 grad, verhindern. Somit wird die Angst in der Bevölkerung vor der drohenden Klimakrise am Köcheln gehalten und weiter befeuert. Auf focus.de konnte man am 24.08.2019 lesen: *„Brasilien registriert in diesem Jahr so viele Waldbrände wie noch nie zuvor."* Dies entspricht aber offenbar nicht der Wahrheit. Denn in den Jahren 2002 bis 2010 war die Zahl der in Brasilien jährlich gezählten Brände etwa vergleichbar hoch (2002 und 2006) oder noch wesentlich größer (2003, 2004, 2005, 2007 und 2010).[301] In dieser zitierten Quelle wird auch festgestellt, dass die Satellitenbilder, die von der NASA bereitgestellt worden sind, derart bearbeitet worden seien, dass die sichtbar brennenden Flächen überproportional optisch verstärkt und rot markiert sind, so dass sie den Eindruck von riesigen Flächenbränden erweckten, die weite Teile Brasiliens und seiner Nachbarstaaten erfasst hätten. So scheint zum Beispiel auf im Internet aufrufbaren Satellitenbildern der ganze Südteil des Nachbarstaats Paraguay zu brennen, s. Abbildung 43. Einem solchen Horrorszenarium widersprechen jedoch Life-Bilder aus Paraguay,[302] wo im Zentrum dieser über Paraguay rot markierten Fläche im Umkreis von etwa 200 km keine größeren Brände zu sehen sind, allenfalls vereinzelte kleine Rauchsäulen, wo Einwohner ihre Abfälle verbrennen.

Ein anderer Aspekt ist auch interessant. Diese Waldbrände werden benutzt zur Stimmungmache gegen den seit Beginn 2019 amtierenden Präsidenten in Brasilien, Jair Bolsonaro. *„Ähnlich wie Trump widersetzt sich auch Jair Bolsonaro der globalistischen Konzerndiktatur. Beide lehnen das neoliberale Handelsabkommen 'Mercosur' ab. Zudem haben sie dem Migrationspakt und dem Pariser Klimaabkommen eine Abfuhr erteilt. Mit dieser Politik widersetzen sie sich dem Establishment und machen sich entsprechend mächtige Feinde. Dass das Sorossche NGO-Netzwerk, die Massenmedien und die Klimapromis Bolsonaro umgehend zum grossen Sündenbock erkoren haben, ist ein Coup, um ihn politisch auszuschalten."*[303] Man muss dabei wissen, dass die NGOs die Wegbereiter sind für Krieg, Gewalt und Terror.[304]

Abbildung 43: Südamerikakarte,[305] in der die über Satelliten registrierten Brände durch rote Punkte markiert worden sind. Der mit einer weißen Linie umrandete Bereich ist Paraguay, wo in der südlichen Hälfte alles zu brennen scheint.

5. Mind Control und Transhumanismus

„Die Erfindungen für Menschen werden unterdrückt, die Erfindungen gegen sie gefördert." (Bertold Brecht)

Depressiv durch Kommunikation

„Noch niemals wurden die Menschen in Bezug auf ein gesundheits- und umweltpolitisches Thema mit so großem Aufwand, durch die gute Zusammenarbeit mit der Branche, mit der Politik und den Systemmedien, an der Wahrheit vorbei informiert, wie zum Thema Mobilfunk. ... Und alle, die behaupten, dass die scheinwissenschftlich legitimierten Grenzwerte unsere Natur und die Gesundheit schützen, verfügen nicht über Fachwissen oder sie lügen. Es gibt nur diese beiden Möglichkeiten. Und wenn jetzt nicht ein paar mehr Menschen wach werden und uns mithelfen, das Ruder herumzureissen, dann sitzen wir bald alle miteinander in dem tödlichen Strahlenkäfig eines digitalen Gefängnisses, selbstverständlich ohne Bargeld ..." [306]

Diese dramatischen Worte sprach Anke Kern in ihrem Vortrag auf der 16. Antizensurkonferenz (AZK). Ist das übertrieben? Gehen wir der Sache auf den Grund. Die technischen Voraussetzungen für unbegrenzte Kommunikation sind in den letzten Jahrzehnten geschaffen worden, für jeden sichtbar in den Strahlenmasten, die überall im Land installiert sind. Sie haben uns den Segen der unbegrenzten Kommunikation in Form von Handyempfang und drahtlose Internetnutzung gebracht, aber gleichzeitig – was wir im Folgenden begründen werden – den Fluch der beginnenden Zurückbildung unserer geistigen und psychischen Fähigkeiten sowie der Zerstörung unserer körperlichen Gesundheit. Bereits bei ganz normalem Betrieb, ohne zusätzliche Manipulationen, stellen sie eine Gesundheitsgefahr für uns dar. Was uns normalerweise nicht bewusst ist, ist die Tatsache, dass die Strahlenbelastung durch die Handystrahlung extrem hoch ist; die Leistungsflußdichte am Ohr liegt im Durchschnitt bei 2000µW/m², teilweise noch wesentlich höher. Sie stellt somit bei häufigem Handybetrieb eine potentielle Gesundheitsgefahr dar; die Bundesärztekammer empfielt eine maximal zulässige Leistungsflußdichte von 1000 $\mu W/m^2$.[307] Was uns i. allg. auch nicht bekannt ist, ist die Tatsache, dass es eine große Zahl von Patenten gibt, die es ermöglichen würden, die Mobilfunkstrahlung wesentlich (!) zu senken, ohne dass dies die Telefonie beeinträchtigen würde. Diese Patente liegen bei den Mobilfunkbetreibern in der Schublade, und es drängt sich die Frage auf, *„ob nicht vielleicht die gleichen Investoren in der Mobilfunkbranche sitzen wie in der Pharmaindustrie?"*[308] Bemerkenswert ist auch, dass die in Deutschland zugelassenen oberen Grenzwerte um mehrere 10er-Potenzen höher liegen als der von der Bundesärztekammer empfohlene Maximalwert:[309]

Bundesärztekammer:	1.000 $\mu W/m^2$
UMTS:	10.000.000 $\mu W/m^2$
D-Netz:	4.500.000 $\mu W/m^2$
E-Netz:	9.000.000 $\mu W/m^2$

In einer wissenschaftlichen Studie von 2006 bis 2016 ist in zwei deutschen Städten (Bamberg und Hallstadt) der Zusammenhang zwischen ungewöhnlichen Baumschäden und Mobilfunkstrahlung untersucht worden.[310] *„Auffallend ist vor allem die einseitige Schädigung von Baumkronen, die sich nicht durch Trockenheit, Frost, Bakterien- oder Virenbefall, Pilze, Luft- oder Bodenschadstoffe u. Ä. erklären lässt. An 60 geschädigten Bäumen wurde ein ausgeprägter Unterschied zwischen den Messwerten für Mobilfunkstrahlung auf der senderzugewandten und der senderabgewandten Seite der Baumkronen festgestellt. Richtung Mobilfunksender lagen die Messwerte zwischen 80 und 13.000 $\mu W/m^2$, auf der senderabgewandten Seite zwischen 8 und 720 $\mu W/m^2$. Von der geschädigten Seite aus gab es in allen Fällen direkten Sichtkontakt zu einem Mobilfunksender."* Das bedeutet, dass bereits Strahlungsbelastungen von 80 und 13.000 $\mu W/m^2$ die Baumkronen nachhaltig geschädigt haben, Werte, die noch um drei Größenordnungen niedriger sind als die in Deutschland zugelassenen oberen Grenzwerte (s. o.). Dies ist *„ein weiterer Beleg dafür, dass die gesetzlichen Grenzwerte die Willkür der Industrie und nicht die Gesundheit von Bevölkerung und Natur schützen und somit eine klare Irreführung der Bevölkerung sind."*[311]

Und jetzt wird es richtig hässlich; denn die technischen Mobilfunkeinrichtungen können direkt als sogenannte Strahlenwaffen eingesetzt werden durch Aufmodulieren von sogenannten Niederfrequenz-Slots, z.B. Pulse von 8,34 Hz und 2 Hz. Diese Frequenzen liegen im sogenannten „Schumannbereich", *„das ist die Resonanzfrequenz der Erde, und auch des menschlichen Gehirns. Man kann dieser Schumannfrequenz nun bestimmte Informationen aufmodulieren; wenn man zum Beispiel das Gehirnfrequenzmuster von Depressiven benutzt, wird das Gehirn der Bestrahlten dazu in Resonanz gehen und die Betroffenen werden in eine depressive Stimmung versetzt.* "[312]
Für die Arbeitsweise des menschlichen Gehirns sind verschiedene Gehirnwellenbänder im sogenannten ELF-Bereich charakteristisch, der sich von 1 bis 100 Hz erstreckt: [313]

Delta-Wellen (1-3 Hz): Tiefschlaf, Koma
Theta-Wellen (4-7 Hz): Hypnose, Trance, Traum
Alpha-Wellen (8-12 Hz): Meditation, Entspannung
Beta-Wellen (13-40 Hz): Wachzustand bis höchste Erregung.

Über Strahlung in diesen Frequenzbereichen kann man psychische Veränderungen im Menschen auslösen. Die gepulste Energie, und zwar die in regelmäßigen Abständen erfolgenden Pulse, insbesondere im Bereich von 1 Hz bis 50 Hz, bringen die Gefahr für den Menschen. Für das menschliche Herz sind es 1 Hz-Pulse. 1-3 Hz-Pulse beeinflussen das Schlafmuster, 3-5 Hz-Pulse lösen Paranoia und Halluzinationen aus, 6-7 Hz-Pulse Depressionen, Konfusion und Suizid-Gedanken.[314]

Die genaue Kenntnis dieser Zusammenhänge erlaubt den Zugriff auf die komplexen neurokognitiven Prozesse, die mit dem menschlichen Selbst, dem Bewusstsein und dem Gedächtnis verbunden sind. Bei Einstrahlung entsprechender Frequenzen auf das Gehirn werden ab einer bestimmten Intensität veränderte Hirnwellenmuster erzwungen und die Funktion des Gehirns unterbrochen, was zu ernsthaften Störungen führen kann. Diese Manipulation der mentalen Funktion stört die neurologischen und physischen Funktionen.

Die Auswirkungen auf die Gesundheit können beträchtlich sein, da das menschliche Gehirn und verschiedene andere Organe eben mit elektromagnetischen Wellen im ELF-Bereich arbeiten.

Eine andere Art von Strahlenwaffen sind die sogenannten Mikrowellenwaffen, mit denen auch die Polizei ausgerüstet werden soll oder schon ist. Diese Mikrowellenwaffen arbeiten ähnlich wie unsere häusliche Mikrowelle, wobei organische Stoffe von innen her aufgeheizt werden, jedoch mit viel höherer Energie. Als Zielperson spürt man unerträgliche Hitze, die aus dem „Nichts" zu kommen scheint; sie ist geruchlos, lautlos und unsichtbar, Reichweite 1000 m.[315] Sie erhitzt die Moleküle in der menschlichen Haut auf 55°C. Diese Waffe soll sogar Krebs auslösen können.[316] Krebs auslösen? Wie geht das? Melatonin ist Teil der "Krebspolizei". Und durch die Wirkung von technisch erzeugter elektromagnetischer Strahlung kann die Melatonin-Produktion im menschlichen Körper verringert werden.[317] Melatonin ist auch die Vorstufe für das Serotonin, das Glückshormon. Die Reduzierung des Melatonin durch EMF (elektromagnetische Felder) kann deshalb auch ursächlich sein für Antriebslosigkeit, Stress und Burnout, was in unserer modernen Zeit weit verbreitet ist.[318] Ein anderer Effekt ist die Öffnung der Blut-Hirn-Schranke durch technisch erzeugte gepulste EMF, wodurch deren natürliche Schutzfunktion eingeschränkt wird und dadurch vermehrt Umweltgifte ins Gehirn gelangen können, was langfristig zu neurologischen Störungen, Alzheimer und Demenz führt.[319] Diese Mikrowellenwaffen durchdringen sogar Mauerwerk, können eingesetzt werden gegen Demonstranten auf der Straße, wenn sie in zu großer Zahl auftreten und durch herkömmliche Gewaltmaßnahmen nicht mehr bekämpft werden können.[320]

Es geht auch noch eine Nummer schärfer: Es gibt ein US-Patent (US-PATENT 6506148 B2) „ZUR MANIPULATION DES NERVENSYSTEMS DURCH DIE ELEKTROMAGNETISCHEN FELDER DER MONITORE"[321], wodurch man als gewöhnlicher, nichtsahnender Bürger, vor dem Fernseher sitzend, über dessen Display eine bestimmte Strahlendosis in einem bestimmten Frequenzbereich erhält, die einem nicht gut tut.

„5G" und Transhumanismus (Transhumane Agenda)

„Die weltweite Schlacht um das menschliche Gehirn hat begonnen ... Je weiter wir vom letzten MK Ultra-Programm[†††††††††] *entfernt sind, desto näher ist das nächste.* "[322]

Die nächste Mobilfunkgeneration, das 5G-Netz, ist in Vorbereitung, das eine noch grössere Strahlenbelastung für den Menschen mit sich bringen wird. Es ist das „Internet der Dinge", auf dessen Grundlage wirklich alles ans Netz angeschlossen werden kann, einschließlich selbstfahrende Autos, die über einen ferngesteuerten Computer unser eingegebenes Fahrtziel ansteuern, ohne dass der Mensch/Fahrer eingreifen muss oder kann. „Geräte können nahezu ohne Verzögerung auf Anweisungen aus dem Netz reagieren. Dadurch bremst ein Auto schnell genug, wenn ein vorausfahrendes Fahrzeug in einer Kurve ins Rutschen kommt - und diese Info an den Verkehr hinter sich weitergibt."[323] Im für den Fahrer ungünstigen Fall könnte das Auto aber auch von außen abgeschaltet werden, vielleicht sogar verunfallt, wenn er zu einer Störgröße im System geworden ist.

„Gefährdet 5G die Gesundheit?" So eine Titelüberschrift auf Spiegel.de.[324] Bereits in den einleitenden Sätzen werden die Gefahren von „5G" heruntergespielt. So kann man dort lesen: *„Manchen Menschen jedoch bereitet der Umstieg auf 5G Sorgen - auch, wegen oft dubioser und hysterischer Berichte im Netz."* Und in den 10 Kommentaren zu dem Artikel waren überwiegend solche zu lesen, die die Gefahren von 5G herunterspielten. Zum Beispiel: *„Auch Wasser ist gefährlich, wenn es den ganzen Kopf bedeckt. und zuviel Schokolade auch. Und WLan. Und Fernsehen. Es gibt KEINE Erkenntnisse über strahleninduzierte Krebsarten, aber viele viele Dumme Menschen, die einfach alles ablehnen, was neu ist. Oder mit "Strahlung" zu tun hat."* Hier werden die Gefahren von „5G" heruntergespielt, und man muss sich fragen, ob Spiegel.de hier im Auftrag von Interessengruppen unterwegs war.

[†††††††††] MK Ultra - Das Gehirnwäscheprogramm der CIA aus den 50er Jahren

Die Hauptgefahr bei „5G" besteht darin, dass es in besonderer Weise in die Biosphäre unseres Körpers eingreift. Das schafft das bisherige System „4G" zwar auch, aber nicht so zielgerichtet auf den einzelnen Menschen. Bei „4G" war es dem Menschen noch möglich, sich diesem Strahlungseinfluss zu entziehen, z.b. durch Abschalten des WLan oder Wechseln der Lebensumgebung; bei „5G" ist dies kaum mehr möglich. Das Gefährliche besteht darin, dass mit diesen elektromagnetischen Wellen direkt in die Kommunikation der menschlichen Zellen eingegriffen und auf DNS-Ebene Einfluss genommen werden kann. Dies ist eine ernste Gefahr, die offiziell aber heruntergespielt wird, indem man zwar feststellt, dass unser Gehirn und unser Nervensystem ebenfalls *„winzige elektrische Impuls"* nutzt, dass aber eine Gefahr nicht nachgewiesen sei: *„ 'Frühere Studien haben leichte, aber relativ konsistente Wirkungen auf die Hirnaktivität durch Mobilfunk-relevante hochfrequente elektromagnetische Felder gefunden', sagt Expertin Drießen. Eine ausreichende Evidenz für gesundheitlich relevante Wirkungen wurde aber nicht nachgewiesen. "*[325]
Jedoch gibt es ein Patent aus dem Jahre 2002,[326] das nahelegt, dass über dieses 5G-System bei einem Menschen bestimmte Bewußtseinszustände erzeugt werden können, die von außen vorgegeben werden. Über diese Schiene (Einflussnahme über die DNS-Ebene) kann das menschliche Denken und das Empfinden manipuliert und sogar Depressionen ausgelöst werden. Es können punktgenau auf einen bestimmten, ausgewählten Menschen über die Herzfrequenz Störungen des Herzrhythmus verursacht werden mit gravierenden Folgen. „G5" ist ein bedeutender technologischer Schritt in Richtung der **„Transhumanen Agenda"**, die 2045 abgeschlossen sein soll,[327] so zumindest die Pläne der Elite. Dabei ist das Ziel die vollständige Personenkontrolle und Gedankenkontrolle, das Wollen der Menschen vorzugeben und dessen eigene Identität aufzulösen. Wie die Gedankenkontrolle funktioniert, ist in dem Video[328] unter Bezugnahme auf dieses Patent sehr eindrucksvoll erklärt. Die diesem Patent zugrundeliegende Erfindung betrifft *„Einrichtungen und Verfahren zur Übertragung von Informationen über größere Entfernungen mittels elektromagnetischer Strahlung ohne Notwendigkeit elektronischer Hilfsmittel seitens des Empfängers ... Erfindungsgemäß wird gebündelte modulierte elektromagnetische*

Strahlung in den Organismus des Empfängers derart gesendet, dass bei diesem Reaktionen ausgelöst werden, die einer beabsichtigten Gedankenübertragung entsprechen. In diesem Patent steht auf Seite 3: „... *Im Gegensatz zum herkömmlichen Richtfunk wird jedoch der elektromagnetische Strahl (Gedankenstrahl) direkt in den Organismus des Empfängers eingekoppelt, z.B. in den Kopf, die Großhirnrinde, das Innenohr, die Gehörnerven oder Sehnerven. In Abhängigkeit von speziellen in den elektromagnetischen Strahl eingebrachten Signalen (z.B. mittels Amplitudenmodulation) bewirkt diese Einkopplung beim Empfänger eine beabsichtigte Änderung der Gedanken. ... z.B. in einer einfachen Ausführung eines Gedankenübertragungsgerätes spricht der Betreiber des Gerätes (Beobachter, Observer) den zu sendenden Gedanken in ein Mikrophon, das elektrische Signal des Mikrophons wird mittels einer Elektronik in eine Folge von Impulsen umgewandelt (...), die Folge von Impulsen wird (dein) dem Mikrowellenstrahl aufmoduliert, der an den Empfänger gesendet wird und solch eine geringe Intensität hat, daß der Empfänger keine bewußte Wahrnehmung der Sendung hat, sondern diese nur unterschwellig wirkt. ... z.B. in einer komplizierteren Ausführung eines Gedankenübertragungsgerätes gibt der Betreiber (Beobachter, Observer) des Geräts den zu sendenden Gedanken in einen Computer ein (...), der mit Hilfe von Tabellen oder neuronalen Netzen den zu sendenden Gedanken in eine Sequenz von Signalen übersetzt, die dem Mikrowellenstrahl, der an den Empfänger gesendet wird, aufmoduliert wird.“* Hier wird also immer von Mikrowellenstrahl gesprochen. *„Mikrowellenstrahl ist genau das was wir jetzt haben und was uns auch in Zukunft erwartet.“* [329] Auf Seite 10 dieses Patentes, Punkte 24 bis 27, kann man nachlesen, was mittels dieses „Richtfunkverfahrens möglich ist:

Punkt 24: „... *daß die gebündelte modulierte elektromagnetische Strahlung auf den Organismus des Empfängers auf solche Weise einwirkt, daß mit mehr als 95% Wahrscheinlichkeit eine beabsichtigte Änderung der Gedanken oder Handlungen des Empfängers erzeugt wird“.*

Punkt 25: ... *„daß eine auf der Wirkung von modulierter Mikrowellenenergie basierende Gefühlsbeeinflussung involviert ist“.*

Punkt 26: „ ... *daß Gedankenübertragung an eine Zielperson durch Gegenstände aus Beton, Stein, Plastik oder Holz hindurch erfolgt.* "
Punkt 27: „ ... *daß Gedankenübertragung an eine Zielperson über mehr als 10 km Entfernung erfolgt.* " Mit diesem Richtfunkverfahren kann man also von außen komplett die Herrschaft über das Denken, Fühlen und Wollen der Zielperson übernehmen, und dies sogar aus großer Entfernung und durch Mauerwerk hindurch.

"Und diese starren Taktungen dieser Mikrowellentechnologie mit sehr starken Leistungsflussdichten ... umgibt jetzt die ganze Erde, weil wir haben schon Tausende von Satelliten um die Erde herum. Mit 5G sollen jetzt noch mal –zig Tausende dazukommen. ... Und natürlich die ganzen Funkmasten natürlich auch. Die haben so starke Strahlungsstärken, die allen lebenden Organismen eine starre Taktung auferlegen, die milliardenfach höher ist als die natürliche Strahlung der Erde." [330]
Die *starken Strahlungsstärken*, wie in diesem Zitat genannt, sind nicht das gravierendste Problem von 5G, sondern die Biorelevanz; die Taktung der Strahlung liegt im selben Bereich wie die der Kommunikation auf Zellebene, d.h. mit „5G" kann ganz massiv in die biologischen Funktionen von Lebewesen, einschließlich des Menschen, hineingefunkt und die Bio-Kommunikation gestört werden. Dieser Störeinfluss wird noch besonders verstärkt durch den Polarisationseffekt, weil bei der 5G-Kommunikation die Wellen polarisiert sind.[331]
In einem Video[332] wird behauptet: *„Der wahre Grund für 5G ist 1000 Mal schlimmer als die Strahlung".* Konkret geht es darum, Nanoroboter im Gehirn der Menschen einzupflanzen, um die Kontrolle über die neuronale Aktivität zu übernehmen und sie über eine „5G"-Cloud fernzusteuern. *„Nanochips und Smart Dust sind die neuen technologischen Mittel, um die **Agenda** der **menschlichen Mikrochips** voranzutreiben. Aufgrund ihrer unglaublich geringen Größe können sowohl Nanochips als auch Smart Dust in den menschlichen Körper eindringen, sich dort festsetzen und ein synthetisches Netzwerk im Inneren aufbauen, das von außen ferngesteuert werden kann."* Die Rede ist von „Intelligenten Staubpartikeln („Smartdust"), die im Gehirn eingebettet sind und eine völlig

neue Form der Schnittstelle zwischen Gehirn und Maschine bilden. Das ist der 4. Aspekt, der durch Chemtrails bedient wird (s. Abschnitt „Chemtrails – *'Die Chemiesuppe'* am Himmel"), nämlich das Versprühen sogenannter Nanoroboter; diese werden, nachdem sie vom Menschen unbemerkt über die Atemwege aufgenommen worden sind, mit einer Cloud verknüpft und können von einer Zentrale aus ferngesteuert werden. Über diesen Komplex soll sowohl das Denken als auch das Handeln der Menschen beeinflusst werden. *„Das ist die ultimative Versklavung, aus welcher es kein Entkommen mehr geben wird, zumindest nicht aus eigener Kraft."*[333] Diese ultimative Versklavung ist Teil der EUGENIK-Agenda der Kabalen, als **Transhumane Agenda** bekannt.[334] Dass es sich dabei nicht um irgendwelche Hirngespinste oder Phantasterei handelt, hat das gelungene Experiment mit dem ferngesteuerten Käfer gezeigt, das in den Rang der Top-10-Technologien des Jahres 2009 erhoben worden ist.[335] *„Bei Minute 1:18 in dem Video* (eingeblendet) *wird demonstriert, wie ein Käfer mit einem Smartphone ferngesteuert wird, und das Ziel der Forschung ist, dasselbe mit Menschen zu tun!"*[336]

*„**Fazit:** (Was sich gerade abspielt ist ein Albtraum.) Ironischerweise starren die meisten ahnungslos auf ihre Smartphones, während die Strahlung munter ihre DNA zerfrisst. Wer sich fragt, warum die Regierung den Ausbau der **5G-Cloud** so fahrlässig und praktisch hinter verschlossenen Türen durchwinkt, muss wissen, dass das gesundheitliche Risiko der 5G-Technologie einem wichtigeren Plan im Weg steht. Das Schweizer Fernsehen hat die **transhumanistische Agenda** in der Politsendung Arena des 8. März 'Wer hat Angst vor 5G?' etwas höhnisch aber verblüffend ehrlich offengelegt. Es geht darum, alle Menschen über Mikrochip-Implantate einer globalen 5G-Cloud anzuschliessen, ähnlich wie das heute mit den Smartphones schon der Fall ist. Implantierte Mikrochips sind die Weiterentwicklung der Smartphones, die die allermeisten ohnehin schon permanent am Körper tragen. Deren Verlagerung in den Körper ist nur noch ein kleiner Schritt entfernt und für viele leider schon fast eine Selbstverständlichkeit. Pioniere der Wahrheitsbewegung, wie Alex Jones oder David Icke, warnen bereits seit Jahrzehnten vor dieser Entwicklung. Was damals noch*

*als schockierend und unvorstellbar galt, wird heute von breiten Teilen der Bevölkerung als normal wahrgenommen, weil die Agenda in **kleinen Schritten** vorangetrieben wurde.*"[337] (Fettdruck d. d. Autor)

Am 12.04.2019 berichtete t-online.de:[338] *"Die belgische Regierung hat das 5G-Projekt in Brüssel gestoppt. Sie befürchtet, dass die Strahlenschutzwerte nicht eingehalten werden. ..."* Da erhebt sich sofort die Frage: Warum gerade in Brüssel? In Brüssel befinden sich das EU-Parlament und die EU-Kommission. Letztere ist der verlängerte Arm der NWO-Protagonisten, die die Globalisierung mit aller Macht vorantreiben; es sind die Interessenvertreter der Globalisten, der Elite. Geht es dabei vielleicht nur um **deren** Schutz vor den Folgen der Strahlung? *"Die Europäische Kommission hatte jeden Mitgliedsstaat dazu aufgefordert, eine Stadt mit 5G auszurüsten. In Belgien war die Wahl auf Brüssel gefallen. Hier hatten sich drei Anbieter zusammengetan und mit der Stadt eine Vereinbarung getroffen, die strengen Strahlungsregeln der Stadt zu lockern, so Fierce Wireless. In der Stadt gelten die strengsten Strahlungsvorschriften der Welt."*[339] Von einem Testgebiet in England, wo „5G" testweise in Betrieb genommen worden ist, wurde berichtet, dass es in den dortigen Parks keine Insekten und Vögel mehr gibt.[340] Und bei einem Experiment mit „5G" in Den Haag sollen Hunderte von Vögeln tot von den Bäumen gefallen sein. Dort *"hatten sich große Schwärme an Zugvögeln versammelt und saßen in den Bäumen ringsumher, um ihren Weg nach Süden zusammen anzutreten. Plötzlich wurden Hunderte von ihnen tot auf dem Boden liegend aufgefunden. Die Tiere starben alle an Herzversagen, obwohl sie körperlich gesund waren. Es gab keine Anzeichen für eine Erkrankung, keinen Virus, keine bakterielle Infektion, gesundes Blut, keinen Hinweis auf Vergiftung usw. Die einzig vernünftige Erklärung, die übrig bleibt, war die Einwirkung von Mikrowellen. Denn diese HABEN bekanntermaßen eine Wirkung der Vogelherzen!"*[341] Dieses Vögelsterben wurde im oben zitierten Beitrag von tagesschau.de[342] jedoch auf eine andere Ursache zurückgeführt, auf eine *„Vergiftung durch Eibenschnitt"*. In einer anderen Quelle wird das

Vogelsterben darauf zurückgeführt „..., *dass sie an giftigen Bestandteilen der Eibebeere verendet sind"*. Was ist wahr?

Gender mainstreaming und Transhumanismus

"Innerhalb von 30 Jahren werden wir die Technologie für superhumane Intelligenz besitzen. Kurz danach wird die Ära des Menschen enden."
(Vernor Vinge, Transhumanist, Mathematiker und Computerwissenschaftler in seinem Essay, 1993, *„The Coming Technological Singularity"*[343])

Wir Älteren sind die letzte Generation, die diesen Weg bis zum Ende nicht gehen müssen. Der Alptraum wartet auf unsere Kinder und deren Nachkommen.

Was ist Gender mainstreaming? *„Viele Menschen glauben, daß 'Gender Mainstreaming' nur ein neuer Begriff für Emanzipation und Gleichberechtigung der Frau sei. Ein fundamentaler Irrtum – von den Schöpfern dieses Begriffes so gewollt! Viele Menschen denken, die Sache mit dem Geschlecht, ob Junge oder Mädchen, Mann oder Frau, hätte die Natur eindeutig entschieden, ebenso wer Mutter oder Vater ist. Das galt sicher für die letzten 5.000 Jahre, aber jetzt nicht mehr. Es gibt Menschen, die dies aktiv verändern wollen. – und das machen sie sehr erfolgreich."*[344] Die Vertreter dieser Ideologie behaupten, dass das biologische Geschlecht, männlich oder weiblich, lediglich eine soziologische Konstruktion sei.[345]

Grundlage für dieses Projekt ist die Dokumentation mit dem Titel *„Kuscheln, Fühlen, Doktorspiele"*[346] zur Fachtagung *„Frühkindliche Sexualerziehung in der KiTa"*. Auf dieser Grundlage haben Landesregierungen bereits den sogenannten „Genderplan" gesetzlich beschlossen, wonach zusätzlich zu dem bereits existierenden Sexualunterricht, dieser durch die Einführung der Genderideologie ergänzt wird, und zwar beginnend bereits ab der 1. Klasse und sogar im Vorschulalter. *„In ihren 'Standards für Sexualerziehung* *in Europa' schlägt die WHO tatsächlich vor, dass Kleinkinder im Alter von 0-4 Jahren über Selbstbefriedigung informiert und ihnen Möglichkeiten geboten werden sollen, ihre Geschlechtsidentität zu erkunden. Im Alter von 4 bis 6 Jahren sollten Kinder über gleichgeschlechtliche Beziehungen unterrichtet und ihnen Respekt für verschiedene Normen in Bezug auf Sexualität vermittelt werden.*[347] Hinter diesen Bestrebungen zur Frühsexualität unserer Kinder steht die UNO mit ihren Spezialorganisationen UNICEF, IPPF[‡‡‡‡‡‡‡‡‡], UNFPA[§§§§§§§§§].[348] In mehreren deutschen Bundesländern werden bereits Kindergartenkinder mit Büchern und Spielmaterialien über verschiedene Familienmodelle sowie Geschlechtervielfalt (LSBT-TI[*********]) konfrontiert.[349] Kindern ab drei Jahren wird vermittelt, dass es egal sei, welches Geschlecht sie für sich erwählen und wie sich eine Familie zusammensetzt.

Beim Projekt „*Gender Mainstreaming*" geht es also nicht nur um die Gleichberechtigung von Mann und Frau oder unterschiedlicher Partnerschaften. Tatsächlich ist „Gender Mainstreaming" ein Angriff auf die Zweigeschlechtlichkeit des Menschen, auf die Ehe von Mann und Frau und auf die herkömmliche Familie.[350] *„Im Ergebnis steht aber nicht der freie Mensch, sondern der seelisch verkrüppelte Mensch, der ein schlechtes Selbstbewusstsein hat, bindungsunfähig ist, keine Familie gründen kann, keine Solidarität üben kann und reduziert ist auf niedrigste Instinkte – der perfekte Untertan. "*[351]

Es steckt aber noch sehr viel mehr hinter dem Projekt „*Gender Mainstreaming*". Das Endziel ist die **physische** Auflösung der Unterschiede zwischen Mann und Frau. Doch der Reihe nach; langfristig werden mit Gender mainstreaming vier Ziele verfolgt:
1) den erzieherischen Einfluß von der Familie bzw. den Eltern immer mehr in Richtung Staat zu verlagern,
2) Zerstörung der Familie,

[‡‡‡‡‡‡‡‡‡] International Planned Parenthood Federation
[§§§§§§§§§] United Nations Population Fund
[*********] Lesben, Schwule, Bisexuelle, Transgender, Transsexuelle und intergeschlechtliche Menschen

3) Geschlechterauflösung und damit Schaffung der Voraussetzungen, langfristig den natürlichen Fortpflanzungsprozess zu ersetzen durch Retortenproduktion von menschlichem Leben und
4) Beseitigung des unkontrollierbaren natürlichen Vorgangs „Liebe zwischen zwei Menschen verschiedenen Geschlechts", weil dieser einen privaten Lebensbereich betrifft, der sich der Kontrolle und direkten Einflußnahme durch die Elite entzieht.[352]

Gender mainstreaming, so wie es heute in unseren Schulen gelehrt und praktiziert, durch das Kultusministerium und den entsprechenden staatlichen Stellen propagiert und vorangertieben wird, ist erst eine harmlose Vorstufe zu dem, was die Zukunft dazu befürchten lässt. Sie bereitet den Weg hin zu einer Variante, die man, wenn man das Endziel betrachtet, durchaus zum Thema Transhumanismus zählt. Als Endziel der „Geschlechterauflösung" steht die physische[353] Auflösung des Geschlechtsunterschieds zwischen Mann und Frau und die Ersetzung des Geburtsakts durch die Retortengeburt, wenn es nach den Vorstellungen der Elite geht. Das Designen von nachgeborenen Menschen, künftiger Generationen, quasi aus der Retorte, wird dann die Aufgabe von „Wissenschaftlern" sein, die die Wünsche der Elite willfährig umsetzen werden. Es ist Teil der „Transhumanen Agenda" (s. Abschnitt „'5G' und Transhumanismus"). Natürlich ist dies nur für das Volk vorgesehen, nicht für die Vertreter der Elite selbst.

6. Biokrieg

Entwicklung von Biowaffen

Die Biowaffenkonvention,[354] die 1972 von fast allen Staaten der Erde unterzeichnet worden ist, war am 26. März 1975 in Kraft getreten. Im Artikel I steht: *„Jeder Vertragsstaat dieses Übereinkommens verpflichtet sich, ... (solche Biowaffen) ... niemals und unter keinen Umständen zu entwickeln, herzustellen, zu lagern oder in anderer Weise zu erwerben oder zu behalten."* *„Ob Viren, Bakterien oder verbündete Insekten, sie alle fallen unter die* **Biowaffenkonvention,** *die 1972 von fast allen Staaten der Erde unterzeichnet worden ist, auch von den Amerikanern."*[355] Doch werden auch heute noch Biowaffen entwickelt, getestet und eingesetzt.

Die in den vergangenen Jahrzehnten weltweit aufgetretetenen Infektionskrankheiten wie Ebola, AIDS, SARS, Borreliose, EHEC, Morgellonskrankheit, sind mit sehr hoher Wahrscheinlichkeit als Biowaffen in militärischen Geheimlabors entwickelt worden. Darum geht es in diesem Kapitel.

Auf der Grundlage eines Vertrages zwischen den USA und Georgien ist in Tiflis, der Hauptstadt Georgiens, ein Biowaffenlabor, das Lugar Center, auch genannt „Labor des Todes", errichtet und im Jahr 2011 eingeweiht worden. Durch die Veröffentlichung von Dokumenten (durch einen „Überläufer") ist inzwischen publik geworden, womit im Lugar Center experimentiert wird. Es sind Bakterien und Viren, die zur Entwicklung von Biowaffen geeignet sind: Pest, Hasenpest, Milzbrand, Brucellen, Hepatitis C, Hanta, EHEC und das Krim-Kongo-Fieber.[356] *„In den letzten Jahren mehren sich hier in Georgien Epidemien unter den Menschen mit exotischen Krankheiten, wo der Erreger völlig unbekannt ist, und man vermutet, dass diese Epidemien im Zusammenhang mit diesen Laboren stehen".*[357] Abbildung 44 zeigt, in welchen Landesteilen Georgiens bisher das Krim-Kongo-Fieber in den letzten Jahren aufgetreten ist.

Im Lugar Center wird nicht nur mit todbringenden Bakterien und Viren experimentiert, sondern auch mit deren potentiellen Überbringern, den sogenannten „verbündeten Insekten", deren Entwicklung ausdrücklich durch die Biowaffenkonvention verboten ist. Aber im Lugar Center wird genau an solchen „verbündeten Insekten" („Insect Allies") geforscht: Zecken, Sandmücken, Baumwanzen und Asiatischen Tigermücken (Abbildung 45). Und diese sind, außer der Baumwanze, alles Blutsauger und damit Insekten, die Menschen und Säugetiere mit Bakterien und Viren infizieren können. Seit November 2016 gibt es im Pentagon ein Programm mit dem Namen „Insect Allies" (Abbildung 46). *„Und offenbar sind diese Blutsauger in Georgien auch schon zu Testzwecken freigelassen worden. So berichten die Einwohner von Tiflis seit November 2017 von Sandmücken, die aus der Kanalisation in ihre Bäder kommen und sie beißen, während sie nackt im Bad stehen. Normalerweise kommen die Sandmücken auf den Philipinen vor, nicht aber in Georgien. ... Obwohl die Sandmücke nur ein paar 100 m weit fliegen kann, ist sie auch in der 100 km entfernten russischen Teilrepublik Dagestan festgestellt worden, und zwar im gleichen Monat, in dem sie auch in Tiflis zum ersten Mal gesichtet wurde. Das Auftauchen der Sandmücke in Dagestan könnte mit diesem US-Patent im Zusammenhang stehen (Patent No.: US 8,967,029 B1, Mar.3, 2015: TOXIC MOSQUITO AERIAL RELEASE SYSTEM), das bis vor kurzem noch öffentlich zugänglich auf der Internetseite des Lugar Centers verlinkt gewesen ist."* [358] In diesem Video wird auch von einem weiteren Patent berichtet, das die Verbreitung kontaminierter Insekten über feindlichem Territorium mittels Dohnen beschreibt.

Abbildung 44: Goergien: In den farblich hervorgehobenen Gebieten war das Krim-Kongo-Fieber epidemieartig aufgetreten; man vermutet als Quelle das Biowaffenlabor Lugar Center, das im Jahr 2011 eingeweiht worden ist.

Abbildung 45: „Verbündete Insekten" („Insect Allies"), mit denen im Lugar Center in Tiflis experimentiert wird: Zecken (oben rechts), Sandmücken, Baumwanzen und Asiatische Tigermücken (unten von links nach rechts).[359]

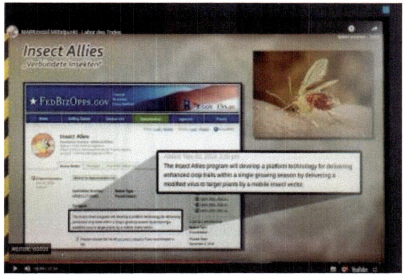

Abbildung 46: Seit November 2016 gibt es im Pentagon ein Programm mit dem Namen „Insect Allies" (Verbündete Insekten).[360]

Abbildung 47: In der Ukraine sind Biotech-Labore des Pentagon im ganzen Land geschaffen worden. Nahe der östlichen Pentagon-labore hat es in den letzten Jahren eine Hepatitis-Epidemie mit Hunderten Erkrankten gegeben (rot hervorgehoben).[361]

Abbildung 48: Ausschreibung der US-Regierung: Suche nach Gewebe-
und DNA-Proben von russischen Menschen kaukasischer Herkunft.

In der Ukraine sind ebenfalls Biotech-Labore des Pentagon errichtet worden, s. Abbildung 47. *„Im Juli 2017 hatte die US-Regierung
einen Auftrag veröffentlicht, in dem sie Gewebe- und DNA-Proben
von russischen Menschen kaukasischer Herkunft sucht. Dass es
sich dabei ausschließlich um Gewebeproben von russischen Menschen handeln darf, wurde in der Ausschreibung auch gleich klar-
gestellt ... Gleichzeitig ist in der amerikanischen Gen-Datenbank
NCBI nachzulesen, dass das Pentagon an Pesterregern forschen
läßt, die ebenfalls aus der russischen Kaukasusregion stammen.*"[362] Da in den oben erwähnten veröffentlichten Dokumenten
u.a. steht, dass im Lugar Center – neben Milzbrand und Prozellen –
auch an den Erregern der Pest experimentiert werden soll, *„...
besteht also der begründete Verdacht, dass im Lugar Center in
Tiflis an Pesterregern geforscht wird, die gezielt einzelne Men-
schenrassen vernichten soll. Und das hat so eine gewaltige Dimen-
sion, dass es selbst die ethnischen Säuberungen von Adolf Hitler
und Josef Stalin in den Schatten stellt.*"[363] Dass in den USA tatsächlich Interesse an rassenspezifischen Biowaffen besteht, geht
auch aus einer anderen Quelle hervor: *„Im September 2000
veröffentlichte die Gruppe 'Projekt für ein neues amerikanisches*

Jahrhundert' ein Dokument, in welchem Dick Cheney rassenspezifische Biowaffen als politisch nützliche Werkzeuge bezeichnete."[364] Diese hier dargestellten Dinge sind im Wesentlichen durch die Recherarbeit des Teams von MarkMobil aufgedeckt worden. Allerdings gibt es dazu auch Kritik derart, dass in obiger Darstellung eine zu einseitige Sichtweise gewählt worden sei, weil auch andere Länder, insbesondere die ehemalige UdSSR, intensiv zu Biowaffen geforscht haben und sich dabei *„mit Abstand am heftigsten schuldig gemacht hat"* [365] (den Vertrag – die Biowaffenkonvention – gebrochen zu haben), In einem längeren Artikel schreibt der Autor: *„Zu diesem Thema, die Forschung an Viren, Bakterien und Toxinen, sollte man, um ein differenziertes Bild zu erhalten, sich mit der Geschichte davon allgemein beschäftigen. Es gibt auf der Erde viele, die schon an solchen Dingen geforscht haben. Staatliche Einrichtungen, zivil und militärisch, aber auch private Forschungszentren. Und es sind bei weitem nicht nur die Amerikaner, welche auf diese Weise tätig sind. Es gibt wichtige Gründe, diese Forschung zu betreiben, vor allem aus Gründen der Prävention und Abwehr von tatsächlich die Menschheit bedrohenden Krankheiten."* Jedoch sei die Frage erlaubt: macht es die Sache besser, wenn auch andere Länder intensiv an Biowaffen forschen bzw. geforscht haben?

In Arztparaxen begegnet man immer wieder Werbeplakaten, in denen für Impfungen geworben wird gegen die gefährlichen von Zecken übertragenen Infektionskrankheiten. Früher waren die kleinen Zecken (im Volksmund „Holzbock" genannt) eigentlich nur lästig, übertrugen aber keine gefährlichen Krankheiten. Seit etwa 10 Jahren hat sich das geändert, und es steht die Frage im Raume, was die Ursache dafür ist, dass sich die Zecke zu einem derart gefährlichen Krankheitsüberträger gewandelt hat? Ist dies das Ergebnis von Experimenten in Militärlabors, wie beispielhaft für das Lugar Center in Tiflis beschrieben? Die von Zecken übertragenen Krankheiten wie Borreliose und die Frühsommer-Meningoenzephalitis, kurz FSME, sind in Europa immer mehr auf dem Vormarsch.

High-Tech-Biowaffen – Vorhof zur Hölle

„Die Gesellschaft wird von einer Elite beherrscht ... die nicht zögert, ihre politischen Ziele auch mithilfe der jüngsten modernen Verfahren, mit denen man das Verhalten der Bevölkerung steuern und die Gesellschaft unter strikter Überwachung und Kontrolle halten kann, durchzusetzen. "
(Z. Brzezinski[366])

Liebe Leserin, lieber Leser, in dem Zitat, das im Abschnitt " Chemtrails – *„Die Chemiesuppe"* am Himmel" zitiert worden ist, hatten uns die Kollegen des öffentlich-rechtlichen Fernsehens mitgeteilt, dass unsere Lebensmittel mikroskopisch kleine Plastikteilchen, Aluminiumpulver und Bariumsalze enthalten und dass diese Materialien wahrscheinlich von der "*Chemiesuppe der Chemtrails"* stammen und ursächlich dafür sind, dass in unseren Breitengraden "*heute praktisch alle Menschen bereits eine auffallend hohe Vergiftung durch Aluminium und Barium auf (-weisen) ".*[367]

Dass eine solche Nachricht von einem Kommentator im öffentlich-rechtlichen Fernsehen (!) gesprochen wird, ist schon erstaunlich, weil ja in den zurückliegenden Jahren die Existenz von Chemtrails vehement geleugnet worden ist. Es ist auch erstaunlich, dass in dieser Sendung zugegeben wird, dass die Menschen durch die Chemtrails vergiftet werden. Warum teilen sie uns jetzt die Wahrheit mit? Vielleicht war diese Ehrlichkeit des Kommentators gar nicht geplant? Oder gibt es inzwischen zu viele Beweise (zu dessen Verbreitung auch das Internet beiträgt), so dass man die „Flucht nach vorn" antrat? Mit der Thematisierung im öffentlich-rechtlichen Fernsehen wird erreicht, dass die Wut und Empörung derjenigen, die schon jahrelang gegen die Chemtrails protestiert haben und immer mehr Beweise für deren Existenz vorweisen konnten und auch immer mehr Menschen dessen gewahr wurden, kanalisiert wird. Und mit dieser Offenheit kann man sogar darauf verweisen, dass diese Sprühaktionen notwendig waren, um die "Klimakatastrophe" abzuwenden, und dass man sich dieser Nebenwirkungen nicht bewusst war.[368]

Jedoch, die Verantwortlichen waren sich dieser "Nebenwirkungen" sehr wohl bewusst. Diese wurden nicht nur billigend in Kauf genommen, sie waren Teil eines Programms zur Installation einer Biowaffe im Menschen, die nun bei all denen im Körper kreist, die diese "*auffallend hohe Vergiftung durch Aluminium und Barium auf* (-weisen)*" *[369] Das ist eine Behauptung, die wir im Folgenden belegen wollen:

Wer die bisherigen Ausführungen zu Chemtrails noch in der Lage war zu ertragen und weiter lesen will, wird nun auf einen Horrortrip geführt, wo der perfideste Kampf des Menschen gegen den Menschen thematisiert ist. Es handelt sich um die sogenannte Morgellons-Krankheit. Noch 2012 war auf SPIEGELONLINE ein Artikel unter dem Titel erschienen[370] "*Morgellons-Krankheit - Schlimmes Hautleiden beruht wohl auf Einbildung*". Und man hat dafür den Terminus „Dermatozoenwahn" benutzt, um damit zum Ausdruck zu bringen, dass sich die Betroffenen diese Krankheit nur einbilden würden. Ähnlich auch die Schlußfolgerung in einem Artikel von WELT.DE: Unter der Unterüberschrift „Neue Form des Wahns" erfährt man in diesem Artikel, dass es dazu sogar eine Studie gegeben hat mit dem Ergebnis, „*höchstwahrscheinlich handelt es sich bei der Morgellonen-Krankheit einfach um eine neue Variante des sogenannten Dermatozoenwahns, bei der Betroffene fest davon überzeugt sind, von Erregern, Parasiten oder anderen kleinen Lebewesen befallen zu sein.*"[371]

Heute weiß man aber, dass es sich dabei keinesfalls um Einbildung handelt. Dazu empfehle ich, das Youtube-Video[372] mit DOMIAN anzuschauen sowie das Interview[373] mit dem Betreiber der Internetseite http://www.morgellons-research.org/. Auf dieser Seite ist eine Vielzahl von mikroskopischen Bildern und Analysen zu Morgellons dokumentiert. Die Aussage, dass es sich bei diesen Fasern um „*lebende optische Fasern*" handelt, wird auch gestützt durch mikroskopische Untersuchungen unabhängiger Autoren.[374,375]

„*Es gibt keinen Mensch, der das Zeug nicht in der Blutbahn hat. Das was man als Morgellon-Syndrom kennt, sind nur die wenigen, die einen Abwehrmechanismus entwickelt haben und diese Fasern über die Haut wieder ausscheiden; da wird's auffällig.*"[376] Wir alle tragen diese Fasern inzwischen in uns. Morgellons-Fasern sind eine Art Hybrid zwischen anorganischem und organischem Material, und wer unter dem Morgellon-Syndrom leidet, dem wachsen diese Fasern aus dem Körper, aus Haut, Mund, Nase, Augapfel, Ohren, Geschlechtsorgan, überall am Körper, und sie sind auch im Sperma zu finden.[377] *„Die drehen sich dann so aus der Haut heraus, und das juckt fürchterlich. Und wir haben Patienten gehabt mit komplett ausgeprägtem Morgellon-Syndrom; die sind fast wahnsinnig geworden vor Juckreiz",*[378] so Dr. Manfred Doepp, einer der wenigen Ärzte in Deutschland, die sich mit dieser Krankheit gründlich auseinandergesetzt haben.

Bei den Morgellons handelt es sich um künstlich erzeugte Parasiten im menschlichen Körper, die den gesamten Körper durchdringen, sich in vielen, wenn nicht gar in allen Organen einnisten können. Wer ein starkes Immunsystem besitzt, muss sich vorerst (!) keine größeren Sorgen machen, weil dieses offensichtlich in der Lage ist, das Wachsen der Fasern im Körper im Zaum zu halten. Da der menschliche Körper den Umgang mit Parasiten gewöhnt ist und sich im gesunden Zustand praktisch ein dynamisches Gleichgewicht einstellt zwischen den Parasiten und seinem Wirt, dem Körper, könnte man annehmen, dass sich auch in dem speziellen Fall der künstlichen Parasiten ein Status quo einstellt, sofern der Körper gesund ist, aber eben nur dann.

Morgellons werden zur Gruppe der Biowaffen gezählt.[379] Diese „lebenden optischen Fasern" können wachsen wie richtige Lebewesen. Es gibt eine Reihe von Videos, in denen sehr kleine bis sehr große Morgellon-Fasern lebend gezeigt sind, wie sie auch außerhalb ihres Wirts lebensfähig sind und sich relativ frei bewegen können, und auch relativ zerreißfest sind.[380,381,382,383,384] Wegen dieser Überlebensfähigkeit auch außerhalb seines Wirts muss man auch ein nicht verschwindendes Ansteckungspotential von Mensch zu Mensch befürchten. Das wird deutlich in einem Interview unter dem Titel „Morgellons: Die Büchse der Pandora ist geöffnet".[385] Dort antwortet der Interviewte (der als Betroffener eine eigene Seite[386] betreibt), auf die Frage: *„Diese Fasern fressen sich also wieder in die Haut hinein?"*

„Ja, ganz genau. Ich hatte das zum ersten Mal festgestellt, als ich in die Sauna ging, um die Fasern auszuschwitzen. Aber kaum hatte ich ein paar Fasern ausgeschwitzt, abgeduscht oder abgewischt,

verfingen sich diese Fasern an meinen Füßen und ich bekam dort sofort neue Pusteln. Als ich einmal ein älteres, kontaminiertes T-Shirt anzog, das ich seit drei oder vier Jahren nicht mehr getragen hatte, war ich schon nach zwei Stunden übersät mit neuen Pusteln und Bläschen, obwohl ich das Shirt vorher gewaschen hatte. Dadurch bemerkte ich eigentlich, dass diese Fasern infektiös sind, auch noch nach Jahren. Solch lange Überlebenszeiten sind eigentlich nur von Pilzsporen oder Wurmeiern bekannt."

Die Morgellons werden auch in dem Buch „Verraten verkauft verloren" von Gabriele Schuster-Haslinger[387] thematisiert. In diesem Buch wird das Morgellon-Syndrom, das in Deutschland weder Politiker noch Vertreter medizinischer Einrichtungen zu interessieren scheint, in Verbindung gebracht mit biologischen Insektiziden,[388] die zur Schädlingsbekämpfung eingesetzt werden, die als Nebeneffekt auch in den menschlichen Körper eindringen, wenn dieser in Kontakt mit diesen Insektiziden kommt, und dass die ursprünglich eingesetzten Baumwollfasern als Trägermaterial durch die Hersteller der Insektizide durch Polymerfasern ersetzt worden sind, um eine längere Haltbarkeit der Mikroorganismen auf diesen Fasern zu gewährleisten. Jedoch, das was tatsächlich hinter diesen Morgellons steckt, ist noch viel perfider, als es durch diese scheinbar logische Erklärung der „längeren Haltbarkeit" den Anschein erweckt. Denn, diese Polymerfasern, diese „optischen Nanofasern", dienen dem Zweck der Manipulation der Menschen.[389,390] Dieser Zweck erschließt sich einem erst, wenn man sich mit den Details dazu befasst und berücksichtigt, dass **gleichzeitig** mit diesen Nanofasern, die über die Sprühaktionen (Chemtrails) in die Atmosphäre gesprüht werden, auch Barium, Strontium, Ttitan und Aluminiumoxid ausgebracht werden. Bisher hat man sich immer gefragt: warum sprühen die so hochgiftige Materialien über unseren Köpfen? Nur um die Sonneneinstrahlung auf die Erde zu reduzieren? Dazu könnte man doch auch andere Metalle verwenden, die für Mensch, Tier und Pflanzen weniger giftig sind. Doch diese eingesetzten Materialien erfüllen eine bestimmte Funktion. Es sind Materialien, die geeignet sind, ein bestimmtes optisches Funktionsprinzip technisch zu realisieren, wenn sie in die Fasern eingebaut sind. Es geht dabei um die Verbindungen Barium-Strontiumtitanat und Aluminiumoxid. „Morgellons *sind künstliche Lebewesen, die bestehen, von der DNA her, aus einer Mischung von einzelnen Vielzellen-Pilzen, wachsen wie Pilze, formen feine Kapillaren. Und diese Kapillaren nehmen gerne Nanopartikel von einer bestimmten Klasse in sich auf, also genau genommen von zwei Klassen. Und genau diese Klassen werden eben vom Himmel über die Sprühaktivitäten bedient. Und das Resultat ist, dass ich halt kleine, wie man das im englischen nennt, selfassembling nanomischlings bekomme. Das sind im Prinzip lebende optische Fasern, die sich mit verschiedenen Nanopartikeln füllen von innen und als kleine Quantenlaser fungieren, die ich von außen elektromagnetisch aktivieren und kontrollieren kann. Und das Ding ist deswegen so erschreckend, weil diese Lasertechnik, wenn man sich das in der Biologie anguckt, wo sie genau die gleichen Dinge tun, und zwar mit synthetischen Kohlefasern, und nicht mit selbst reproduzierenden Fasern, aber von der Sache her, ist es genau das gleiche. Ich kann einzelne Photonen erzeugen mit diesen Lasern und kann komplett in Kommunikation treten mit der Lichtkommunikation auf Zellebene mit der DNA, und zwar in beiden Richtungen. Ich kann Licht erzeugen und damit fremde Impulse dem Körper einspeisen, als wären es seine eigenen. Ich kann, umgekehrt, Lichtimpulse in der Lichtkommunikation aufsammeln und in elektromagnetische Signale verwandeln, was dann als Funksignal aus dem Körper rausgeht. Das spielt eine Rolle bei Personenüberwachung, weil jeder Mensch, der infiziert ist mit Morgellons, und die gesamte Natur (soweit ich das eroieren konnte von den Forschern, die Fasern detektiert haben), durchseucht* (ist). "[391]

Ich habe mich immer wieder gefragt, warum enthalten die Chemtrails gerade diese Materialien: Aluminium, Strontium, Barium, Titan, Kunststofffasern und bestimmtes organisches Material. Dieses für den Menschen so giftige Zeug kann man doch nicht einfach in die Atmosphäre versprühen?! Sehen denn die Verantwortlichen nicht, dass dies verheerende Folgen für die Gesundheit von Mensch und Tier zur Folge haben muß?! Und warum Nanopartikel, deren Herstellung doch sehr teuer ist? Jetzt wissen wir es: Strontium, Barium, Titan, Kunststofffasern und das organische Material sind genau diese Materialien, die für die Realisierung dieser künstlichen Lebewesen erforderlich sind. Und Aluminium ist ein Material, für das bekannt ist, daß es, im Gehirn der Menschen ursächlich ist für eine Vielzahl von degenerativen Krankheiten (s. Abschnitt „Auswirkungen von Chemtrails auf unsere Gesundheit"). Und Nanopartikel deshalb, weil dies die Reaktivität der Materialien extrem erhöht und wegen ihrer Winzigkeit auch in der Lage sind, die Blut-Hirnschranke im Menschen zu überwinden. Es ist das Ziel der Verantwortlichen, die Menschen über diese Materialien und künstlichen Lebewesen zu kontrollieren **und** krank zu machen. Soweit so schlecht. Aber das dicke Ende kommt noch. Durch das über viele Jahre erfolgte Sprühen dieser Materialien über unseren Köpfen sind wir alle irgendwie mir diesen Materialien in Kontakt gekommen, und es ist in unserem Blut enthalten, aufgenommen über die Luft, die wir atmen, d.h., *„infiziert sind wir alle, sprich, wir haben alle ein System von optischen Nanofasern in uns, die über Funkwellen ansprechbar sind, die im Prinzip unseren Lichtkörper übernehmen können. Also alles, was man aus dem Indischen an Chakren kennt, an Zuordnung von bestimmten Lichtqualitäten, Frequenzen zu emotionalen Qualitäten, Ausdrucksfähigkeit, Intuition, all diese Bewußtseinszentren im Körper sind damit kontrollierbar. Und das schlimmste ist, wenn ich ihnen das Licht nicht gebe über das elektromagnetische Signal, bluten sie lichtmäßig aus. ... Das ist einfach eine Methode, die Menschen am Boden zu halten, und ganz nebenbei, die Selbstorganisationsfähigkeit zu vermindern, zu zerstören, sprich Scheunentor für Autoimmunerkrankungen und degenerative Erkrankungen.*"[392] Damit die Manipulation von außen funktioniert und die biochemischen Prozesse auf Lichtebene in unserem Körper kontrolliert werden können, ist eine Schnittstelle erforderlich, mit deren Hilfe Funksignale von außen mit dem menschlichen Biophotonenaustauschprozess innerhalb und zwischen den menschlichen Zellen in Kommunikation treten kann.[393] Und diese Schnittstelle wird realisiert über diese mikroskopisch kleinen Quantenlaser, die durch die lebenden optischen Fasern gebildet werden, die man von außen elektromagnetisch aktivieren und kontrollieren kann. Durch Lichtexposition von außen kann man nun über diese optischen Nanofasern im menschlichen Körper verschiedene Signale auslösen und Programme auf DNA-Ebene starten. Durch übermäßiges rotes bzw. infrarotes Licht auf dieser Ebene kann man ein Signal, ähnlich wie ein *„Seu-*

148

chensignal an die Biologie" [394] geben, das den Prozess der Selbst-zerstörung auslösen kann. Durch übermäßiges blaues Licht auf dieser Ebene kann man ein Signal aussenden, *„wo die Morgellons sich anfangen, panikartig zu vermehren* (quasi den Körper zu über-schwemmen). *„Ich habe Bilder gesehen, wo du 4 Morgellons in die Petrischale legst, und nach 24 Stunden quellt die über. Und das ist sozusagen Exekutionskommando an den Körper, wenn der an-fängt, von innen her zu leuchten, dann fangen die Morgellons an, dich von innen her aufzufressen. Die üblichen Symptome davon sind Nasenbluten, Ohrenbluten, Bluten aus dem ... (?), Gehirn-schlag oder Herzinfarkt. Und die Prozedur dauert in der jetzigen Anwendung etwa 10 Monate, also ganz langsam der Prozess, da-mit's nicht auffällt vermutlich. Aber man munkelt, dass es in der militärischen Anwendung auch innerhalb von Minuten gehen kann. Und es gab ja mal so eine Phase, wo so viele Tiere vom Himmel gefallen sind, also die Vögel, die dann zu Hunderten im gleichen Moment runtergefallen sind, Massensterben bei Walen, bei Fle-dermäusen; die Symptomatik ist die selbe, an den Kadavern. Das ist sozusagen dann das Terminussignal in konzentrierter Form."* [395] *„Wenn ich es zusammenfasse, krieg ich ein komplettes Kontrollsys-tem über die Biologie auf Lichtebene mit dieser Technik."* [396] *„Die Morgellons-Fasern weisen die gleichen Eigenschaften auf wie die Chemtrail-Fasern"* [397]. Es soll an dieser Stelle aber auch erwähnt werden, dass das erwähnte Massensterben von Tieren, was wahr-scheinlich durch Schockerlebnisse der Tiere ausgelöst worden ist, nicht eindeutig auf das Einwirken einer Biowaffe zugeordnet wer-den kann. Dennoch, das Massensterben der Tiere war mit hoher Sicherheit nicht durch natürliche Ursachen ausgelöst worden. [398] Wenn der Inhalt obigen Zitats die Realität richtig widergibt, dann bedeutet dies, dass, wenn ein solches *„Exekutionskommando an den Körper"* übermittelt wird, dieser dadurch zur Selbstzerstörung veranlasst werden kann und bestimmte Leute, die gegen das Sys-tem arbeiten, einfach abgeschaltet werden können. Von dem Autor, der diese Zusammenhänge aufgedeckt hat, gibt es im Netz noch eine Reihe weiterer Videos, und in diesen Videos nennt er auch Roß und Reiter, welche Firmen und Institutionen diese menschen-verachtenden Forschungen betreiben, wer sie finanziert, und er nennt auch die Quellen, die jeder nachprüfen kann. Auch die Physik, die hinter den beschriebenen Phänomenen steckt, ist plausibel und nachvollziehbar erklärt.[399] Könnte es sein, dass diese Anwendung heute bereits geschieht? Wie kann man das gehäufte „Wegsterben" von unliebsamen Kritikern erklären? Zum Beispiel den Tod von Andreas Clauss, Dr. Udo Ulfkotte und Friederike Beck, die in zahlreichen Videos und Büchern die Ziele und Absichten der Eliten offengelegt und vor deren Machenschaften gewarnt hatten, oder Zeugen, zum Beispiel während des NSU-Prozesses, wo insgesamt 5 Zeugen noch vor ihrer Aussage im Gerichtsprozess plötzlich verstorben sind.[400] Bereits vor Eröffnung des Gerichtsverfahrens war die Verfassungsschutzbehörde unter den Verdacht geraten, dass diese in die NSU-Morde verstrickt gewesen sein könnte. Dieser Verdacht war auch genährt worden durch die Vernichtungsaktion von NSU-Akten bei der Verfassungsschutzbehörde und dass die NSU-Akten bis in das Jahr 2134 gesperrt worden sind, also keine Einsicht in diese Akten möglich ist. Was wussten die 5 Zeugen? Hätten sie belastendes Material liefern können?

Auf der Suche nach unabhängigen Quellen, die die Aussage, dass Morgellon-Fasern wie „kleine Quantenlaser fungieren" und von außen steuerbar sind,[401] bin ich auf Veröffentlichungen gestoßen, in denen Parallelen zwischen den Morgellons und „Autismusbezogene 'rope-worms'"[402] aufgedeckt werden. „Trotz des unterschiedlichen Aussehens haben Morgellon-Fruchtkörper und die sogenannten „rope worms", die in den Därmen von Autisten gefunden werden, eine Reihe von Gemeinsamkeiten. Dies deutet auf eine biologische Verwandtschaft bzw. eine gemeinsame biotechnologische Quelle hin." Während in den 1970ern des vorigen Jahrhunderts Autismus sehr selten war, findet man heute diese gesundheitliche Störung viel öfter, insbesondere bei jungen Menschen.[403] Es ist also denkbar, dass es noch weitere künstlich erzeugte Parasiten gibt, die möglicherweise ebenfalls auf dem Wege der Chemtrails Zugang in menschliche Körper gefunden haben. Wenn es also über diese im menschlichen Körper lebenden künstlichen Lebewesen möglich ist, diesen von außen „abzuschalten" oder krank zu machen, so liegt der Gedanke nahe, dass dies auch tatsächlich geschieht. „Wem nutzt es?" Es nutzt den Eliten, uns manipulieren zu können, uns am Boden zu halten, und zwar über den Mechanismus, wie er oben beschrieben ist. Es nutzt den Mächten, die uns beherrschen wollen. Wenn das Barium-Strontiumtitanat und die Aluminiumoxide keinen Zweck erfüllen würden, würde man diese nicht versprühen.

Nach Angaben des Autors Harald Kautz Vella soll es im Jahr 2014 weltweit etwa 300000 Morgellonkranke gegeben haben, die mit schweren Symptomen darniederliegen.[404] Auch in Deutschland gibt es inzwischen eine relativ große Zahl Betroffener, die unter den in ihrem Körper außer Kontrolle geratenen Morgellons leiden.[405] Der menschliche Körper versucht, diese Morgellons loszuwerden. Und das geschieht dann, wie oben beschrieben, über das Herauswachsen aus dem Körper.

Nun die gute Nachricht:[406]
Bei einem gesunden Menschen ohne Schwermetallvergiftung und bei einem basischen Milieu im Körper haben die Morgellon-Fasern kaum eine Chance, sich im Körper auszubreiten und den „Morgellon-Pilz" auszubilden, da in diesem Fall das normale Immunsystem in der Lage ist, dies zu verhindern. Jedoch, unter bestimmten Bedingungen, zum Beispiel unter dem Einfluß großen Stresses, und je mehr der Körper übersäuert, desto höher die Gefahr, dass sich die Morgellon-Krankheit ausbildet und den Körper durchdringt. Unterstützt wird die Ausbreitung des Morgellon-Pilzes im Körper durch Vorerkrankungen oder Schwächung des Immunsystems, zum Beispiel infolge einer Schwermetallvergiftung, die eine Übersäuerung fördert.

Nun die schlechte Nachricht:
Die Schwächung unseres Immunsystems geschieht zum Beispiel durch Glyphosat, das die Schwermetallentgiftung im Körper hemmt. In gentechnisch modifizierten Pflanzen soll etwas enthalten sein, das die Entwicklung der Morgellons fördert.[407] Es ist bemerkenswert, wie trotz des erbitterten Widerstandes der Bevölkerung sowohl das Glyphosat als auch gentechnisch veränderte Substanzen durch die Politik nicht verboten werden, stattdessen immer stärker in unserem Lebensalltag Einzug halten. Bemerkenswert ist auch „die standhafte Weigerung der Vereinigten Staaten und der Codex-Kommission, *genmanipulierte Organismen (GMOs) als*

solche zu kennzeichnen." Offiziell sieht die Codex-Kommission[†††††††††] ihre Aufgabe darin, die Gesundheit der Verbraucher zu schützen und einen fairen Lebensmittelhandel zu gewährleisten. In Wahrheit tut sie aber genau das Gegenteil: *„Gesteuert von der Großindustrie liegt die heimliche Bestimmung des neuen Codex nun darin, die Profite der globalen Firmen-Konglomerate zu erhöhen und gleichzeitig durch die Kontrolle der Nahrungsmittel die Weltherrschaft über die Nahrungsmittel zu erlangen."*[408] Dass sie offensichtlich auch Teil des Projekts „Bevölkerungskontrolle" ist, erkennt man an deren neuen Codex-Richtlinien, die u.a. beinhalten:[409] *„Alle Mikro-Nährstoffe (wie z. B. Vitamine und Mineralien) sind als Giftstoffe anzusehen und aus allen Lebensmitteln zu entfernen, da der Codex die Verwendung von Nährstoffen zur 'Vorbeugung, Behandlung oder Heilung von Leiden oder Krankheiten' untersagt ... Sämtliche Lebensmittel (einschließlich Bio-Lebensmittel) sind zu bestrahlen, wodurch alle 'giftigen' Nährstoffe entfernt werden ... Alle Nährstoffe (z. B. die Vitamine A, B, C und D, sowie Zink und Magnesium), die irgendeine gesundheitsfördernde Wirkung aufweisen, werden in therapeutisch wirksamen Mengen als unzulässig erachtet. Sie sind anteilsmäßig so zu reduzieren, dass ihre Wirkung für die Gesundheit vernachlässigbar wird".* Diese Mikro-Nährstoffe wird man dann zwar noch in der Apotheke beziehen können, wenn auch in besonderen Fällen nur auf Rezept,[‡‡‡‡‡‡‡‡‡‡] aber auch hier muss man leider feststellen, dass diese oft deutlich unterdosiert sind, so dass ihre therapeutische Wirkung gering oder gar nicht vorhanden ist, Beispiel Vitamin C-Präparate.

Das Schwermetall Quecksilber, das lange Zeit als Konservierungsmittel in Impfstoffen eingesetzt worden ist, aber wegen seiner Giftigkeit daraus entfernt worden ist, wird weiterhin bei Impfmaßnahmen in unsere Körper eingebracht, indem die Impfbestecke mit quecksilberhaltiger Lösung vor Gebrauch desinfiziert werden. Das Quecksilber ist zwar nicht mehr im Impfstoff drin, aber trotzdem in der Spritze.[410]

[†††††††††] Codex Alimentarius
[‡‡‡‡‡‡‡‡‡‡] Beispiel: Vitamin D-Präparat Dekristol 20000 I.E.

Die Menschen, die Amalgamfüllungen in ihren Zähnen tragen oder die Quecksilberdämpfe während des Entfernens dieser Amalgamfüllungen eingeatmet haben, sind in großer Gefahr, wenn Aluminium hinzukommt. Und das Amalgam, das als einziges in Zahnfüllungen noch Verwendung findet, wofür die Krankenkassen die Kosten übernehmen, setzt im menschlichen Körper Quecksilber frei, und das rund um die Uhr. Die toxische Wirkung des Aluminiums wird durch die Gegenwart von Quecksilber noch potenziert. Halogenlampen setzen Quecksilber frei, wenn sie mal kaputtgehen. Der hohe Zuckerkonsum, der Antibiotika-Mißbrauch in der Medizin und in der Tiermast, aber auch die intensive Verwendung von Hormonen zur Wachstumsbeschleunugung in der Tiermast haben ebenso einen negativen Einfluß auf das Mileu im menschlichten Körper, alles Faktoren, die in Ergänzung der drei Dinge, Glyphosat, gentechnisch veränderte Substanzen und Schwermetalle in unserem Lebensalltag, den Ausbruch der Morgellonskrankheit fördern. Durch eine gesunde Lebensweise kann man also eine solche Erkrankung vermeiden. Jedoch, ein großer Teil der Bevölkeung ist bereits vorgeschädigt durch oben genannte Einflüsse, denen man sich bei einem normalen Alltag nur schwer entziehem kann.

Ein basisches Mileu im Körper ist als Vorbeugung gegen die Morgellonskrankheit von außerordentlicher Bedeutung. Bei einer Vorschädigung jedoch ist es schwierig, das basische Milieu aufrechtzuerhalten. So schreibt der bekannte Kritiker Dr. Leonard Horowitz:[411] *„Aluminium, Barium, Strontium in hochgefährlichen chemischen Verbindungen, gehen tagtäglich auf große Teile der Menschheit nieder... Plötzlich entwickeln Sie eine sekundäre, bakterielle Infektion. Nun können sich Antibiotika negativ auf Sie auswirken und dazu führen, dass die Körperchemie sauer wird, so dass Sie jetzt Hautausschläge und andere Dinge bekommen, dass Ihre Leber voller Gifte ist und durch die Haut durchschlägt; Sie bekommen hypoallergene Reaktionen in Verbindung mit den anderen Chemikalien.“* Wenn man also eine bakterielle Krankheit neben dieser Vergiftung durch Chemtrails bekommt, z.B. weil das Immunsystem ohnehin schon geschwächt ist, tendiert der Körper in Richtung saures Milieu, optimale Bedingungen für die Ausbildung der Morgellonskrankheit. Das ist also ein Teufelskreis.

Sind Ebola, AIDS, SARS und EHEC Biowaffen?

Wenn Morgellons eine Biowaffe repräsentieren, entwickelt in militärischen Geheimlabors, stellt sich automatisch die Frage: Könnte es sein, dass auch die neueren Krankheiten wie Ebola, AIDS, SAR und EHEC, Krankheiten sind, die in solchen militärischen Geheimlabors entwickelt worden sind? Die Autorin G. Schuster-Haslinger schreibt dazu:[412] *"Interessant in diesem Zusammenhang ist die Tatsache, dass das US-Gesundheitsministerium Inhaber des Patents für das Ebola-Virus ist."*[413]

Was die Infektionskrankheit EHEC betrifft, an dessen Erregern ebenfalls im Tifliser Lugar Center geforscht wird, wie aus den oben zitierten Dokumenten hervorgeht, sei an dieser Stelle an den EHEC-Ausbruch in Deutschland im Mai 2011 erinnert. Es drängt sich die Frage auf: Könnte dieser EHEC-Ausbruch eine False-Flag-Operation gewesen sein, ausgeführt von Geheimdiensten, als Bestrafung Deutschlands? Zuvor, am 18. Februar 2011, hatte die BRD bei den Vereinten Nationen gegen Israel gestimmt und kurz danach, bei der Verabschiedung der Libyen-Resolution zur Einrichtung einer Flugverbotszone, sich der Stimme enthalten. Damit hatte sich die BRD eindeutig gegen die Interessen der USA positioniert, was als ein Verstoß gegen den Geheimen Staatsvertrag vom 21.Mai 1949 und die Kanzlerakte[414] gewertet werden konnte. So zumindest die Interpretation in einem Video mit dem Titel „Augenöffner! Die Unterwerfung der BRD-Kanzler"[415] Ob dies der Wahrheit entspricht, wird man wohl nie herausfinden; die EHEC-Epidemie war eine der größten Epidemien in der Bundesrepublik, woran 53 Menschen starben.[416] Und einiges spricht dafür, dass diese EHEC-Epidemie inszeniert worden ist: Der Erreger war plötzlich, wie aus dem Nichts, aufgetaucht, und die Epidemie ist auch genauso schnell wieder abgeebbt, ohne dass es tatsächlich gelungen war, den tatsächlichen Auslöser ausfindig zu machen. Dieses Abebben Ende Juni 2011 war erfolgt nach Merkels unangekündiger USA-Reise am 21. Juni 2011. In einer „Nachlese", mehr als zwei Jahre danach, kann man auf SPIEGEL ONLINE lesen: *„Hat die Bundesregierung die Öffentlichkeit im Ehec-*

Skandal 2011 getäuscht? Nachdem mehr als 3800 Menschen am Darmkeim Ehec erkrankt waren, präsentierten die Behörden den angeblichen Verursacher. In Wirklichkeit aber wurden laut Foodwatch nur ein Zehntel der Fälle auf ihn zurückgeführt." „Ein Jahr, nachdem Foodwatch seinen ersten Bericht vorlegte, räumte das Institut (Robert-Koch-Institut) *ein, dass bis heute nur 350 der insgesamt 3842 Ehec-Erkrankungen erklärt werden können, ... Da die Gesamtzahl aber deutlich höher war, ergibt sich, dass die Mehrzahl der Erkrankten nicht mit einem der Task-Force Ehec bekannten Ausbruchscluster in Verbindung steht und/oder dass die Anzahl der Erkrankten pro Cluster deutlich höher sein müsste als dem RKI* (Robert-Koch-Institut) *beziehungsweise der Task-Force Ehec bekannt."*[417]

Der Verdacht, dass **AIDS eine in militärischen Geheimlabors entwickelte Biowaffe sei,** ist gar nicht so abwegig; dafür gibt das Autorenkollektiv um Wolfgang Eggert, in seinem Buch *„Die geplanten Seuchen AIDS, SARS und die militärische Genforschung"* handfeste Belege an.[418] Und ein Rezensent bei Amazon.de schrieb zu diesem Buch: *"Das Buch deckt den Verdacht auf, daß es sich, wie schon lange vermutet, um aus dem Ruder gelaufene Biowaffen handelt. Warum sonst hat auch die Pharmaindustrie kein Interesse an Medikamenten, die statt zu unterdrücken, die Viren aus dem Körper zu entfernen? Es ist schließlich wie eine Gelddruckmaschine wenn kein Impfstoff oder Arznei auf den Markt kommt. Als Betroffener weiß ich von was ich rede."*
Eine solche Schlußfolgerung, *„Gelddruckmaschine"* für die Pharmaindustrie, niedergeschrieben von einem Betroffenen, scheint naheliegend. Aber stimmt das? Ist die Pharmaindustrie, bzw. sind deren Manager wirklich so skrupellos? Oder sind diese künstlich erschaffenen Krankheiten (sofern sie das Ergebnis wissenschaftlicher Forschung sind, was ja noch nicht bewiesen ist), in der Tat nicht heilbar? Dazu ein Statement von einem hoch angesehenen Wissenschaftler, Clifford Cranicom, der von einem Treffen zwischen einem investigativen Spezialisten und einer gut platzierten militärischen Quelle berichtet: [419] *„1. Der Betrieb ist ein gemeinsames Projekt zwischen dem Pentagon und der pharmazeutischen Industrie. 2. Das Pentagon will biologische Krankheiten für*

Kriegszwecke auf ahnungslose Bevölkerungen testen. Es wurde festgestellt, dass SARS ein Fehler sei, indem die zu erwartende Sterblichkeit 80% zu betragen hätte. 3. Die pharmazeutische Industrie verdient Billionen an Medikamenten, die entwickelt sind, um sowohl tödliche als auch nicht-tödliche Krankheiten, die die Bevölkerungen anstecken, zu behandeln. 4. Die Bakterien und Viren sind gefriergetrocknet und anschließend auf feine Fädchen für die Freigabe angebracht. 5. Die Metalle, die zusammen mit den Krankheitserregern freigesetzt werden, erwärmen sich durch die Sonne und schaffen somit eine perfekte Umgebung für die Bakterien und Viren, die sich in der Luft vermehren. 6. Die meisten Länder, die versprüht werden, sind sich der Aktivitäten nicht bewusst, und sie haben den Aktivitäten nicht zugestimmt. Er erklärt, dass Verkehrsflugzeuge eines der Verbreitungssysteme seien. 7. Die meisten der "Akteure" sind alte Freunde und Geschäftspartner von Präs. Bush senior. 8. Das ultimative Ziel ist die Kontrolle aller Populationen durch gezieltes und genaues Versprühen von Drogen, Krankheiten, usw. 9. Menschen, die versucht haben, die Wahrheit zu offenbaren, seien eingekerkert und getötet worden."
Die Punkte 5 und 6 beziehen sich auf Chemtrails.

Dass es sich mit hoher Wahrscheinlichkeit um künstlich erschaffene Krankheiten handelt, scheint zumindest für die Seuche AIDS (und wahrscheinlich auch Ebola), zuzutreffen, wie das das Autorenkollektiv um Wolfgang Eggert nahelegt. In einem Interview analysiert Wolfgang Eggert, warum die in öffentlichen Medien diskutierten alternativen Erklärungen/Vermutungen über die Herkunft von AIDS sehr unwahrscheinlich sind.[420] Eine der offiziellen Versionen/Vermutungen über die Entstehung von AIDS als Volkskrankheit beschreibt der Autor Markus Egert in seinem Buch "Ein Keim kommt selten allein"[421]: *"Wahrscheinlich wurden Varianten des bei Affen vorkommenden SI-Virus (Simian Immunodeficiency Virus) im frühen 20. Jahrhundert mehrmals auf den Menschen übertragen. Etwa um das Jahr 1920 könnte in Kinshasa der heute weltweit verbreiteten HIV-Typ entstanden sein, der sich dann zunächst über Jahrzehnte im Kongobecken ausgebreitet hat, bevor er in den 1960er-Jahren die Karibik und in den 1970er-Jahren Nordamerika erreichte."* Auch auf SpiegelOnline kam man zu einer ähnlichen Aussage:[422] *"...bei Aids gab und gibt*

es derartige Verschwörungstheorien. Beweise dafür finden sich freilich keine. Größere Ebola-Ausbrüche gab es ab 1976 in der Demokratischen Republik Kongo (vormals Zaire), der Republik Kongo, im heutigen Südsudan, Uganda und Gabun. Als Überträger vermuten Forscher Menschenaffen und vor allem Flughunde. Menschen infizieren sich mit den Viren wahrscheinlich, wenn sie das Fleisch von wilden Tieren verzehren." Diese Aussage gibt genau die offizielle Version wieder. Anders der Autor Wolfgang Eggert: Er beantwortet die ihm in einem Interview gestellte Frage, *"Und wie gelangte das Virus dann in die Öffentlichkeit?"*, wie folgt: *"Zu diesem Punkt zirkulieren unter den AIDS-Kritikern mehrere sich ergänzende Erklärungsansätze. Immer wieder spielt dabei eine Hepatitis-B-Versuchsimpfung eine Rolle, die im November 1978 ausschließlich an jungen sexuell aktiven Homosexuellen durchgeführt wurde. Das war in New York. Kurz darauf fanden diese Impfungen auch in San Francisco und Los Angeles statt. Und in exakt diesen Städten, im Umfeld exakt dieser Probandengruppen, tauchte dann AIDS auf. Es ist geradezu unheimlich, wenn man sich anschaut, wie schnell dieses Experimentierfeld bald mit HIV durchseucht war. Interessanterweise lieferte die Leitung der Hepatitis-Studie, die dem New York City Blood Center vorstand, damals auch Seren und Blut nach Zentralafrika. Also in das zweite Epizentrum der AIDS-Entstehung. Ich neige nicht als einziger dem Gedanken zu, daß ein Teil der vermeintlichen Immunisierungspräparate damals mit dem 1969 projektierten Supervirus verseucht war. Ob versehentlich oder vorsätzlich, sei dahingestellt....* " [423]
Zu dieser Relativierung *„Ob versehentlich oder vorsätzlich, sei dahingestellt"* wird in einem anderen Beitrag ganz eindeutig Stellung genommen: „AIDS war das erste große gezielte Biokriegsexperiment. *„Der Arzt DDr. Robert Strecker fand heraus, daß der AIDS-Virus in den 1970ern von der WHO in Zusammenarbeit mit Cancer Institute in Fort Detrick in Maryland (USA) hergestellt wurde. Wie offizielle Dokumente zeigen, fiel der politische Beschluß dazu am 9.6.1969."* [424]

Das Bienen- und Insektensterben

"Wenn die Biene einmal von der Erde verschwindet, hat der Mensch nur noch vier Jahre zu leben."
(Albert Einstein[§§§§§§§§§§])

Seit einigen Jahren wird ein massenhaftes Sterben von Bienen und Insekten registriert. In Deutschland verlieren die Imker *„zwischen 10 und 30 Prozent ihrer Völker pro Jahr. Sie werden von Krankheiten dahingerafft und – vom Menschen. Sterben die Bienen, stirbt auch ein Großteil der übrigen Kriecher und Krabbler in Feld und Flur.... Wer also sind die Bienenmörder, ...?"*[425]

In den Medien werden verschiedene Ursachen diskutiert, zum Beispiel, Milben (Varroamilben), die aus Asien nach Deutschland eingeschleppt worden sind und die Bienen befallen, aber auch der massenhafte Einsatz von Insektiziden, Herbiziden, Fungiziden, Wachstumsreglern. Einige stehen im Verdacht, die Bienen orientierungslos zu machen, und sie würden deshalb nicht mehr zu ihrem Volk zurückzufinden. Das kann eine mögliche Ursache sein, womit man aber nicht erklären kann, dass die Imker auch immer wieder eine große Zahl von toten Bienen in ihren Bienenkörben vorfinden. Andere Ursachen, die diskutiert werden, sind der Anbau von Monokulturen und der Transportstress der Völker,[426] aber immer wieder Gifte, die als Pflanzenschutzmittel von Bauern eingesetzt werden wie das Ameisengift Fipronil und die in letzter Zeit verstärkt eingesetzten Neonicotinoide.[427] Sogar der *„Verlust der Vielfalt in unseren Landschaften"*[428] wurde als eine Ursache für das Bienensterben ausgemacht. Dass aber auch hier das massenhafte Versprühen toxischer Stoffe über Chemtrails eine wesentliche Ursache sein könnte, wird in öffentlichen Medien so gut wie nicht thematisiert.

[§§§§§§§§§§]Diese viel zitierte Aussage Einsteins ist sicher übertrieben, und es ist überhaupt nicht sicher, dass Albert Einstein das wirklich gesagt hat. Dennoch, ein wahrer Kern ist insofern darin enthalten, als dass ein hoher Anteil unserer Nahrungsmittel nicht mehr im Supermarkt angeboten werden könnte, wenn die Bienen als Bestäuber der Blütenpflanzen wegfallen.

Ich wage die Behauptung, dass das Bienen- und Insektensterben ein Indikator dafür ist, wie intensiv das Versprühen der toxischen Substanzen über Chemtrails erfolgt. Da das Absinken der mikroskopisch feinen Teilchen aus den Chemtrails sich über lange Zeiträume ausdehnen kann, zuweilen bis zu einem Jahr dauern kann, muß man auch eine zeitversetzte Wirkung auf die in Bodennähe lebenden Insekten berücksichtigen, so dass es schwierig sein dürfte, diesen Zusammenhag zwischen Chemtrails und Insektensterben eindeutig nachzuweisen. Wenn aber diese toxischen Stoffe tatsächlich die Hauptursache für das Bienen- und Insektensterben sind, dürfte klar sein, dass dies auch für den Menschen verheerende Wirkungen haben dürfte.

Aber auch die starke Belastung durch elektromagnetische Strahlung kann einen negativen Einfluß auf die Bienen haben. So hat man ein massenhaftes Absterben von Bienen filmisch in Echtzeit dokumentiert, die sich vor ihrem plötzlichen Tod in unmittelbarer Nähe von zwei im Abstand von 10 m aufgestellten 5G-Antennen bewegt hatten.[429]

Glyphosat – ursächlich für „*genetische Schäden*"

„Wer noch die Idee hat, Regierungen tun so was nicht, mit den eigenen Leuten auch nicht, der irrt."[430]

„Die Einführung von Glyphosat in den USA korreliert mit einem Pearson Koeffizienz[**********] *von 0,997 mit dem Auftreten von Autismus bei Kindern unter 5 Jahren, und scheint daher eine wichtige Rolle bei der Genese von Autismus zu spielen*[431]. *Glyphosat tötet bekanntlich alle außer einer pathogenen Kolibakterienform, was die Fähigkeit des Darmmilieus beeinträchtigt, Gifte auszuscheiden und Nährstoffe aufzunehmen. Außerdem blockiert Glyphosat Cholin, bevor es durch die Magenwände aufgenommen werden*

[**********] Der Pearson Koeffizient („*Pearson correlation coefficient (PCC)*") ist ein Maß, der die Korrelation zwischen zwei Meßgrößen wiederspiegelt; er hat den Wert +1 im Falle vollständiger linearer Korrelation, jedoch den Wert 0 bei keinerlei Korrelation.

kann. Cholin ist für den Transport von Nährstoffen, Giften und als Transport-Einheit für Neurotransmitter von Bedeutung. "[432]
Beim Experimentieren mit Glyphosat war man wie folgt vorgegangen:[433] *„Zwei Toppolitiker in Equador wurden bezahlt mit relativ wenig Geld und* (die) *haben erlaubt, dass ganze Stadtbereiche in Equador besprayt wurden aus der Luft mit diesem Mittel, Glyphosat. Und dann wurden Stichproben in der Bevölkerung gemacht, um zu sehen, ob man damit bleibende genetische Schäden verursachen kann. Und die Antwort war: Ja.*[434] *Und was war der nächste Schritt? Dass wir in den USA über größeren Städten deutliche biochemische Beweise gefunden haben, dass diesem Gemisch, was dort gesprayt wird am Himmel, dass das Glyphosat dazugesetzt war. Kleinversuch in Equator, dann die Anwendung an den eigenen Leuten in den USA. Die USA hat heute den weltweit höchsten Prozentsatz an neurologischen Erkrankungen.* "

In einem wissenschaftlichen Artikel der Fachzeitschrift „Journal of Organic Systems" von 2014 steht unter dem Titel "Gentechnisch veränderter Pflanzenbestand, Glyphosat und die Zerstörung (Verfall) der Gesundheit in den Vereinigten Staaten von Amerika":[435] *„Eine gewaltige Zunahme in der Verbreitung und Überhandnehmen von chronischen Krankheiten ist in den Vereinigten Staaten über die letzten 20 Jahre berichtet worden. Ähnliche Zunahmen sind global festgestellt worden. Das Herbicid Glyphosat war eingeführt worden 1974, und sein Gebrauch beschleunigt sich mit der Einführung von herbicide-toleranten, gentechnisch verändertem (GE) Pflanzenbestand. Alles deutet darauf hin, dass Glyphosate störend eingreift in Stoffwechselprozesse in Pflanzen und Tieren, und Glyphosatreste sind in beiden gemessen worden. Glyphosat stört das endokrine System und das Gleichgewicht der Darmbakterien, es schädigt DNA und ist ein Einflußfaktor bei Mutationen, die zu Krebs führen...* " Basierend auf von der US-Regierung veröffentlichten Statistiken, haben die Autoren dieses Artikels ausgeprägte Korrelation zwischen der Glyphosat-Anwendung und 22 schweren chronischen Krankheiten nachgewiesen. Die dazu ermittelten Pearson Koeffizienten liegen alle sehr nah bei dem Maximalwert $R = +1$.[436] Zu den erfassten chronischen Krankheiten zählen Schlaganfall, Prädiabetes, Diabetes, Adipositas, Alzheimer,

Senile Demenz, Parkinson, Multiple Sklerose, Autismus, Darment-zündungen und -infektionen, Nierenerkrankungen im Endstadium, akutes Nierenversagen, Schilddrüsenkrebs, Harnblasenkrebs, Bauchspeicheldrüsenkrebs, Nierenkrebs und Blutkrebs. Zu einem ähnlichen Ergebnis kommen die Autoren des Youtube-Videos[437]. Ein interessanter Befund ist, dass in den USA auch die Zahl der Lungenkrebstoten stark gestiegen ist, und das trotz der Einführung des allgemeinen Rauchverbots in öffentlichen Räumen.[438] Es muss also noch eine weitere, vom Rauchen unabhängige Ursache geben, die die Entstehung von Lungenkrebs begünstigt.

Geimpft mit Glyphosat

2015 ist Glyphosat durch die Weltgesundheitsorganisation als wahrscheinlich karzinogen für den Menschen (*„probably carcinogenic to humans"*) eingestuft worden *„und die deutsche Regierung hat sich entschieden, darauf nicht zu reagieren."*[439] Und folgerichtig wurde am 27.11.2017 in Brüssel die Zulassung von Glyphosat in der EU um weitere fünf Jahre verlängert.

In einem Artikel mit dem Titel *„CDC bestätigt: Glyphosat und Nierenzellen von Affen in Impfstoffen"* wird ausgeführt:[440] *"Manche Inhaltsstoffe von Impfungen sind als 'Betriebsgeheimnis' geschützt, vielleicht auch besser, denn wer würde Impfstoffe verwenden wollen, die Nierenzellen von afrikanischen Grünen Meerkatzen, Zellen von abgetriebenen Föten oder Spuren von Glyphosat enthalten? In Impfstoffen kann nicht nur Glyphosat sein, sondern auch Formaldehyd, Aluminium, Thiomersal oder Polygeline."* In einem Artikel bei PRAVDA TV[441] kann man lesen: *„Anders sieht es aber mit den Bestandteilen der Impfungen aus, mit denen wir zugemüllt werden — da wären: Aluminium, Quecksilber, Formaldehyd und viele weitere sehr bedenkliche Stoffe, die krebsfördernd sind und zu anderen schweren Erkrankungen führen ... Man stelle sich vor, Formaldehyd ist als Möbelglasur verboten, darf aber in die Blutbahn gespritzt werden. Oder aber ADHS wird durch Quecksilberverbindungen hervorgerufen — und was sagte der Entdecker (in unserer Zeit) der*

161

angeblich neuen Krankheit auf seinem Sterbebett: Die Krankheit (ADHS) ist erfunden ... Ist doch klar, Leute — das ist nicht nur eine Nebenwirkung der Impfungen, nein, dies ist eine gewollte Wirkung, lest mal bitte bei Lügewiki nach (Pharma: Meinungsmache auf Wikipedia – Informationen im Gesundheitsbereich gezielt falsch (Video)), wie umfangreich die angebliche Krankheit ist, und Ihr werdet sehen, wie viel Kohle man damit macht."

Ein Großteil dieser Inhaltsstoffe ist toxisch und kann schlimme Nebenwirkungen und sogar Krankheiten auslösen.[442,443] Es kann Autoimmunangriffe verursachen.

Aluminium, das zur Wirkungsverstärkung eingesetzt wird, ist ein Nervengift, dessen Salze im Verdacht stehen, Krebs auszulösen. Unter der Überschrift *"Globale Schock: Krebs wird in Impfstoffen übertragen ..."* wird die Zunahme des Auftretens von Tumoren in den letzten 50 Jahren damit in Verbindung gebracht, dass Impfstoffen ein Krebsvirus zugegeben worden ist: *"Das Unternehmen hat zugegeben, dass es das Krebsvirus durch Impfstoffe inokuliert*[†††††††††††] *hat".* [444]

Thiomersal, eine Quecksilberverbindung, wird als Konservierungsstoff verwendet. Es ist ein Kontaktallergen und steht im Verdacht, bei Kindern Autismus zu verursachen. Polygeline steht im Verdacht, Allergien zu verursachen. Formaldehyd stört Abläufe im Zellinneren und kann zu Brust- und Prostatakrebs, aber auch zu Hirnschäden führen.

Glyphosat könnte der wichtigste Faktor bei der Entwicklung vielfältiger chronischer Erkrankungen sein, die sich in den verwestlichten Gesellschaften immer mehr ausbreiten.[445]

Die zweimal jährlich wiederkehrende Impfkampagne gegen die Grippe ist ein typisches Beispiel für die von der Schulmedizin den Menschen eingepflanzte Angst vor der Grippe und dadurch erwachsenen Bereitschaft, sich turnusmäßig einen Impfcocktail verabreichen zu lassen, obwohl dieses dem Menschen schaden kann und der Nutzen dieser Impfung hinterfragt werden sollte.

[†††††††††††] Als Inokulation wird das Hinzufügen eines replikationsfähigen Objekts (z.B. eine Zellkultur oder Pathogene wie Viren oder Prionen) auf eine Zellkultur bezeichnet. (Wikipedia)

Vergessen wir nicht, dass eine Grippe eine Methode des Körpers ist, sich von krankmachenden Keimen zu befreien, wobei die parallel ansteigende Körpertemperatur (Fieber genannt) diesem Reinigungsprozess dient, was bei der Verhinderung durch das Impfen nicht mehr stattfindet. Diese turnusmäßige Grippeimpfung kann man auch als ein Geschäftsmodell der Pharmaindustrie betrachten.[446]

Noch bevor ich mich mit den Problemen des Impfens genauer beschäftigt hatte, habe ich mich 2009 selbst gegen die Schweinegrippe impfen lassen und bekam drei Tage danach eine schwere Grippe, und es weist alles darauf hin, dass die Impfung diese „Grippe" erst ausgelöst hatte. Passend zu dieser, meiner persönlichen Erfahrung war in einem Artikel mit dem Titel *"Impfung – Dezimierung der Menschheit"*[447] zu lesen: *"In den Jahren 2009/2010 lief die weltweit größte Impfkampagne. Es drängten Impfstoffe auf den Markt, deren Effizienz und Unbedenklichkeit mehr als fragwürdig waren. Hinzu kam, dass die zur Freigabe erforderlichen Unbedenklichkeitstests teilweise nicht erbracht werden mussten. Darüber hinaus sind die Hersteller dieser Impfstoffe per Gesetz von jeglicher Haftung ausgeschlossen, denn die Weltgesundheitsorganisation hatte eine **Pandemie** der Stufe 6 ausgerufen. Und dies ungeachtet der Tatsache und belegbarer Hinweise darauf, dass die so genannte 'Schweinegrippe' nicht gefährlicher als eine gewöhnliche, saisonale Grippe ist. Die weltweiten Opferzahlen rechtfertigten die Einstufung als Stufe 6-Pandemie in keinster Weise."* In diesem Beispiel hat die **Weltgesundheitsorganisation** dem Profitstreben der Pharmakonzerne die letzte Hemmschwelle, ihren Profit zu maximieren, einfach dadurch genommen, dass sie die „Stufe 6-Pandemie" ausgerufen und somit die Haftung der Pharmakonzerne aufgehoben hatte. Eine wirkliche Pandemie war dagegen die **Spanische Grippe"**, die von 1918 bis 1920 geschätzte 20 Millionen Todesopfer forderte. Aber, im Widerspruch zur offiziell verbreiteten Version, war die „Spanische Grippe" offenbar ausgelöst worden durch **Massenimpfungen**. *„Soweit bekannt ist, erkrankten ausschließlich Geimpfte an der spanischen Grippe. Wer die Injektionen abgelehnt hatte, entging der Grippe. So auch die Augenzeugin Eleanora McBean: 'Meine Familie hatte alle Schutzimpfungen* *abgelehnt, also blieben wir die ganze Zeit wohlauf. Wir wussten aus den Gesundheitslehren von Graham, Trail, Tilden und anderen, dass man den Körper nicht mit Giften kontaminieren kann, ohne Krankheit zu verursachen. Auf dem Höhepunkt der Epidemie wurden alle Geschäfte, Schulen, Firmen und sogar das Krankenhaus geschlossen – auch Ärzte und Pflegekräfte waren geimpft worden und lagen mit Grippe danieder. Es war wie eine Geisterstadt. Wir schienen die einzige Familie ohne Grippe zu sein – wir waren nicht geimpft! So gingen meine Eltern von Haus zu Haus, um sich um die Kranken zu kümmern. (...) Aber sie bekamen keine Grippe und sie brachten auch keine Mikroben nach Hause, die uns Kinder überfielen. Niemand aus unserer Familie hatte die Grippe. Es wurde behauptet, die Epidemie habe 1918 weltweit 20 Millionen Menschen getötet. Aber in Wirklichkeit wurden sie von den Ärzten durch ihre groben Behandlungen und Medikamente umgebracht. Diese Anklage ist hart, aber zutreffend – und sie wird durch den Erfolg der naturheilkundlichen Ärzte bezeugt.''*[448]

Im oben erwähnten Artikel[449] war weiter zu lesen, „*dass das einzige Gefahrenpotenzial der Schweinegrippe darin besteht, dass es sich bei dem Virus um ein vom Menschen entwickeltes Virus handelt. Es wurde in einem Biowaffen-Labor hergestellt. ... Warum also stimmten sich internationale Pharmaunternehmen und Regierungsbehörden ab, um eine gegebenenfalls sogar erzwungene Impfkampagne mit historischem Ausmaß zu generieren? Schon die Vergangenheit hatte gezeigt, dass es immer wieder globale Eliten gab, die es darauf anlegten, die menschliche Population zu reduzieren.*" Und nichts anderes sagt obiges Zitat aus: „*Zum Zweck der Machterhaltung wird man die Weltbevölkerung auf ein Minimum reduzieren. Dies geschieht mittels künstlich erzeugter Krankheiten. Hierbei werden Bio-Waffen als Seuchen deklariert, ...*" (s. Abschnitt „Reduzierung der Weltbevölkerung").

Und was die „*erzwungene Impfkampagne*" betrifft, so gibt es heute Bestrebungen, Impfungen per Gesetz zu erzwingen, durchzusetzen. In diesem Sinne läuft in den öffentlichen Medien immer wieder eine offizielle Kampagne zur Einführung einer **gesetzlichen Impfpflicht** für alle Menschen, die also genau diesem Ziel dient.[450]

2019 wurde durch den Gesundheitsminister Jens Spahn ein Gesetzentwurf zur Impfpflicht gegen Masern ausgearbeitet, der empfindliche Strafen für Impfverweigerer vorsieht.[451,452] Dieser Gesetzentwurf sieht u.a. vor, dass Impfverweigerer mit einem Busgeld von 2500 Euro bestraft werden können und dass deren Kindern Kita-Ausschluss droht. Es wird dabei ignoriert, dass es ernstzunehmende Hinweise gibt, dass der Masern-Mumps-Röteln-Impfstoff von Merck (sowie die Windpocken, Pentacel und alle Hep-A-haltigen Impfstoffe) unter Verwendung menschlicher fötaler Zelllinien hergestellt wird und dadurch die Gefahr besteht, dass diese Impfstoffe Autoimmunangriffe verursachen können.[453] Begründet wird eine solche gesetzliche Impfpflicht mit der hohen Ansteckungsgefahr bei Masern, Mumps und Röteln.[454] Dies ist nachvollziehbar; jedoch scheinen die Anstrengungen der Politiker da hinaus zu laufen, nicht nur die Impfpflicht gegen diese Krankheiten, sondern eine generelle Impfpflicht gesetzlich einzuführen. Man verkennt dabei einerseits, *„dass Impfungen gefährliche Nebenwirkungen haben können, z.B. Gehirnentzündungen, Lähmungen, Blindheit, chronische Krankheiten."*[455,456] Andererseits öffnet eine generelle Impfpflicht Tür und Tor für dessen Missbrauch, wodurch man *„... die Weltbevölkerung auf ein Minimum reduzieren"* kann.
„Die frühere finnische Gesundheitsministerin Rauni-Leena Luukanen-Kilde sprach offen aus, daß dieser ganze Impfwahnsinn hauptsächlich der Reduktion der Weltbevölkerung dient, und natürlich zur Gewinnerzielung der Pharmamafia."[457,458]

Das ganze ist bitterer Ernst, und die Eliten werden die Impfpflicht durchsetzen. Das geht Schritt für Schritt, schleichend, damit sich die Bevölkerung daran gewöhnt. Mit der Impfpflicht, erst mal nur gegen nur eine spezielle Krankheit, eben die Masern, fängt es an. Wenn diese spezielle Impfpflicht durchgesetzt ist und sich die Wogen gelegt haben, wird es weitergehen. Nach und nach werden auch andere Impfungen gesetzlich durchgesetzt werden, und schließlich eine generelle Impfpflicht gegen alle Krankheiten, die die Elite als gefährlich einstufen wird. Und damit ist dessen Misbrauch Tür und Tor geöffnet, genau wie in obigem Zitat vorausgesagt.

Erwähnt werden soll an dieser Stelle auch, dass die Pharmaindustrie ein großes Interesse an einer gesetzlich verankerten Impfpflicht hat, da es eine weitere Möglichkeit ist, ihren Profit zu steigern. Dass es aber nicht nur um Profit geht, sondern auch um das Ziel „Reduzierung der Weltbevölkerung", wird im gleichnamigen Abschnitt mit Fakten belegt. Wenn diesen Tendenzen kein Riegel vorgeschoben wird, besteht die Gefahr, dass sich die einst segensreiche Entdeckung des Impfens gegen schlimme ansteckende Krankheiten umwandeln kann in eine der gefährlichsten Waffen gegen die Menschheit.

Dieses Ziel „Reduzierung der Weltbevölkerung" wird also nicht nur über die krankmachenden Chemikalien, die über unseren Köpfen versprüht werden (Chemtrails), und Bestrahlung über Strahlenwaffen realisiert, sondern auch zielgerichtet durch Impfaktionen. Wie im Abschnitt „Sind Ebola, AIDS, SARS, Borreliose und EHEC Biowaffen?" thematisiert, hat sich der Verdacht festgesetzt, dass die neue Volksseuche AIDS auf Impfaktionen im November 1978 zurückzuführen ist, die, getarnt als Hepatitis-B-Versuchsimpfung, in New York, San Francisco und Los Angeles durchgeführt worden ist.[459]

Impfaktionen werden auch verschleiert und uns vielfach als „Trojanische Pferde" untergeschoben. Dazu werden in dem Artikel "Impfung - Dezimierung der Menschheit"[460] eine Vielzahl von konkreten Beispielen aus den letzten Jahrzehnten präsentiert: Hier nur einige Stichworte:
- *„Heimliche Sterilisierung durch Impfung"* (Unter der Tarnung, die Impfung sei allein eine Tetanusimpfung, wurden in den 1990er Jahren Millionen von Frauen in Nicaragua, Mexiko und auf den Philippinen im Alter von 15 bis 45 Jahren sterilisiert.)
- *„Sterilität durch genmanipuliertem Mais"* (*„Der Mais mit der Bezeichnung MON 810 von Monsanto, ein Unternehmen der Rockefeller-Stiftung, verursacht Sterilität und verändert das Immunsystem."*)
- *„Sterilisation mittels Polio-Schluckimpfung"* (*„Einige der Substanzen, die wir in den Impfstoffen fanden, sind gefähr-*

lich giftig; und einige haben darüber hinaus direkten Einfluss auf das menschliche Fortpflanzungssystem.")

"*Doch die Geburtenrate zu senken, ist längst nicht mehr das perfideste Mittel der Oligarchen und Eliten. Um die Depopulations-Pläne voran zu treiben, wurden noch weitere Mittel eingesetzt. Und diese zielen längst nicht mehr ‚nur' auf die Menschen in den Dritte-Welt Ländern ab. Jeder von uns könnte heute bereits Opfer dieser Maßnahmen geworden sein.*"[461] Und diese Maßnahmen betreffen unsere tägliche Nahrungsaufnahme. So erleben wir gerade, wie genmanipuliertes Saatgut auf dem Weg ist, in der ganzen Welt Verbreitung zu finden. Auch wenn viele Menschen glauben, dass es in ihrer Entscheidung läge, ob sie genmanipulierte Nahrungsmittel zu sich nehmen oder nicht, so ist dies längst eine Illusion; denn diese Stoffe gelangen oft über schwer nachvollziehbare Wege in industriell hergestellten Nahrungsmitteln auf unsere Teller. "*Über Eier, Milch und Fleisch gelangt Glyphosat auf unsere Teller, ebenso wie der in Glyphosat-Mischungen enthaltene Zusatzstoff Polyethoxylated tallowamine (POEA) und das Abbauprodukt AMPA. Beide sind wesentlich giftiger als Glyphosat selbst ... POEA allein und in Kombination mit Glyphosat können Krebs auslösen.... Aktuelle Studien belegen gravierende gesundheitliche Risiken von Glyphosat, POEA und AMPA schon bei geringsten Konzentrationen. Besonders besorgniserregend sind Hinweise auf eine hormonelle Wirkung. Auch Krebs, Zelltod, Fruchtbarkeitsstörungen, Schädigung des Erbguts, der Embryonalentwicklung, der Leber und der Niere zählen zu den Folgen.*"[462]

Auf der Internetseite von MONSANTO kann man lesen:[463]

"GMOs are Genetically Modified Organisms
One of the most important GMO facts is that GMOs are developed with beneficial traits that help them thrive in their environment. Think drought-tolerant corn, or pest-resistant soybeans that need less bug spraying. That helps farmers and better harvests benefit everyone, impacting what's available at the store...and what we can put on our plates. "[‡‡‡‡‡‡‡‡‡‡‡]

[‡‡‡‡‡‡‡‡‡‡‡] GMO sind genetisch veränderte Organismen
Einer der wichtigsten GVO-Fakten ist, dass GVO mit nützlichen Eigenschaften entwickelt werden, die ihnen helfen, in ihrer Umwelt zu gedeihen. Denken Sie an

Hier wird eine Produktpalette (unter die auch genmanipulierter Mais und Soja zählen) als etwas Positives dargestellt und beworben. Aber genau das Gegenteil ist der Fall. In oben zitiertem Artikel kann man lesen:[464] *„Kontrolle der Lebensmittel: Monsanto ist mit GMO der Spitzenreiter, wenn es um die Kontrolle der Menschheit geht. Allein GMO könnte schon Krankheit und Tod weltweit verbreiten. Das Saatgutprogramm von Monsanto ist jedoch das bereits entwickelte Samenkorn zur Kontrolle der weltweiten Nahrungskette."*

Ein weiterer Anschlag auf unsere Gesundheit ist, dass in verschiedenen Gegenden, insbesondere in den USA, Fluor bzw. Fluorid zum Trinkwasser hinzugefügt wird mit der Begründung, dass dadurch der Zahnschmelz widerstandsfähiger gegen Karies gemacht wird. Doch Fluor bzw. Fluorid ist eines der stärksten Gifte[465] für den menschlichen Organismus und kann praktisch nicht wieder aus dem Körper ausgeleitet werden. *„Die Zugabe von Fluorid zur Wasserversorgung hat eine direkte Korrelation mit der Anzahl der fetalen Todesfälle, Kinder mit Down-Syndrom, fragilen Zähnen und erhöhten Zahnwurzelstrukturen, Wirbelsäulenerkrankungen, Osteomalazie ... und Osteoporose ... Die Fluorisierung ist der größte Fall wissenschaftlichen Betrugs, nicht nur in diesem Jahrhundert, sondern vielleicht in allen Zeiten."*[466] In Deutschland's Supermärkten gibt es eine Riesenauswahl an Zahnkremes, aber in praktisch allen ist extra Fluorzusatz enthalten; Zahnkremes ohne Fluor habe ich in normalen Supermärkten nicht finden können. Das ist ein vorsätzlicher Angriff auf die Volksgesundheit.[467] Um fluorfreie Zahnkreme zu erhalten, muss man schon Spezialgeschäfte aufsuchen, zum Beispiel solche, wo es nur Bioware zu kaufen gibt. Das Trinkwasser in den Städten kann auch Spuren von anderen Stoffen enthalten, die uns nicht gut tun, z.B. Reste von Antibiotika, Antidepressiva und andere Medikamentenrückstände, Drogen, die

---

trockentolerante Mais oder schädlingsresistente Sojabohnen, die weniger Insektenspray benötigen. Das hilft Landwirten und besseren Ernten, allen zu nützen und beeinflusst, was im Geschäft erhältlich ist ... und was wir auf unsere Teller legen können."

unvollständig herausgefiltert sein könnten, was gemäß der angegebenen Quelle[468] besonders in den USA der Fall sein soll.

Zusammenfassend muss man feststellen, dass gegenwärtig ein gewaltiges Programm zur Reduzierung der Weltbevölkerung umgesetzt wird, das, neben den durch die USA und die NATO geführten Kriege, auch die Vergiftung der Menschen durch Impfen, über die Nahrungsmittelkette, Versprühen von Giften aus der Luft und Bestrahlung realisiert wird. *„Wir werden abgestumpft, wir werden krank gemacht und wir werden unfruchtbar gemacht."*[469]

7. Wie schützt sich die Elite vor ihren eigenen Waffen?

„Dass die Prävention gegen Krebs kommen wird, daran gibt es keinen Zweifel, da die Menschen überleben wollen. Aber wie lange die Prävention versäumt wird, hängt davon ab, wie lange die Propheten der konservativen Medizin fortfahren werden, die Anwendung der wissenschaftlichen Erkenntnisse auf dem Gebiet der Krebsforschung zu verhindern. "
(Prof. Otto von Warburg, Nobelpreisträger, während eines Vortrages 1966 auf dem Nobelpreisträgertreffen in Lindau am Bodensee[470])

Und hier noch einmal die Frage, die wir bereits am Ende des Abschnitts „Chemtrails – *'Die Chemiesuppe'* am Himmel" gestellt hatten: Wie schützt sich die Elite vor ihren eigenen Waffen? Auf diese Frage, die oft von den Zweiflern als Gegenargument angeführt wird, wurde bereits in den vergangenen Kapiteln an Beispielen eingegangen. Die Whistleblowerin du-Deborah Tavares beantwortet diese Frage auch an einem Beispiel, nämlich: wie sich die Elite vor den krankmachenden Einflüssen aus der Luft, Wasser und Boden schützt? *"Einige der Informationen, auf die wir stießen, sind: natürlich haben sie Methoden, die denen, die uns zur Verfügung stehen, weit voraus sind, wie zum Beispiel Krebsheilung; sie bekommen keinen Krebs ..."* Um den auf diese Äußerung zu erwartenden Aufschrei „Verschwörungstheorie!" die Spitze zu nehmen, möchte ich zum Themenkreis Krebsvorsorge und -heilung folgendes anmerken.
Statistiken zeigen, dass heutzutage einer von zwei Männern und eine von drei Frauen während ihres Lebens an Krebs erkranken, und dass diese hohe Erkrankungswahrscheinlichkeit für Krebs zu einem großen Anteil mit unserer Lebensweise und den Umweltgiften im Zusammenhang steht – Umweltgifte wie Pestizide, Insektizide und synthetische Produkte,[471] wie sie zum Beispiel in der Landwirtschaft zur Unkrautvernichtung oder in der Nahrungsmittelindustrie zur längeren Haltbarkeit von Nahrungsmitteln eingesetzt werden. *„Noch 1850 starb nur einer von 2500 an Krebs, heu-*

te stirbt jeder Dritte an Krebs."[472] Und in einer neueren Studie wird festgestellt: *„Krebs ist zu 100 Prozent eine vom Menschen gemachte Krankheit ... nach der Industriellen Revolution schossen die Krebsfälle in die Höhe, insbesondere auch bei Kindern, wodurch bewiesen ist, dass dieser Anstieg von Krebs nicht nur auf eine längere Lebenserwartung zurückzuführen ist ... In der Natur gibt es so gut wie nichts, was Krebs auslösen kann. Deshalb muss er vom Menschen gemacht sein, durch Umweltverschmutzung und Änderungen in der Ernährung und im Lebensstil. Das Wichtigste an unserer Studie ist, dass sie uns diese Krankheit in der historischen Perspektive zeigt. Wir können über die Krebsraten in verschiedenen Epochen und Gesellschaften klare Angaben machen, weil wir den kompletten Überblick darüber haben. Wir haben Jahrtausende untersucht, nicht nur die letzten 100 Jahre, und können auf unzählige Daten zurückgreifen.*"[473]

Diesen durch unsere Lebensweise und die Umweltgifte für die Gesundheit schädlichen Einflüssen können sich die superreichen Eliten ganz einfach entziehen, indem sie weitestgehend autark leben und diese negativen Faktoren aus ihrem Leben verbannen. Und wenn sie es doch einmal trifft, so gibt es "bewährte Antikrebsmittel", deren Verbreitung und das Wissen dazu von der Pharmaindustrie aber nicht unterstützt, sogar unterdrückt und bekämpft wird, weil diese Mittel wenig kosten und damit nichts verdient werden kann, auch weil sie nicht patentierbar sind, im Gegenteil, wenn sich diese Antikrebsmittel herumsprechen, würde dies eine riesige Umsatzeinbuße für die klassischen Antikrebsmittel (Chemotherapie, Radiologie, sehr teure Medikamente) zur Folge haben. *„Krebstherapien, die wenig oder gar nichts kosten und nicht patentierbar sind, haben nicht die geringste politische Chance auf Zulassung. Sie werden totgeschwiegen, unterdrückt, sowie lächerlich und unglaubwürdig gemacht.*"[474] Ein "Antikrebsmittel" besteht, zum Beispiel, in der täglichen Einnahme von sehr hohen Dosen von natürlichem Vitamin C ("Hochdosis-Therapie"), ergänzt durch eine gesunde und ausgeglichene Lebensweise, die einer Übersäuerung der menschliche Zellen entgegenwirkt: viel körperliche Bewegung, richtige bzw. vielseitige Ernährung (viel Gemüse, möglichst „Biogemüse"), ausreichend

Schlaf, ausreichend Sonnenlicht, ausreichend trinken, positive Lebenseinstellung und ein nicht zu hohes, dauerhaftes Stresslevel.[475]

„Lichtmangel lässt Tumore wachsen. Wieso weiß niemand, dass eine ordentliche Portion Vitamin D, welches nur durch Sonnenlicht in der Haut hergestellt wird, uns vor Krebs schützen kann? Dass Menschen sich alternativ mit hochdosierten Vitaminen, Sauerstofftherapie, Entsäuerung und vielen anderen natürlichen Methoden geheilt haben? Es wird unterdrückt, um uns in der Abhängigkeit zu halten. Jeden Tag auf's neue gehen weitere Tausende von Opfern ins Netz der Chemohölle, ...“[476]

Die hier erwähnten "Antikrebsmittel" sind nicht nur die entscheidenden Mittel, um Krebs vorzubeugen, sondern möglicherweise auch zu heilen; denn Krebs ist nicht nur die Erkrankung eines einzelnen Organs im Körper, sondern es ist eine Erkrankung des gesamten Körpers, die sich eben zuerst in einem der Organe des Körpers manifestiert. Der Buchautor Lothar Hirneise[477] geht sogar noch weiter: Er sagt: Wenn das Stresslevel über Jahre zu hoch ist, führt dies zu einer dauerhaften Absenkung des Adrenalinspiegels in den Zellen, was wiederum zur Folge hat, dass die Zelle überzuckert, was ab einem bestimmten Zuckergehalt zur Zerstörung der Zelle führt. Um diese Zerstörung zu vermeiden, hat die Evolution den Mechanismus der Umstellung auf einen sogenannten Gärungsstoffwechsel eingerichtet, wodurch die Zelle die 20-fache Menge an Zucker verbrennen kann als eine normale Zelle. Die so veränderte Zelle ist die Krebszelle, die also nicht mehr der Gefahr ausgesetzt ist zu überzuckern und daran zu grunde zu gehen. Das heißt, Krebs ist erst einmal etwas Gutes, weil er das Überleben durch die Änderung des Stoffwechsels ermöglicht. Der Nachteil ist allerdings die unbegrenzte Zellteilung, die letztendlich auch zum Tod führt, wenn es nicht gelingt, den Zellstoffwechsel wieder in Richtung normaler Energiegewinnung umzuschalten, was durch die Zuführung erhöhten Sauerstoffs möglich ist, begleitet von einer Lebensumstellung, in Richtung gesunder Lebensweise, d.h. Entgiftung des Körpers, Ernährungsumstellung und Stressabbau.

"Krebs ist eine Mangel-Erkrankung. Krebs entsteht, wenn im Körper ein bestimmter Stoff fehlt, der früher noch in der Ernährung vorgekommen ist, aber heute größtenteils weggezüchtet wurde .... Ähnlich wie bei Skorbut (Vitamin-C-Mangel) oder Pelagra (Vitamin-B-Mangel) oder Rachitis (Vitamin-D-Mangel) tritt Krebs dann auf, wenn dieser Stoff nicht mit der Nahrung zugeführt wird. Denn normalerweise ist unser Immunsystem in der Lage, mit den täglich neu gebildeten Krebszellen fertig zu werden. Nur, wenn aufgrund von bestimmten Faktoren (Strahlung, Fehl-Ernährung, Stress und andere karzinogene Faktoren) das Immunsystem überlastet ist UND dieser Stoff nicht vorhanden ist, können Krebszellen überhand nehmen und sich zum Tumor vergrößern."[478]

Und auch hier treffen wir auf den Fakt, auf den wir im vorhergehenden Diskurs immer wieder gestoßen sind, nämlich, dass das Establishment, die Elite, solche positiven Erkenntnisse nicht nur verschweigt, sondern bekämpft. Und es wird Angst geschürt, ein bewährtes Mittel, um die Menschen zu manipulieren.

„Diese Meldung, die den menschlichen Geist programmiert auf: 'Diagnose Krebs, ich sterbe', erzielt durch ihre Angsteinflößung eine sehr große Wirkung. Da der Mensch durch nichts so angreifbar und manipulierbar wird als durch Angst, wird er mit dieser Meldung bereits in die kriminelle Spirale der Pharmaindustrie eingebunden."[479]

Der erste, der die "Hochdosis-Therapie" mit natürlichem Vitamin C in den Mittelpunkt der Krebsvorsorge und -heilung gestellt hatte, war der zweifache Nobelpreisträger Linus Pauling, der 1954 den *Nobelpreis* für Chemie und acht Jahre später den *Friedensnobelpreis* erhielt. Pauling vertrat die Meinung, dass der größte Teil der Krebsforschung auf Betrug beruht und dass die wichtigsten Organisationen zur Erforschung der Krebserkrankungen denjenigen verpflichtet sind, die sie finanziell unterstützen.[480,481]

Da es der Elite aber nicht gelang, Linus Paulings Erkenntnisse zur Krebsvorsorge und -behandlung zu widerlegen, hat man ihn verunglimpft und als „Vitamin-Papst" versucht lächerlich zu machen.[482]

Linus Pauling hat diese Kampagne der Eliten widerlegt, indem er seine Heilmethode bei sich selbst angewendet hat, nachdem er im Alter von 60 Jahren seine eigene Krebsdiagnose erhalten hatte. Er hat sie um 33 Jahre überlebt und starb erst im Alter von 93 Jahren. Auch in der neueren Zeit wird diese Krebsvorsorge und – behandlung durch die Pharmaindustrie bekämpft, wobei die öffentlichen Medien in diesem Kampf willige Helfer sind. 2011 strahlte der WDR eine TV-Sendung aus, in der vor Nahrungsergänzungsmitteln gewarnt wurde; diese würden das *Sterberisiko erhöhen,* und sie seien *"hochgradig gesundheitsschädliche Substanzen".*[483] Diese WDR-Sendung wurde ausgestrahlt in unmittelbarer zeitlicher Nähe zu einer Vortragsreihe von Dr. Rath, einem Arzt, der sich auf die Rolle der Vitamine bei der Krebsvorsorge und – heilung spezialisiert hat. In der Online Version Bild.de konnte man lesen: *"Wie gefährlich sind Vitaminpräparate? Frauen sterben früher, Männer bekommen öfter Prostatakrebs",*[484] wobei sich auf eine Studie aus den USA berufen wurde, welche aber in Wahrheit gar keine klinische Studie war, wo typischerweise in einer Teilnehmergruppe Vitamine verabreicht werden, während eine zweite Gruppe, die Kontrollgruppe, keine Vitamine erhält. Stattdessen beruhte *"die ganze Studie auf 'Fragebögen' über 'Essverhalten' und andere Aspekte, wo wohnen Sie, welchen Bildungsgrad haben Sie etc."*[485] Und 80 % derer, die in dieser Befragungs-Studie gestartet waren, haben diese vor ihrem Abschluss verlassen. Nicht nur durch die öffentlichen Medien erfahren die Vertreter dieser alternativmedizinischen Ansätze zur Krebsbekämpfung Gegenwind, sondern auch durch Klagen vor Gericht, wo Entzug der Approbation und sogar Gefängnisaufenthalt drohen können.[486] Im Jahre 2007 hatte ein Apotheker vor dem Niedersächsischen Oberverwaltungsgericht ein Grundsatzurteil[487] gegen die Apothekerkammer erstritten, die die Weitergabe von Amygdalin (auch bekannt unter Amigdalina, Laetrile (Lätril), Mandelonitril oder Vitamin B17) als alternatives Mittel zur Prophylaxe und Behandlung von Tumorerkrankungen (Krebs) oder deren Symptomen verbieten wollte.

Noch ein Wort zum "Antikrebsmittel" Vitamin C: Auch das *künstliche* Vitamin C, die Ascorbinsäure, scheint geeignet zu sein für die "Hochdosis-Therapie"; allerdings sollte dieses ergänzt werden durch die parallele Einnahme von weiteren Mikronährstoffen, den Vitaminen B1, B5, B12, B17 und anderen. Dabei spielt das erwähnte (Pseudo-)Vitamin B17 offenbar eine Schlüsselrolle bei der Krebsbekämpfung.[488] Es ist in einer Reihe wilder Früchte enthalten,[§§§§§§§§§§§] z.B. in Aprikosenkernen in relativ hohen Dosen, aber auch in vielen anderen Früchten, die in unseren Gärten wachsen. Dabei spielen die Bitterstoffe bzw. der Blausäureanteil in diesen Früchten eine entscheidende Rolle. Der Vorteil des „B17-Mechanismus" ist, dass er selektiv gegen Krebszellen wirkt und gesundes Gewebe kaum zerstört. Hier gibt es sogar eine Analogie zur Wirkweise des Penicillin insofern, dass Penicillin ebenfalls selektiv wirkt, d.h. gegen Bakterien, dabei aber die menschlichen Zellen nicht angreift.[489] Bei der Chemotherapie hingegen werden sowohl die Krebs- als auch die gesunden Zellen zerstört. Allein dieser Vorteil wäre Grund genug, dass die Pharmaindustrie Milliarden Euros in die Erforschung der wissenschaftlichen Zusammenhänge des „B17-Mechanismus" steckte, was sie aber nicht tut, stattdessen die bisherigen Erkenntnisse dazu relativiert oder sogar in Misskredit bringt.[490] In einem Artikel der Deutschen Apothekerzeitung war 2012 zu lesen:[491] *"Amygdalin, der Inhaltsstoff in der Bittermandel und in Kernen von Aprikosen und Äpfeln ist eine zytotoxische, Apoptose-induzierende Substanz. Daher sind grundsätzlich auch entsprechende Wirkungen auf Tumorzellen anzunehmen, die allerdings weder in den meisten tierexperimentellen Studien noch in den wenigen zur Verfügung stehenden systematischen Untersuchungen an Krebspatienten bestätigt werden konnten."* Und im weiteren Text dieses Artikels war zu lesen: *„Kontrollierte, randomisierte klinische Studien mit Laetrile oder Amygdalin gibt es nicht."* Wenn das so ist, wie kann man dann behaupten, dass Laetrile oder Amygdalin nicht gegen Krebs wirkt? Und noch einmal die Frage: warum gibt die Pharmaindustrie keine kontrollierten, randomisierten klinischen Studien mit Laetrile oder Amygdalin in Auftrag? Es ist so unglaublich; da gibt es eine Sustanz, von der bekannt ist, dass sie auf biochemischem Wege Krebszellen **selektiv** tötet, normale Zellen aber unbehelligt lässt, und es werden dazu keine Forschungen angestellt bzw. Studien in Auftrag gegeben.

[§§§§§§§§§§§] In den modernen Formen dieser Früchte sind diese Bitterstoffe teilweise weggezüchtet, weshalb diese auch einen Teil ihrer Wirkung als Antikrebsmittel verloren haben.

In einem Video[492] mit dem Titel "Aprikosenkerne gegen Krebs: Lebensgefährliche Naturheilkunde" wird das Beispiel einer missglückten Krebstherapie durch die "B17-Therapie" bei einer Patientin thematisiert und mit esoterischen Aspekten vermischt (Bruno Gröning, *der Erfinder des göttlichen Heilstroms ... Hufeisen aus Zinnfolie könne die Wirkung noch verstärken.*") und so die Alternativmedizin in Misskredit gebracht. Eine Antwort darauf gibt das Video[493]. In einer Aufklärungsbroschüre ist der ungleiche und unfaire Kampf zwischen Schulmedizin und Alternativer (Neuer) Medizin auf den Punkt gebracht:[494] *"Leider wird derzeit mit zweierlei Maß gemessen: Stirbt ein Einziger in der Neuen Medizin, dann bricht ein Donnerwetter los: 'Er könnte noch leben, hätte er nicht diesen Unsinn geglaubt.'"* Auf der anderen Seite: *"Trotz der vielen Todesfälle in der Schulmedizin, heißt es hier: 'Wir haben unser Bestes getan, er war nicht mehr zu retten.'"* Krebspatienten wenden sich oft erst in einem fortgeschrittenen Stadium ihrer Krebsbehandlung in eine Alternativbehandlung, nämlich dann, wenn die Schulmedizin ihnen nicht mehr helfen kann, sie sozusagen "austherapiert" sind. Doch durch den Zeitverlust und die zusätzlichen Zellschäden während der zuvor durchgeführten Behandlungen (Chemotherapie, Bestrahlung, Medikamente) ist die Krebserkrankung inzwischen oft weit fortgeschritten, so dass die Chancen auf eine Heilung mit der B17-Therapie inzwischen schlecht stehen. Doch auch im Falle dieser "austherapierten" Fälle soll die B17-Therapie noch in 15% der Fälle gewirkt haben.[495]

Wegen dieser Propaganda gegen die alternativen Ansätze zur Krebstherapie, hier einige Bemerkungen zu B17 für jene, die ernsthaft auf der Suche sind nach Alternativbehandlungen. Während für eine **Vorsorge** gegen Krebserkrankung die orale Einnahme von Aprikosenkernen durchaus sinnvoll ist, ist dies in einer Therapiebehandlung oft nicht ausreichend, weil ein erheblicher Teil der Wirkung verloren geht über den Entgiftungsmechanismus der Leber, aber auch bereits während der Darmpassage, wo die B17-Kerne aufgeschlossen und so die Blausäure dort freigesetzt wird. Deshalb ist bei der **Therapie** die intravenöse Gabe vorzuziehen. Da Laetrile verschreibungs- und rezeptpflichtig ist, muss man einen aufgeschlossenen Arzt (oder Zahnarzt) finden, der bereit ist, einem ein (Privat-)Rezept über den Bezug von Laetrile auszustellen. Die nächste Hürde ist, einen Apotheker zu finden, der Laetrile im Angebot hat. Im oben erwähnten Video[496] wird als eine Bezugsquelle die Floraapotheke in Hannover genannt. Die nächste Hürde ist, einen Heilpraktiger zu finden, der einem dieses Mittel intravenös verabreicht. Wichtig ist auch, dass, begleitend zur B17-Therapie, eine gesunde Lebensweise angestrebt wird, wie oben im Zusammenhang mit der Vitamin C-Therapie bereits beschrieben. *„Laetril ist kein Wundermittel, aber es wirkt, das ist empirisch bewiesen seit 1834; da war der erste klinisch dokumentierte Fall. Und seitdem hat es in Hunderttausenden dokumentierten Fällen gewirkt, durchschnittlich, statistisch in 85% der Fälle, und bei austherapierten Patienten, die von der Schulmedizin schwer geschädigt und auch aufgegeben worden sind, statistisch nachgewiesen, 15% aller Fälle.“* [497] Folgende Bücher geben einen guten Einblick in den Wirkmechanismus von B17 in bezug auf Krebszellen:[498,499,500]

Die Vertreter der Pharmaindustrie haben kein Interesse an diesen Alternativen oder Ergänzungtherapien zur Krebstherapie, weil es deren Profit schmälern würde. *„...selbst teure Krebsmedikamente, die auch schon mal 20000 € pro Quartal kosten, können keine Heilung versprechen. Umso erstaunlicher das, was eine Ulmer Forscherin herausgefunden hat: Mit Methadon, einem Drogenersatzstoff, lassen sich Krebszellen möglicherweise wirksam bekämpfen, und das für gerade mal 30 € pro Quartal. Klingt gut, doch die Pharmaindustrie hat nicht das geringste Interesse, diese neue Methode wissenschaftlich zu untersuchen. ...“*[501] Im Gegenteil, solche erfolgversprechenden Ansätze werden todgeschwiegen oder mit Argumenten wie, „es gibt dazu keine evidenzbasierten Studien", abgelehnt.[502] Da ein Großteil der medizinischen Studien durch die Pharmaindustire finanziert wird, ist es auch nicht verwunderlich, wenn keine Studien zu solchen erfolgversprechenden Therapie-Ansätzen aufgelegt werden.[503]

Neben den hier wiedergegebenen Krebs-Behandlungstherapien seien auch noch weitere vielversprechende naturkundliche Ansätze erwähnt, die ebenfalls durch die Pharmaindustrie bekämpft werden, weil diese Methoden nicht patentierbar sind und damit nichts verdient werden kann, z.b. Graviola oder GcMAF.[504] Auch der Hamersche Ansatz zum Verständnis von Krebs und seinen psychischen Ursachen wie Schock und Angst und den daraus abgeleiteten Heilungsmöglichkeiten seien hier erwähnt.[505] Bekannt ist, dass Melancholie, Sorgen, depressive Grundstimmung die Gefahr einer Krebserkrankung erhöhen können, während bei optimistischen, glücklichen Menschen dies eher weniger der Fall ist. Bei letzteren ist offensichtlich der Serotoninspiegel höher als bei erstgenannten. Das könnte zum Beispiel ein Hinweis darauf sein, dass nicht die psychische Komponente das Primäre ist, sondern die biochemische Ursache dahinter, der Serotoninspiegel; denn die Voraussetzung für eine positive Grundstimmung ist ein hoher Serotoninspiegel. Dieser wiederum ist nur dann hoch, wenn die Vorstufe des Serotonins, das Melatonin, in ausreichender Menge im Körper vorhanden ist, weil Serotonin im menschlichen Körper aus Melatonin gebildet wird. Technisch erzeugte elektromagnetische Strahlung kann aber zu einer Verringerung der Melatoninproduktion führen, wodurch die Krebsabwehr geschwächt wird.[506] Melatonin ist Teil der Krebspolizei im Körper. Dies unterstützt den Hamerschen Ansatz bezüglich der psychischen Ursachen wie Schock und Angst bei der Krebsentstehung.

Trotz der Verunglimpfung dieser "Antikrebsmittel" durch die Pharmaindustrie und ihre Handlanger, nehme ich aber an, dass sich die Eliten dieses Wissen durchaus zunutze machen. Jedoch soll die Bevölkerung nicht davon profitieren.

8. Zusammenfassung und Fazit

*„Also, in Gottes Namen, tut was dagegen, tut was für Eure eigene
Zukunft, zum Beispiel, indem Ihr anfangt, alle Leute zu informieren, was hier alles schief läuft. "*[507]

Die Manipulation und Verdummung der Menschen, die auf verschiedenen Ebenen gleichzeitig stattfindet (Öffentliche Medien,
Bildung, Ablenkung durch Spiele und Nebenschauplätze, kann
man mit dem Begriff **Gegen**aufklärung recht gut charakterisieren,
in Anlehnung an den Begriff **Gegen**reformation; denn er beschreibt
einen Vorgang, der durchaus mit den Bestrebungen im späten Mittelalter vergleichbar ist, der von vielen Herrschern der alten Welt
initiiert wurde, um die Errungenschaften der von Luther ausgegan-
genen Reformation rückgängig zu machen, genannt **Gegen**reformation. Reformation stand für Fortschritt auf dem Weg für eine
Befreiung der Menschen von Knechtschaft gegenüber der Obrigkeit, **Gegen**reformation stand für sein Gegenteil, für Rückschritt.
Und genau so verhält es sich in unserer heutigen aufgeklärten Zeit.
Wir leben schon lange in einer aufgeklärten Gesellschaft, die nun
zurückgedreht werden soll durch einen Prozeß, den ich **Gegen**aufklärung nenne, zurück in finsterste Zeiten, in der es wieder eine
„Obrigkeit" geben wird, nennen wir sie „Elite" oder „geheime
Weltregierung" oder „Komitee der 300" oder Illuminaten.[508] Bei
dieser Gegenaufklärung spielt der Einflus der öffentlichen Medien
und der Politiker auf das Denken der Menschen eine entscheidende
Rolle. Es ist ein Kampf gegen den Intellekt, gegen das selbständi-
ge, logische Denken. Beispielhaft für diesen Siegeszug des „beschränkten Denkens" ist der Erfolg beim Einpflanzen der Idee in
die Köpfe, dass der Mensch Schuld sei am Klimawandel und dass
die Medien und Politiker es geschafft haben, CO_2 als den ausge-
machten Bösewicht in die Köpfe zu pflanzen, obwohl CO_2 nur als
ein Spurengas in der Luft enthalten ist. Denn das genaue Gegenteil
ist der Fall: CO_2 ist für das Leben überlebenswichtig, weil es eine
der Voraussetzungen für das Leben auf unserem Planeten ist. Mit
seiner Hilfe erzeugen die Pflanzen den für uns Menschen und Tiere
notwendigen Sauerstoff zum Atmen. Im Mittelalter wurden Kritiker an den Dogmen der Kirche als Ketzer stigmatisiert und im

schlimmsten Fall auf dem Scheiterhaufen verbrannt. Heute werden diejenigen Menschen, die der These vom menschengemachten Klimawandel durch dessen CO_2-Produktion widersprechen, als Klimaleugner und Verschwörungstheoretiker abgestempelt, wodurch jede inhaltliche Diskussion im Keim erstickt wird.

Heute findet dieser Prozess der **Gegen**aufklärung, also ein Zurückdrängen der logischen Denkfähigkeit der Menschen, in allen gesellschaftlichen Bereichen statt, aber auch in der Wissenschaft. Im gesellschaftlichen Bereich kann man das festmachen am Gender mainstreaming, Feminismus, Zerstörung der Familie, Ersetzen von traditionellen Begriffen wie Vater und Mutter durch Elter 1 und Elter 2, Islamisierung, Technikfeindlichkeit, Inclusion in den Schulen, altersgemischte Schulklassen, Unterricht in gemeinsamen Schulklassen zwischen deutschen und Migrantenkindern, Turboabitur.[509] Im Bereich der Wissenschaft sind ähnliche Tendenzen festzustellen: Widerspruch gegen die Standardtheorien wie das *„Standardmodell der Elementarteilchen"*, die kosmologischen Theorien von *Parallelwelten* und *Extradimensionen*, *Blasen-Multiversum* sind Theorien, denen heute die meisten der Fachspezialisten unwidersprochen folgen, wird wenig oder gar nicht toleriert. Grundsätzlicher Widerspruch wird kaum noch zugelassen, zum Teil bekämpft durch Ablehnen von Manuskripten, die dem wissenschaftlichen Mainstream widersprechen. Forschungsfinanzierung erfolgt bevorzugt bei Forschungsprojekten, die dem wissenschaftlichen Mainstream folgen. Andersdenkende oder Forscher, die diese „Wissenschaftsdogmen" hinterfragen oder ablehnen, haben einen schweren Stand. Ein krasses Beispiel ist der inzwischen verstorbene Kosmologe Halton Arp, der herausfand, dass es Widersprüche zwischen der Urknall-These und neueren Beobachtungsbefunden gibt. Die Konsequenz war, dass seine Manuskripte, die diese Widersprüche thematisierten, nicht mehr von den wissenschaftlichen Verlagen angenommen worden sind und er auch an den großen Teleskopen keine Beobachtungszeiten mehr erhielt.[510] Gender mainstreaming, dessen Vertreter die These vertreten, dass das menschliche Geschlecht ein soziales Konstrukt sei, wird inzwischen wissenschaftlich begleitet durch Forschungen von etwa 200 Gender-Professoren, die es in Deutschland gibt. Ein Professor der Biologie, Autor des Buches »Das Gender-Paradoxon«, der die „*Phantasie-Lehre des Gender-Mainstreaming*" kritisiert und sich über die ideologischen Hypothesen der »Genderforscher« Luft macht, wird angeklagt. „*Vorwand: angebliche Volksverhetzung in Tateinheit mit Beleidigung und Verleumdung.*"[511]

Der „menschengemachte Klimawandel" ist eine Erfindung der Elite. Deren Hauptziel war die Schaffung eines gemeinsamen Projektes bzw. Themas, das die gesamte Weltgemeinschaft betrifft, mit dem sich die gesamte Menschheit identifizieren kann. Diese Gemeinsamkeit dient der Elite, die eine Eineweltregierung anstrebt. Die weiteren Ziele sind

- Umverteilung von unten nach oben,
- Legalisierung von Geoengineering (und damit Chemtrails),
- Schwächung der deutschen Wirtschaft (Angleichung der Lebensverhältnisse innerhalb der EU),
- Ablenkung von anderen politischen Veränderungen,
- Verwirren und Erzeugung von Angst,
- „Teile und Herrsche",
- Demokratieabbau und dessen Beschleunigung.

Was wir seit einigen Jahren erleben, ist die Zelebrierung einer Klimareligion, die mit wissenschaftlichen Fakten nichts anfangen kann, stattdessen den „menschgemachten Klimawandel" auf die Stufe eines Dogmas erhoben hat. Zentrale Behauptung der Vertreter des „menschengemachten Klimawandels" ist, dass das vom Menschen verursachte $CO2$ die Klimaerwärmung beschleunigen würde, Stichwort „Treibhauseffekt". Gegenargumente werden vom politisch-medialen Komplex nicht zur Kenntnis genommen oder mit dem Argument eines "Konsens der Wissenschaftller", quasi eine "Mehrheitsentscheidung", vom Tisch gewischt. Diese Mehrheitsentscheidung „$CO2$ trägt zur Klimaerwärmung bei" ist ideologisch motiviert und nicht durch harte wissenschaftliche Fakten abgesichert.

Den „menschengemachten Klimawandel" gibt es aber tatsächlich, wenn man darin die Zunahme von Häufigkeit und Intensität von Wetterphänomenen mit einschließt, wie Erdbeben, Tsunamis, Störung des ökologischen Gleichgewichts einer Region,

Veränderungen des Wetters (inklusive Wolkenbildung, Zyklone, Tornados). Es ist aber nicht das CO2, was diesen „menschengemachten Klimawandel" bewirkt, sondern in einem hohen Maße die Wettermanipulationen durch HAARP in Verbindung mit den Materialien, die durch Chemtrails ausgebracht werden. Durch die Chemtrails werden verschiedene Aspekte bedient:

- Versprühen von Giftstoffen wie Barium, Strontium, Aluminium,...,
- Versprühen von Komponenten einer Biowaffe (Morgellon-Pilz),
- Erzeugen einer „metallischen" Schicht über der Erdoberfläche, um die Reichweite der HAARP-Aktivitäten über den gesamten Globus zu ermöglichen,
- Versprühen von sogenannten Nanorobotern (Smartdust), die sich im Gehirn der Menschen festsetzen,
- Abschirmung der Sonnenstrahlung.

Der technologische Fortschritt ist grundsätzlich etwas Wertvolles, sofern er nicht missbraucht und vor allem nicht gegen die Menschen eingesetzt wird. Aber: *„Solange die Welt von Psychopathen regiert wird, müssen wir leider aus Erfahrung immer vom Schlimmsten ausgehen: Kriege, Wettermanipulationen, Bewusstseinskontrolle."*[512] Zur Zeit befinden wir uns in einem „Endspiel", und es sieht so aus, als ob die Jahreszahl „2025", die diese drei Dokumente (Abbildungen 1, 2 und 5) gemeinsam haben, tatsächlich den zeitlichen Endpunkt charakterisiert, an dem die Elite plant, die totale Herrschaft über die Menschheit zu übernehmen, zumindest in der westlichen Welt. Anders kann man nicht erklären, dass in diesen drei Dokumenten dieselbe Jahreszahl als Endpunkt ausgewiesen ist. Diesem Ziel der Herrschschaftsübernahme dienen der technologische Fortschritt (Geoengineering) in Verbindung mit der Indoktrination der Menschen durch die öffentlichen Medien, Politiker, NGOs und Lobbyisten, die im Sinne der Elite agieren. Zu den technologischen Möglichkeiten von Geoengineering,[513] die bereits heute eingesetzt werden, zählen Wettermanipulation, Auslösen von Naturkatastrophen wie Erdbeben, Tsunamis, Wirbelstürme, Verdunkelung des Himmels, Entwaldung (Abholzung der Regenwälder), Vegiftung der Luft zum Atmen und Verunreinigung der Böden und Gewässer durch Chemtrails.

Was in dieser Auflistung noch nicht enthalten ist, sind die Bestrebungen zur Einführung einer gesetzlichen Impfpflicht und die Bewußtseinsmanipulation der Menschen durch das Versprühen von "intelligenten" Nanopartikeln/Nanochips (Smartdust) sowie durch Strahlung, was durch das "5G"-Netz eine neue Qualität erlangt. "5G" wird allgegenwärtig sein, dem man nicht mehr ausweichen oder entkommen kann.

Mit diesen Nanopartikeln/Nanochips, die auf verschiedenen Wegen in unsere Körper eingebracht werden, ohne dass wir dessen gewahr werden, kann mittels des intelligenten IoT-Rasters das Gehirn eines jeden Menschen ausgelesen, aber auch von außen gesteuert und sogar bestimmte Bewußtseinszustände von außen aufgeprägt werden. *„Das ist die ultimative Versklavung, aus welcher es kein Entkommen mehr geben wird, zumindest nicht aus eigener Kraft."*[514] Die Machtübernahme durch die Elite wird begleitet sein durch große Verwerfungen bis hin zu Bürgerkriegen, begünstigt durch die Massenmigration[515] nach Europa während der vergangenen Jahre, was zu einer Bevölkerungsreduzierung führen wird. Eine weitere wesentliche Bevölkerungsreduktion wird durch den Einsatz von *„Chemtrails (oder 'Geoengineering'), Impfstoffe, bestrahlte Lebensmittel, GVO (Codex Alimentarius), intelligente Zähler, 5G-Einsatz,..."*,[516] erfolgen.

Die Bewußtseinsmanipulation der Menschen erfolgt aber auch auf der klassischen Schiene. Dazu ist der Klimawandel und der im Gefolge inszenierte Greta-Hype ein Klassiker schlechthin, wo die Jugend gegen die Erwachsenen aufgehetzt wird, wofür die „Friday-For-Future"-Bewegung ins Leben gerufen worden ist, abgesegnet durch Regierung und Schule. *„Wo die neue Kulturrevolution von Leuten wie Greta und Rezo hingeht, ist deshalb unschwer erkennbar. Sie soll das Oberste zu Unterst kehren, die Klimadiktatur durchsetzen und die politischen und kulturellen Eliten entmachten ..."*[517]

Der scheinbare Widerspruch, dass es sich dabei um kommunistische Ideen handeln würde, die sich ja eigentlich dem Kampf gegen die Herrschaft des Kapitals verschrieben haben, ist in Wirklichkeit gar kein Widerspruch, da sich die Elite dieser Ideen einfach nur bedient und diese instrumentalisiert. Auch die Kulturrevolution 1966 - 78 in China war initiiert worden durch das amerikanische Establishment, herbeigeführt und finanziell unterstützt durch den Ableger der Yale-Universität in China.[518,519] Eine wichtige Methode der Elite, ihre Herrschaft zu zementieren ist das „Teile-und-Herrsche-Prinzip"; die Kulturrevolution war nichts anderes. Dies trifft auch auf das Aufhetzen der Jungen gegen die Alten in der „Friday-For-Future"-Bewegung zu.

Der Untertitel des vorliegenden Buches, „Der Alptraum für unsere Kinder", symbolisch im Titelbild angedeutet durch den Felsbrocken mit den zwei Kindern darauf, der in die Tiefe zu stürzen droht, soll symbolhaft ausdrücken, wie gefährdet unsere nächste Generation ist. Denn was auf diese zukommt, wird ein Schrecken ohne Ende sein, wenn es nicht gelingt, die "Agenda 2025" zu stoppen. Wenn die NWO erst einmal installiert sein wird, werden alle weiteren Projekte der Globalisten weiterlaufen, von denen "Mind Control" und die "Transhumanismus-Agenda" die wohl für den Fortbestand einer zivilisierten Welt verheerendsten Folgen haben werden, weil diese tief in die Psyche und Gedankenwelt der Menschen eindringen und den Abbau der geistigen Fähigkeiten beinhalten wird, aber auch in den biologischen Fortpflanzungsprozess eingreift. Es ist möglich, dass unsere Kinder es gar nicht merken, wie sich ihre Lebensrealität allmählich ändert, weil dies langsam, schleichend erfolgt, gleichlaufend mit den kognitiven Veränderungen in deren Bewusstsein.

Es ist das ultimative Endspiel, die Bevölkerung ferngesteuert zu beeinflussen und zu kontrollieren, indem sie die Gedanken überschreiben und deren Denken programmieren, Gefühle und Handlungen der Massen steuern, *"die ultimative Versklavung."*

Eine treffende Zusammenfassung unseres Zustandes gibt ein Facebook-User, Alfred E. Neumann, im folgenden Kommentar, gepostet am 12.Juni 2019: *„Tja, liebe Freunde, auch meine Tage auf Fb sind gezählt....*

Ich habe immer versucht, neutral und ohne Hetze und Beleidigungen auszukommen. Nun, seit dem nun ganz Fb bis zum letzten Krümel durchsucht wird, unser Staat wohl keine größeren Probleme hat, als Menschen, denen das Ergebnis ihrer Politik nicht egal oder sogar gefährlich erscheint, zu bestrafen, sehe ich mich in meiner "Menschenwürde" so weit beeinträchtigt, dass selbst als gesetzestreuer Bürger die Unschuldsvermutung wohl nicht mehr gilt, meine freie Meinungsäußerung nicht mehr möglich ist, ohne mit späteren Repressalien rechnen zu müssen und durch die ganzen Filter in Bild, Ton und Schrift mein Recht auf Information so stark eingeschränkt wird, dass eine neutrale Information unmöglich ist und für mich die Tage hier vorbei sind. Deutschland war ein starkes Land bis 2015, doch die Richtungsänderungen seit dem sind so drastisch, dass man es mit einem 'Sack zu machen' vergleichen kann.

Es tauchen immer neue, unglaubliche Enthüllungen auf, die einen gefühlt mittlerweile mehr als Laborratte erscheinen lassen, anstatt eines Menschen.

*Ob **Gifte in der Luft, Wasser, Boden, Essen , Impfungen, Chemo etc.***

***Oder Firmen, Gewerkschaften, Arbeitgeber, Krankenkassen, Lobbys, Politik, Schule mehr als besorgniserregende Schlagzeilen machen, Immobilienblase, Bankenrettung, Eurokrise, Brexit, Flüchtlingskrise** wie ein Damoklesschwert über unser aller Zukunft schweben. Völkerrecht, Grundgesetz, ja selbst fast alle Glaubensrichtungen sind wohl nicht mehr zum Wohl der Menschen da .... steht für mich eins fest....*

Dies alles ist kein nationales Problem, sondern, so denke ich, gerade der historische Moment, wo sich die globalen Strippenzieher entblössen und uns alle wie Tiere im Stall halten wollen.

Wenn selbst ein Trump sich gegen Chemtrails stark macht, erkennt man, daß es sogar unsere Besatzer betrifft (und die spielen sich normaler Weise als Gott auf)....

Auf uns kommt der grosse "Urknall" zu, bei dem wohl keiner den Verursacher antreffen wird.

Eins steht fest, es wird hässlich.

Ich hoffe, dass uns unsere Kinder es verzeihen werden. Wie

konnten wir es nur soweit kommen lassen?
Ich wünsche euch, euren Familien und Angehörigen alles Gute ...."

Die Lage scheint aussichtslos. *„Die Hoffnungslosigkeit ist schon die vorweggenommene Niederlage"* (Karl Jaspers). Unsere einzige Hoffnung besteht darin aufzuklären. Aufklären, so dass möglichst viele Menschen sich der Gefahr bewusst werden und sie erkennen. Und sie müssen vor allem die Strategie der Elite enttarnen, die darin besteht die Bevölkerung zu spalten und das Prinzip „Teile und Herrsche" durchzusetzen. Denn nur dann, wenn die Regierenden sich einer machtvollen Protestbewegung gegenübersehen, die sie mit ihren Mitteln (Medien, Polizei, Militär, Gesetze) nicht mehr beherrschen können, wird es möglich sein, die Versklavung der Menschheit zu verhindern. Dieses Aufklären ist aber nicht so einfach, weil Überzeugungen, Lebenseinstellungen und politische Ausrichtungen der Menschen über Jahre gewachsen sind, durch Erziehung im Elternhaus, Schule, am Arbeitsplatz, das persönliche Umfeld und natürlich durch die tägliche Propaganda und Indoktrinierung durch Rundfunk, Fernsehen, Printmedien, die durch die Elite beherrscht werden. Ein Mensch mit so über Jahrzehnte gewachsenen und geformten Überzeugungen ist oft nicht mehr fähig, sein Weltbild mit neuen Informationen, die im Widerspruch zu ihnen stehen, zu korrigieren, geschweige denn über Bord zu werfen, eine menschliche Eigenschaft, die in der Sozialpsychologie als „kognitive Dissonanz" beschrieben wird. Eine solche kognitive Dissonanz erzeugt „psychisches Unwohlsein", was der Mensch instinktiv versucht zu vermeiden durch Nichtwahrnehmung oder Leugnen von Informationen. Und in diesem Kontext spielt eine ganz entscheidende Rolle der Einfluss der öffentlichen Medien, die das einmal in den Köpfen der Menschen verankerte Weltbild jeden Tag wieder auf's Neue vertiefen.
Ob es noch möglich ist, diese Hürde (der Nichtwahrnehmung oder Leugnung von Informationen) durch Aufklären der Bevölkerung zu überwinden, ist eine Frage, die über den Fortbestand einer zivilisierten Menschheit entscheidet. Es gilt, die Menschen von dem Leitsatz zu überzeugen: „Glaube nicht alles, prüfe alles selbst."

Vielleicht könnten sich aber auch, wie so oft in der Weltgeschichte geschehen, doch noch überraschende Wendungen ergeben, die die Versklavung der Menschen aufhält und die totale Machtübernahme über unser Denken, Fühlen und Wollen durch eine selbsternannte Elite verhindert. Gegenwärtig scheint Russland, das einstige Bollwerk des Sozialismus/Kommunismus, der letzte Hoffnungsträger zu sein, der diesem Alptraum widerstehen könnte.

[1] https://www.facebook.com/rtdeutsch/videos/2372613096294940/ „Prophetische Rede von Fidel Castro: Warnung bei UN-Konferenz 1992 vor Umweltkatastrophe in Brasilien"

[2] https://www.raum-und-zeit.com/bewusstsein/transhumanismus/ Detlef Scholz, *„Die transhumanistische Bewegung"*, raum&zeit, Ausgabe 198/2015

[3] J. Sonntag, B. Lenoir and P. Ziolkowski, Electronic Transport in Alloys with Phase Separation (Composites). *Open Journal of Composite Materials, 2019, 9,* 21-56 https://www.scirp.org/Journal/PaperInformation.aspx?PaperID=90216

[4] https://www.heise.de/forum/Telepolis/Kommentare/Ansichten-eines-Gutmenschen/Was-Carl-Friedrich-von-Weizsaecker-dazu-sagt/posting-24114785/show/

[5] https://www.youtube.com/watch?v=TFYHL8x16Y8 , *"Der bedrohte Friede 1983 Carl Friedrich von Weizsäcker"*, 04.12.2012.

[6] Joachim Sonntag, *Deutschland im freien Fall – Wie die milliardenschweren Finanzeliten unsere freiheitliche Demokratie zerstören und unsere Politiker und öffentlichen Medien zu deren Werkzeugen wurden,* 2. erweiterte Auflage, BoD-Verlag, 2017, Anlage K, Seiten 189ff

[7] Ebenda

[8] https://www.youtube.com/watch?v=tuVspN5RIoE „*NEWW!! ARD u ZDF zeigen Haarp und Chemtrails sind keineswegs eine Verschwörungstheorie UNFASSBAR!"*, am 03.01.2017 veröffentlicht

[9] https://new.euro-med.dk/20161121-haarp-wetter-manipulationdurch-nasa-satelliten-fotos-bewiwswn.php „*HAARP Wetter-Manipulation durch NASA-Satelliten-Fotos bewiesen"*, 21.11, 2016

[10] https://www.youtube.com/watch?v=WaudJgutsPw&t=1650s „*Doku: Der geheime Krieg - Solares Geoengineering - deutsch synchronisierte Version"* (Minute 5:25 im Video), veröffentlicht am 15.03.2016

[11] https://www.youtube.com/watch?v=5ZWAdpA6MHU „*Weather as a Force Multiplier: Owning the Weather in 2025 - PDF eBook - Air Force 2025"*, veröffentlicht am 07.07.2017

[12] Joachim Sonntag, *„2025 - Der vorletzte Akt: Warum wir Heimat, Freiheit und Sicherheit verlieren"*, CBX-Verlag München, 2019, Seite 14

[13] www.StopTheCrime.net

[14] http://www.deagel.com/country/

[15] Joachim Sonntag, „2025 - Der vorletzte Akt: Warum wir Heimat, Freiheit und Sicherheit verlieren", CBX-Verlag München, 2019, Kapitel PROLOG

[16] https://gloria.tv/video/kocXqyBeYEaG4QXzkK6TvdJdL , „Kennedy und Eisenhower warnen vor einer monolithischen, ruchlosen, weltweiten Verschwörung!", 27. Juli 2013

[17] Ebenda

[18] https://www.oliverjanich.de/die-rede-die-john-f-kennedys-schicksal-besiegelte , Oliver Janich: „Die Rede, die John F. Kennedys Schicksal besiegelte", 19. Juni 2013

[19] http://euro-med.dk/?p=31327

[20] Joachim Sonntag, „2025 - Der vorletzte Akt: Warum wir Heimat, Freiheit und Sicherheit verlieren", CBX-Verlag München, 2019, Seiten 11f

[21] https://www.youtube.com/watch?v=t4OwfkSEtlY „Neue Prognosen von DEAGEL.com", am 28.04.2018 veröffentlicht

[22] https://www.youtube.com/watch?v=s_38tsQ4p0I&t=233s "Silent Weapons For Quiet Wars Document - Full Read", veröffentlicht am 27.06.2013.

[23] www.newhorizonsstannes.com/pdfs/Silent_war_against_humanit... „Silent Weapons for a 'Quiet War' - New Horizons (St. Annes): „The document "Silent Weapons for a Quiet War" was found by "co-incidence" in 1986 or even before, and it goes back to 1954 which also happens to be the year where the "nice thinktank" Bilderberg Group was founded – this world just happens to be full of "coincidences" all the time :-)"

[24] Joachim Sonntag, „2025 - Der vorletzte Akt: Warum wir Heimat, Freiheit und Sicherheit verlieren", CBX-Verlag München, 2019, Buchrückseite

[25] https://www.activistpost.com/2017/10/nanochips-smart-dust-dangerous-new-face-human-microchipping-agenda.html , By Makia Freeman: „Nanochips and Smart Dust: The Dangerous New Face of the Human Microchipping Agenda", October 20, 2017

[26] https://www.youtube.com/watch?v=cTp_1HzrCoo Herbert Schott: „Chemtrails und Nanotechnologie zur Manipulation der Menschheit Teil 1", am 16.03.2014 veröffentlicht

[27] https://internationalesforumblog.wordpress.com/2017/05/01/ueber-den-groessten-umweltverschmutzer-der-welt-wird-selten-gesprochen-er-ist-das-militaer-des-us-imperiums-und-darueber-wird-im-imperium-nicht-gern-gesprochen-die-gigantische-kriegsmaschinerie-is/?fbclid=IwAR3EPsPuoZpNJV3zl-tFbKcX2D-EDXpsJ7HvnJVAkppbb-iqfaZ--KhX6pQ , INTERNATIONALESFORUMBLOG:WORDPRESS:COM, David Swanson "What I Said at the Peace Hub of the Climate March"

[28] Ebenda

[29] https://www.youtube.com/watch?v=PLPLUKEmVRs&fbclid=IwAR1qhfvHLSG2nR6RbTf77f6WIlfhJqhCAE3NpFZAa1De_X7_vBvpycAbgkE „MARKmobil Mittelpunkt - Die große Lage", veröffentlicht am 23.02.2019

[30] https://www.youtube.com/watch?v=5yoQUluPxv8 , *„Nuklearer Klimawandel? Über 2.100 Atombombentests seit 1945! | 27.04.2019 | www.kla.tv/14207"*

[31] https://www.kleinezeitung.at/lebensart/nachhaltigkeit/5618082/Palmoel_Jede-Minute-verschwinden-30-Fussballfelder-an-Regenwald , *„Palmöl - Jede Minute verschwinden 30 Fußballfelder an Regenwald"*, 04. Juni 2019

[32] http://webcache.googleusercontent.com/search?q=cache:8QuZTZquheYJ:www.planungsamt.bundeswehr.de/resource/resource/MzEzNTM4MmUzMzMyMmUzMTM1MzMyZTM2MzIzMDMwMzAzMDMwMzAzMDY4NzE2NjMwMzk3YTc5NjYYyMDIwMjAyMDIw/Future%2520Topic%2520Geoengineering.pdf+&cd=1&hl=de&ct=clnk&gl=de&client=firefox-b-d

[33] http://webcache.googleusercontent.com/search?q=cache:8QuZTZquheYJ:www.planungsamt.bundeswehr.de/resource/resource/MzEzNTM4MmUzMzMyMmUzMTM1MzMyZTM2MzIzMDMwMzAzMDMwMzAzMDY4NzE2NjMwMzk3YTc5NjYYyMDIwMjAyMDIw/Future%2520Topic%2520Geoengineering.pdf+&cd=1&hl=de&ct=clnk&gl=de&client=firefox-b-d

[34] https://new.euro-med.dk/20161121-haarp-wetter-manipulationdurch-nasa-satelliten-fotos-bewiwswn.php *„NEW.EURO-MED.DK"*, 21.11. 2016

[35] https://new.euro-med.dk/20161121-haarp-wetter-manipulationdurch-nasa-satelliten-fotos-bewiwswn.php , *„HAARP Wetter-Manipulation durch NASA-Satelliten-Fotos bewiesen"*, 21.11. 2016

[36] https://www.legitim.ch/home/author/Jan-Walter , Jan Walter: *„Geheime Agenda - Der wahre Grund für 5G ist 1000 Mal schlimmer als die Strahlung!"* , 8. April 2019

[37] https://www.contra-magazin.com/2017/09/wetterextreme-als-waffe-das-weltklima-als-versuchslabor-wurden-harvey-und-irma-kuenstlich-erzeugt/ , Eva-Maria Griese: *„Wetterextreme als Waffe: Das Weltklima als Versuchslabor – wurden Harvey und Irma künstlich erzeugt?"*13. September 2017.

[38] https://www.youtube.com/watch?v=2QZx3dOj4H0 , *„GRIPPEWELLE DURCH CHEMTRAILS! SIE SPRÜHEN UNS KRANK 360p"*, am 10.10.2018 veröffentlicht

[39] https://www.youtube.com/watch?v=e2W-VeN0Glk&fbclid=IwAR1GxTTYStS1aNx2x_iBmv2bDEzF0HyD-LE3VTuYikGG95wF7LOtUCG1x54 , *„Was zur Zeit so abgeht (Stop 007)"*, 24.03.2019

[40] Markus Egert und Frank Thadeusz , Ein Keim kommt selten allein, Ullstein Buchverlage GmbH, 2018, Seite 145

[41] https://www.bild.de/ratgeber/gesundheit/krankenhaus-keime/krankenhaus-keime-jaehrlich-91000-tote-europa-studie-48335386.bild.html *„Alarmierende Zahlen: Jährlich ziehen sich insgesamt 2,6 Millionen Patienten Krankenhausinfektionen zu, 91 000 sterben daran!"*, 18.10.2016

[42] Dieses Zitat stammt eigentlich von P.J. Dunning (1860), ist aber durch Karl Marx in einer Fußnote im „Kapital" bekannt gemacht worden (s. Kapitel 4.)

[43] *https://www.youtube.com/watch?v=3MCaceXGYHw* „Die verschwiegene Wahrheit über Gifte und Krebs", Veröffentlicht am 19.09.2018

[44] https://www.youtube.com/user/FMDsTVChannel
[45] https://www.youtube.com/watch?v=8qIAm1l-ZRA&t=391s
Dirk Steffens' Klima-Irrsinn ENTLARVT !!!
[46] *https://www.youtube.com/watch?v=6uNL7ygIias&t=38s*
Dirk Steffens' Klima-Irrsinn ENTLARVT !!! #2
[47] https://www.youtube.com/watch?v=ga-GdDknwxI&t=5s *"Arktis-Eis wird absichtlich geschmolzen! UNGLAUBLICH, aber WAHR!"*
[48] https://www.youtube.com/watch?v=EW-VPbtA2kg
[49]
https://www.bookrix.de/book.html?bookID=xnemesisx_1334144092.1235098839
Thomas Beschorner/ verschiedene Autoren, *"Wahrheitslügen"*
[50] Ebenda
[51] https://www.youtube.com/watch?v=EgczgWJUOLA *„Chemtrails und Haarp - Brigitta Zuber"*
[52] https://www.youtube.com/watch?v=bli57XeXUt0 *"ES GIBT KEINE CHEMTRAILS ! - DU ALUHUTDEPP ! DAS ULTIMATIVE BEWEISVIDEO"* (ddb Netzwerk)
[53] https://germanenherz.wordpress.com/2015/02/08/gedicht-lied-der-linde-1850-prophezeiung-fur-die-zukunft/
[54] https://news-for-friends.de/wie-wird-die-agenda-21-weltweit-umgesetzt/?fbclid=IwAR2uFUSfj_8zESyEV2wn_-OU00kKYJfphcGGxkWOqhD-J-mJq6NYKy_hYYQ , *„Wie wird die Agenda 21 weltweit umgesetzt?"*, 7.April 2019
[55] Joachim Sonntag, *„2025 - Der vorletzte Akt: Warum wir Heimat, Freiheit und Sicherheit verlieren"*, CBX-Verlag München, 2019, Seiten 14ff und 102ff
[56] Netzfund
[57] https://www.heise.de/forum/Telepolis/Kommentare/Ansichten-eines-Gutmenschen/Was-Carl-Friedrich-von-Weizsaecker-dazu-sagt/posting-24114785/show/
[58] Joachim Sonntag, *Deutschland im freien Fall – Wie die milliardenschweren Finanzeliten unsere freiheitliche Demokratie zerstören und unsere Politiker und öffentlichen Medien zu deren Werkzeugen wurden,* 2. erweiterte Auflage, BoD-Verlag, 2017, Anlage K, Seiten 189ff
[59] https://www.youtube.com/watch?v=W8Ifp_O9oRA&t=10s *„ MILLIONEN TOTE BIS 2025 Deagel Die erschreckende Prognose!"*, veröffentlicht 22.02.2015.
[60] https://www.konjunktion.info/2017/03/zum-tod-von-david-rockefeller/
[61] https://www.youtube.com/watch?v=t4OwfkSEtlY *„Neue Prognosen von DEAGEL.com"*, am 28.04.2018 veröffentlicht
[62] Joachim Sonntag, *„2025 - Der vorletzte Akt: Warum wir Heimat, Freiheit und Sicherheit verlieren"*, CBX-Verlag München, 2019, Seite 204ff
[63] https://www.youtube.com/watch?v=W8Ifp_O9oRA&t=10s *„ MILLIONEN TOTE BIS 2025 Deagel Die erschreckende Prognose!"*, veröffentlicht 22.02.2015.
[64] https://www.youtube.com/watch?v=c2quPTsPy8o *„GLADIO - Die NATO-Geheimarmeen"*, veröffentlicht am 25.03.2014 veröffentlicht

[65] https://www.youtube.com/watch?v=t4OwfkSEtlY *"Neue Prognosen von DEAGEL.com"*, am 28.04.2018 veröffentlicht

[66] Joachim Sonntag, *"2025 - Der vorletzte Akt: Warum wir Heimat, Freiheit und Sicherheit verlieren"*, CBX-Verlag München, 2019, Abschnitt *"Experimente an der Bevölkerung - Ein zweites 9/11?"*

[67] https://kopp-report.de/amerikas-bauern-stehen-vor-der-schwersten-krise-seit-einer-generation-und-das-naechste-monstroese-unwetter-ist-bereits-im-anmarsch/ , Michael Snyder: *"Amerikas Bauern stehen vor der schwersten Krise seit einer Generation – und das nächste monströse Unwetter ist bereits im Anmarsch"*, 11.06. 2019

[68] http://endoftheamericandream.com/archives/u-s-farms-are-facing-their-worst-crisis-in-a-generation-and-now-here-comes-another-monster-storm , Michael Snyder: *"U.S. Farms Are Facing Their Worst Crisis In A Generation – And Now Here Comes Another Monster Storm"*, June 6, 2019

[69] Joachim Sonntag, *Deutschland im freien Fall – Wie die milliardenschweren Finanzeliten unsere freiheitliche Demokratie zerstören und unsere Politiker und öffentlichen Medien zu deren Werkzeugen wurden,* 2. erweiterte Auflage, BoD-Verlag, 2017, Seiten 28ff

[70] https://www.legitim.ch/post/enth%C3%BCllt-prayfortheamazon-ist-fake-von-a-bis-z , Jan Walter: *"Enthüllt: #PrayForTheAmazon ist FAKE! (von A bis Z)"*, am 29.08.19, aktualisiert am 31.08.19

[71] https://www.welt.de/debatte/kommentare/article13466483/Die-CO2-Theorie-ist-nur-geniale-Propagan-da.html?wtmc=socialmedia.facebook.shared.web&fbclid=IwAR1oTewiEL7F4sV NOnN__WB2Ss-f39J0ce1JbsRTFF2mJ5PLmGKpb08lRJ0

[72] https://www.youtube.com/watch?v=Ls07THzlL9M , *"Dirk Müller - "One World": Darum ist den Eliten das Klima plötzlich so wichtig!"*, am 24.05.2019 veröffentlicht

[73] https://www.handelsblatt.com/politik/deutschland/gutachten-benzin-und-heizoel-koennten-teurer-werden-merkels-berater-fordern-co2-steuer/24042222.html?ticket=ST-425900-D23uZ1hoAzoprK407X16-ap1 , Gutachten: *"Benzin und Heizöl könnten teurer werden: Merkels Berater fordern CO2-Steuer"*, 27.02.2019

[74] https://www.wahrheiten.org/blog/klimaluege/ , *"Die Klima-Lüge"*

[75] https://www.watson.de/deutschland/die%20gr%C3%BCnen/791308473-die-afd-sagt-robert-habeck-wuensche-sich-eine-diktatur-das-steckt-dahinter , Felix Huesmann: *"Die AfD behauptet, Robert Habeck wolle eine Diktatur – das steckt dahinter"*, 20.06.19

[76] https://www.n-tv.de/Spezial/Berechnen-Sie-jetzt-Ihren-CO2-Fussabdruck-article21263984.html , *"n-tv Rechner zum Klimaschutz Berechnen Sie jetzt Ihren CO2-Fußabdruck"*, 17.9.2019

[77] https://www.youtube.com/watch?v=kbnX7yG91R0 *"Klimawandel: #kurzerklärt kurz aufgeklärt"*, veröffentlicht 06.08.2017

[78] Ebenda

[79] https://www.epochtimes.de/umwelt/ueber-31-000-wissenschaftler-unterzeichnen-petition-hypothese-der-vom-menschen-verursachten-globalen-erwaermung-ist-falsch-a2323579.html?fb=1&fbclid=IwAR0kPp8vhCiibZbaM7zhdcObC_VezpzdsFnLs ZjkpUv-g5bm-qUH7YE7YDw „Über 31.000 Wissenschaftler unterzeichnen Petition: Hypothese der *vom Menschen verursachten globalen Erwärmung ist falsch*", 17.Januar 2018

[80] http://diekaltesonne.de/category/news/ , *„90 italienische Wissenschaftler unterzeichnen Petition gegen Klimaalarm*", 5. Juli 2019

[81] https://www.klimafakten.de/behauptungen/behauptung-31000-wissenschaftler-oregon-petition-hypothese-klimawandel-menschgemacht-erderwaermung-falsch?fbclid=IwAR0LBGWyJg8In852u6lxRTk-JdcdDwQW9ItrghguSWEblakq3_4tzIjSHDo , G. P. Wayne/Michael: *„Behauptung: „Über 31.000 Wissenschaftler unterzeichnen Petition - Hypothese der vom Menschen verursachten globalen Erwärmung ist falsch*", August 2010; zuletzt aktualisiert: Juni 2018

[82] https://www.eike-klima-energie.eu/2017/11/09/desinformation-der-klimafakten-de-in-was-sagt-die-afd-zum-klimawandel-was-sagen-die-anderen-parteien-und-was-ist-der-stand-der-wissenschaft/ , *Horst-Joachim Lüdecke: „Desinformation der Klimafakten.de in 'Was sagt die AfD zum Klimawandel? Was sagen die anderen Parteien? Und was ist der Stand der Wissenschaft?' "* , 9.November 2017

[83] www.easy-wetter.de/Klimazustandsbericht%202016.pdf *„Klimazustandsbericht 2016"* der UN-Klimakonferenz im November, vorgelegt von Marc Morano, Climate Depot und dem Committee for a Constructive Tomorrow CFACT

[84] https://www.youtube.com/watch?v=IoXxrZG-_eU *„DER KLIMASCHWINDEL - DOKU in voller Länge"*

[85] http://news-for-friends.de/mit-haarp-zum-tornado-mit-dem-tornado-zur-co2-steuer/ *„Mit HAARP zum Tornado, mit dem Tornado zur CO2-Steuer....."* Von nfriends, 20. Juli 2017

[86] https://www.youtube.com/watch?v=ZYXrGlYAZOg&feature=share , *„Tricksen, Täuschen, Fabulieren - Der Klimaschwindel / Neu!"*, am 13.07.2019 veröffentlicht

[87] LOWELL PONTE: *"THE COOLING – Has the next ice age already begun? Can we survive it?"* (zitiert in https://www.youtube.com/watch?v=ga-GdDknwxI&t=5s *"Arktis-Eis wird absichtlich geschmolzen! UNGLAUBLICH, aber WAHR!")*

[88] http://www.spiegel.de/spiegel/print/d-41002273.html *„FORSCHUNG - Steine verweht -* Klima-Forscher haben die Hauptsache der Eiszeiten erkannt: Unregelmäßigkeiten im Lauf der Erde um die Sonne. Die gegenwärtige Wärmeperiode, sagen sie vorher, geht zu Ende." Veröffentlicht 10.01.1977

[89] https://www.welt.de/debatte/kommentare/article13466483/Die-CO2-Theorie-ist-nur-geniale-Propaganda.html ; Günter Ederer: **„Die CO2-Theorie ist nur geniale Propaganda"** , Veröffentlicht am 04.07.2011

[90] https://www.youtube.com/watch?v=KFu9oJJXgdQ *"Sonneborn rettet die EU (VI): Golf mit Präsident Chulz"*

[91] Ebenda

[92] Ebenda

[93] https://www.facebook.com/peter.boringer.7/videos/2445566389013759/ Peter Boeringer: *„Wer mauert hat's nötig: Altparteien bewehren sich gegen die Folgen der eigenen Politik – Peter Boehringer spricht Klartext (67)"*, am 23.7.2019

[94] http://news-for-friends.de/mit-haarp-zum-tornado-mit-dem-tornado-zur-co2-steuer/ *"Mit HAARP zum Tornado, mit dem Tornado zur CO2-Steuer....."* Von nfriends, 20. Juli 2017

[95] Ebenda

[96] https://www.youtube.com/watch?v=8qIAm1l-ZRA&t=391s *Dirk Steffens' Klima-Irrsinn ENTLARVT !!!*

[97] https://qpress.de/2015/05/03/prima-klima-katastrophe-glaubensgrundsaetze-der-klimareligion-versinken-im-meer-der-zweifel/ *"Prima Klima-Katastrophe, Glaubensgrundsätze der Klimareligion versinken im Meer der Zweifel"*, 03.05.2015

[98] Das_Skeptiker-Handbuch_3.0_kurz_96dpi.pdf

[99] Ebenda

[100] https://de.wikipedia.org/wiki/Eine_unbequeme_Wahrheit Davis Guggenheim und Al Gore: *„Eine unbequeme Wahrheit" („An Inconvenient Truth")*

[101] https://www.wahrheiten.org/blog/klimaluege/ , *„Die Klima-Lüge"*

[102] https://www.youtube.com/watch?v=w_9DUPoI_WU , Naomi Seibt: *„KLIMAWANDEL - Alles nur heiße Luft..? - Teil 1!,* Am 01.07.2019 veröffentlicht

[103] https://www.swr.de/swr2/wissen/co2-ist-schwerer-als-luft/-/id=661224/did=6081902/nid=661224/1aj2o8i/index.html , „CO2 ist schwerer als Luft. Wie soll es dann in die obere Atmosphäre aufsteigen und den Treibhauseffe *1000 Antworten - Frag den Paal. SWR2 Impuls vom 4.3.2010"*

[104] https://www.pravda-tv.com/2018/12/haarp-geoengineering-in-deutschland-die-hitzewelle-2018-video/?fbclid=IwAR1RWT9A6K_FPPseisuP76063wpFCWvZzIzTZGN1SKPf8qH DfKAC-jBYETU , *„HAARP: Geoengineering in Deutschland - die Hitzewelle 2018 (Video)"*, 18. 12.2018

[105] https://www.eike-klima-energie.eu/2010/01/20/nur-00004712-prozent-bund-aktivist-weiss-nicht-wieviel-co2-von-deutschland-in-die-luft-abgegeben-wird/#comment-202403 *"Nur 0,0004712 Prozent!! BUND Aktivist weiss nicht wieviel CO2 von Deutschland in die Luft abgegeben wird!"* , 20.01.2010

[106] https://www.youtube.com/watch?v=IqH--Yi2CI4 *„Der Ursprung der Klimalüge"*, veröffentlicht am 06.12.2016

[107] Hartmut Bachmann: *„Die Lüge der Klimakatastrophe: ...und wie der Staat uns damit ausbeutet. Manipulierte Angst als Mittel zur Macht"*, Kurzbeschreibung, entnommen aus https://docplayer.org/43335841-Die-luege-der-klimakatastrophe.html , *„Die Lüge der Klimakatastrophe - Version 15"*

[108] https://www.youtube.com/watch?v=OBdRittlo8w&t=46s , *„Die Zerstörung der Klima-Hysterie!!? * Klimawandel-Kommentar"*, 07.09.2019
[109] https://www.youtube.com/watch?v=uhz9XGU2D-4 , Maximilian Pütz: *„Klimawandellüge vor Gericht entlarvt- Jetzt ist es offiziell !!!"*, 03.09.2019
[110] Ebenda

[111] https://www.spiegel.de/wissenschaft/natur/klimaforschung-streit-um-die-hockeyschlaeger-grafik-a-886334.html , Axel Bojanowski: *„Vorwürfe gegen Klimaforscher Wahn der Weltverbesserer, Teil 2"*, 14.03.2013
[112] Committee on Surface Temperature Reconstructions for the Last 2,000 Years, National Research Council (2006): *Surface temperature reconstructions for the last 2,000 years*. Washington, D.C.: National Academies Press
[113] P.D. Jones und M.E. Mann (2004): *Climate Over Past Millennia*, in: Review of Geophysics, Vol. 42, No. 2, RG2002

[114] https://www.klimafakten.de/behauptungen/behauptung-die-beruehmte-hockeyschlaeger-kurve-ist-eine-faelschung , John Cook/klimafakten.de, *„Fakt ist: Die Aussage der oft kritisierten 'Hockeyschläger'-Kurve wird durch viele unabhängige Studien bestätigt"*, Juli 2010; zuletzt aktualisiert: Dezember 2014
[115] https://www.youtube.com/watch?v=OBdRittlo8w&t=46s , *„Die Zerstörung der Klima-Hysterie!!? * Klimawandel-Kommentar"*, 07.09.2019
[116] https://www.eike-klima-energie.eu/2019/09/28/die-manipulation-von-temperaturdaten-ist-der-groesste-wissenschafts-skandal-jemals/ , *„Die Manipulation von Temperaturdaten ist der größte Wissenschafts-Skandal jemals"*, 28.09.19
[117] Hartmut Bachmann: *„Die Lüge der Klimakatastrophe: ...und wie der Staat uns damit ausbeutet. Manipulierte Angst als Mittel zur Macht"*, Kurzbeschreibung, entnommen aus https://docplayer.org/43335841-Die-luege-der-klimakatastrophe.html , *„Die Lüge der Klimakatastrophe - Version 15"*
[118] https://mail.google.com/mail/u/0/#category/updates/FMfcgxwChSKsjNJTMfHLpj KDFbSzqcxC, Chris Frey: *„Adjustierte „unadjustierte" Daten: NASA nutzt den „Zauberstab" des Frisierens und erzeugt Erwärmung dort, wo es nie eine gab"*, 28.Juni 2019
[119] https://notrickszone.com/2019/06/25/adjusted-unadjusted-data-nasa-uses-the-magic-wand-of-fudging-produces-warming-where-there-never-was/ , P Gosselin "Adjusted "Unadjusted" Data: NASA Uses The "Magic Wand Of Fudging", Produces Warming Where There Never Was", on 25. June 2019

[120] https://data.giss.nasa.gov/cgi-bin/gistemp/show_station.cgi?id=501941200004&ds=1 , *"GISS Surface Temperature Analysis , Station Data: Darwin Airpor (12.4 S,130.9 E)"*

[121] https://data.giss.nasa.gov/cgi-bin/gistemp/stdata_show_v4.cgi?id=ASN00014015&ds=14&dt=1 , *"GISS Surface Temperature Analysis (v4) <, Station Data: Darwin Airport (12.4239S, 130.8925E)"*

[122] https://sciencefiles.org/2019/07/23/die-seltsame-erwarmung-der-schweiz-in-den-daten-der-nasa/ , "Die seltsame Erwärmung der Schweiz in den Daten der NASA - Manipuliert die NASA Klimadaten?", 23. Juli 2019

[123] https://data.giss.nasa.gov/cgi-bin/gistemp/show_station.cgi?id=501941200004&ds=1 , *"GISS Surface Temperature Analysis , Station Data: Darwin Airpor (12.4 S,130.9 E)"*

[124] https://data.giss.nasa.gov/cgi-bin/gistemp/stdata_show_v4.cgi?id=ASN00014015&ds=14&dt=1 , *"GISS Surface Temperature Analysis (v4) <, Station Data: Darwin Airport (12.4239S, 130.8925E)"*

[125] https://www.youtube.com/watch?v=ZYXrGlYAZOg&feature=share , *"Tricksen, Täuschen, Fabulieren - Der Klimaschwindel / Neu!"*, am 13.07.2019 veröffentlicht

[126] Ebenda

[127] https://realclimatescience.com/2019/06/nasa-data-tampering-not-just-for-temperatures/ , *"NASA Data Tampering – Not Just For Temperatures"*, Posted on June 26, 2019 by tonyheller, In 1982, NASA's James Hansen showed that sea level rise slowed to almost a halt after 1950. That 30 year hiatus in sea level rise has since been erased."

[128] Ebenda

[129]
https://mail.google.com/mail/u/0/#category/updates/FMfcgxwChSKsjNJTMfHLpj KDFbSzqcxC, Chris Frey: *"Adjustierte "unadjustierte" Daten: NASA nutzt den "Zauberstab" des Frisierens und erzeugt Erwärmung dort, wo es nie eine gab"*, 28.Juni 2019

[130] http://www.sauberer-himmel.de/2015/02/01/wer-steckt-hinter-den-chemtrails-eine-verschwoerung-oder-gar-ein-weltimperium/ , *"Wer steckt hinter den Chemtrails? Eine Verschwörung? Eine Weltverschwörung? Oder gar ein Weltimperium?"*, 01.02.2015

[131] Ebenda

[132]
https://mail.google.com/mail/u/0/#search/Ingrid/QgrcJHsTkxvNtzMKDCHknRW xbVFLZWVHZjB?projector=1 *"Grüner Hass: Hetzen Spaß-Youtuber die Jugend auf? - Gerhard Wisnewski im Gespräch"*, am 05.06.2019 veröffentlicht

133
https://mail.google.com/mail/u/0/#inbox/FMfcgxwBVzwnZddlMHKxGHqsGbW
bdzst, Axel Robert Göhring: *„Gretas deutsche „Adjutantin" ist erfahrene Viel-
fliegerin – mit 22"*, 10. März 2019
[134] https://www.youtube.com/watch?v=Ls07THzlL9M , *„Dirk Müller - "One
World": Darum ist den Eliten das Klima plötzlich so wichtig!"*, am 24.05.2019
veröffentlicht
135
https://www.facebook.com/dawid.snowden/videos/vb.345142656089183/4147186
92710144/?type=2&theater , *„Die Masse wird zu hörigen Lemmingen erzogen"*,
3.Juni 2019
[136] https://www.youtube.com/watch?v=_G9GQvwsfT4 , „Grüner Hass: Hetzen
Spaß-Youtuber die Jugend auf? - Gerhard Wisnewski im Gespräch", am
05.06.2019 veröffentlicht
[137] https://www.youtube.com/watch?v=_G9GQvwsfT4 , „Hetzen Spaß-YouTuber
die Jugend auf? (Gerhard Wisnewski im Gespräch) | 08.06.2019 |
www.kla.tv/14393", klagemauerTV , am 08.06.2019 veröffentlicht
[138] http://www.wisnewski.ch/rezo-kulturrevolution-2-0/
[139] https://www.youtube.com/watch?v=qtu2hbPkzm4 , *„Die grüne
Kulturrevolution: Wie viele Tote wird sie fordern? Debattiert!"*, Am 01.06.2019
veröffentlicht
[140] https://www.youtube.com/watch?v=_G9GQvwsfT4 , „Grüner Hass: Hetzen
Spaß-Youtuber die Jugend auf? - Gerhard Wisnewski im Gespräch", am
05.06.2019 veröffentlicht
[141] Ebenda
[142] https://www.youtube.com/watch?v=IqH--Yi2CI4 *„Der Ursprung der
Klimalüge"*, veröffentlicht am 06.12.2016
[143] https://www.pravda-tv.com/2018/12/haarp-geoengineering-in-deutschland-die-
hitzewelle-2018-
vi-
deo/?fbclid=IwAR1RWT9A6K_FPPseisuP76063wpFCWvZzIzTZGN1SKPf8qH
DfKAC-jBYETU , *„HAARP: Geoengineering in Deutschland - die Hitzewelle
2018 (Video)"* ; veröffentlicht 18.12.2018
[144] http://news-for-friends.de/mit-haarp-zum-tornado-mit-dem-tornado-zur-co2-
steuer/ *"Mit HAARP zum Tornado, mit dem Tornado zur CO2-Steuer....."* Von
nfriends, 20. Juli 2017
[145] https://de.scribd.com/doc/3436120/UN-1976-Weather-Weapon-Treaty
[146] https://www.youtube.com/watch?v=5blrkhKucIQ *„Hitze Dürre - Haarp
Wetterwaffen töten 300 Menschen pro Tag."*; veröffentlicht 09.08.2018
[147] https://www.youtube.com/watch?v=pCWJ027U8SI *„Geo-Engineering,
Wettermanipulation HAARP 2018 in Deutschland"* ; veröffentlicht 14.08.2018
[148] Ebenda
[149] https://www.youtube.com/watch?v=5blrkhKucIQ *„Hitze Dürre - Haarp Wetterwaffen töten 300 Menschen pro Tag."*

[150] https://www.youtube.com/watch?v=VaiNlH51lOM „Die größte Waffe, welche die Welt je gesehen hat! - Deutsche Untertitel", veröffentlicht: 13.08.2018

[151] https://www.youtube.com/watch?v=Y80h1B-_DL4 "Manipulation des Wetters und des Bewusstseins Geo Engeneering"

[152] https://www.youtube.com/watch?v=DFVi6DYMnMY&t=276s "JEDER MUSS DAS WISSEN BEVOR ES GELÖSCHT WIRD !!! Seht was sie euch verschweigen!"

[153] https://www.weather-modification-journal.de/nsa-whistleblower-snowden-enth%C3%BCllt-schockierende-wahrheit-hinter-den-chemtrails/ „Wetter-Modifikation = Wetteränderung durch toxische Chemikalien"

[154] https://www.youtube.com/watch?v=Dt46HlnRLkM „Das Märchen von den Chemtrails - Erklärungen und Hintergründe"

[155] https://www.youtube.com/watch?v=U2FWU_Nx4Uc „Chemtrails gibt es nicht - die spinnen, die Verschwörungstheoretiker"

[156] https://www.youtube.com/watch?v=0rNpHKSjIdQ "Gibt es Chemtrails? | Harald Lesch"

[157] https://www.youtube.com/watch?v=BrIKAI5snFk „CHEMTRAILS - das sind die Beweise! - Bundeswehr gibt sprühen zu! Geoengineering" Hier wird die Existenz von Chemtrails geleugnet.

[158] https://www.augsburger-allgemeine.de/landsberg/Woher-kommen-die-Kreise-am-Himmel-id43014186.html Augsburger Allgemeine, 19.10.18 „Woher kommen die Kreise am Himmel?"

[159] https://www.tz.de/muenchen/stadt/nanu-sind-etwa-chemtrails-ueber-muenchen-sagen-experten-9553863.html „Seltsame Ringe über München: Jetzt ist die Ursache für das Phänomen geklärt"

[160] https://www.youtube.com/watch?v=A_Ix6rP0M78 „heute show: Deutschland Deine Irren: Chemtrails mit Lutz van der Horst"

[161] https://www.youtube.com/watch?v=OUuUwe85ZlU&fbclid=IwAR15ZmlVCEiO rCaF8dhfWrNR8d3BzxanRdeJMaufi6Pwlj27MXLnyKQaNqY „OVERCAST Klimaexperiment am Himmel (Chemtrail/Geoengineering Doku)", veröffentlicht am 13.12.2017

[162] https://www.mimikama.at/allgemein/nie-gesehene-fotos-von-chemtrails-flugzeugen/?fbclid=IwAR1WNQ1HeWlB4rWfZ3MCZQUnBI5Sn-oYQuB7uWYQY1fLtupOViHfQRfL5fA , MIMIKAMA „Nie gesehene Fotos von Chemtrails-Flugzeugen? – Ehm… doch!"

[163] Ebenda

[164] Ebenda

[165] Ebenda

[166] https://www.youtube.com/watch?v=Dt46HlnRLkM „Das Märchen von den Chemtrails - Erklärungen und Hintergründe"

[167] https://www.youtube.com/watch?v=0rNpHKSjIdQ "Gibt es Chemtrails? | Harald Lesch"

[168] https://www.youtube.com/watch?v=U2FWU_Nx4Uc „*Chemtrails gibt es nicht - die spinnen, die Verschwörungstheoretiker*"

[169] https://www.youtube.com/watch?v=8RPlQ8jsXSs&feature=youtu.be "*NDR Regenwasser voller Nanopartikel*"

[170] https://gesundmagazin.com/chemtrails-sind-verantwortlich-fuer-krankheiten-sie-zerstoeren-unser-immunsystem-mit-video/, „*Chemtrails sind verantwortlich für Krankheiten Sie zerstören unser Immunsystem (mit Video)*", 21. Februar 2019

[171] „*Von Klimawandel, Geisterwolken, und Chemtrails*", 2008, DVD, Skadi-Media Bochum

[172] https://www.youtube.com/watch?v=-OwxcaoZECA "*Aerosol Crimes - Clifford E. Carnicom [Deutsch]*", am 23.10.2013 veröffentlicht

[173] https://www.youtube.com/watch?v=FW9gVpzvSZo „*Piloten, Ärzte & Wissenschaftler berichten über Chemtrails*"

[174] https://www.youtube.com/watch?v=_8o4xgSVcyg "*Chemtrails Trojanische Wolken Doku (full length)*"

[175] www.bmbf.de/pubRD/Infografik_climate_engineering.pdf

[176] https://www.youtube.com/watch?v=8RPlQ8jsXSs&feature=youtu.be "*NDR Regenwasser voller Nanopartikel*", am 17.07.2016 veröffentlicht

[177] https://www.youtube.com/watch?v=Xot1EI4s6j0 "*ZDF heute-journal 14.01.2009 Wetter – Chemtrails*"

[178] https://www.youtube.com/watch?v=tuVspN5RIoE „*NEWW!! ARD u ZDF zeigen Haarp und Chemtrails sind keineswegs eine Verschwörungstheorie UNFASSBAR!*", am 03.01.2017 veröffentlicht

[179] https://www.youtube.com/watch?v=Xot1EI4s6j0 "*ZDF heute-journal 14.01.2009 Wetter – Chemtrails*"

[180] https://www.youtube.com/watch?v=tuVspN5RIoE „*NEWW!! ARD u ZDF zeigen Haarp und Chemtrails sind keineswegs eine Verschwörungstheorie UNFASSBAR!*", am 03.01.2017 veröffentlicht

[181] https://www.youtube.com/watch?v=sEWe-EBcx1k „*Dr. med D. Klinghardt* === ✈ *Chemtrail Fallout ist die wichtigste Vergiftungsursache!*", am 29.08.2018 veröffentlicht

[182] https://www.youtube.com/watch?v=UCIZT05hfjc „*#ARD & #ZDF zeigen #Haarp und #Chemtrails Es gibt sie wirklich 2017.*"

[183] https://www.legitim.ch/single-post/2017/08/07/Die-NASA-gibt-zu-Lithium-und-andere-Chemikalien-in-die-Atmosph%C3%A4re-zu-sprayen Jan Walter: "*Die NASA gibt zu Lithium und andere Chemikalien in die Atmosphäre zu sprayen*", 7 Aug 2017

[184] Ebenda

[185] DIE WELT – Nr. 254 – Dienstag, 31. Oktober 1978

[186] https://www.politikforen.net/showthread.php?155157-Die-90-Dezimierung-der-Menschheit-wird-mit-Nano „*Die 90%-Dezimierung der Menschheit wird mit Nano-Waffen erfolgen!*",11.08.2014

[187] Ebenda

[188] Leyline.de , „*Bayern: Katastrophale Konzentration von Aluminium, Barium und Arsen in der Atemluft amtlich bestätigt*", 18. November 2016 saga4ever.blogspot.com

[189] Joachim Sonntag, *Deutschland im freien Fall – Wie die milliardenschweren Finanzeliten unsere freiheitliche Demokratie zerstören und unsere Politiker und öffentlichen Medien zu deren Werkzeugen wurden*, 2. erweiterte Auflage, BoD-Verlag, 2017, Anlage 3

[190] https://www.weather-modification-journal.de/nsa-whistleblower-snowden-enth%C3%BCllt-schockierende-wahrheit-hinter-den-chemtrails/ „*Wetter-Modifikation = Wetteränderung durch toxische Chemikalien*"

[191] Ebenda

[192] http://www.bund-rvso.de/chemtrails.html „*Chemtrails 2019: Kritische BUND-Stellungnahme zu Verschwörungstheorien, Industrieinteressen & postfaktischen Debatten*"

[193] https://www.youtube.com/watch?v=-OwxcaoZECA *"Aerosol Crimes - Clifford E. Carnicom [Deutsch]"*, Am 23.10.2013 veröffentlicht, das Zitat s. Minute 22:10 im Video.

[194] Ebenda, das Zitat s. Minute Min.26 im Video.

[195] http://www.sauberer-himmel.de/untersuchungen/ „*Untersuchungen von Regenwasser, Polymerfasern etc. & wissenschaftliche Grundlagen*"

[196] https://www.youtube.com/watch?v=_8o4xgSVcyg *"Chemtrails Trojanische Wolken Doku (full length)"*

[197] Ebenda

[198] George Orwell, *1984*, Ungekürzte Ausgabe im Ullstein Taschenbuch, 38. Auflage 2015, Seite 115

[199] https://www.facebook.com/ursula.l.mayer/posts/2116799428344036

[200] Ebenda

[201] https://www.politikforen.net/showthread.php?155157-Die-90-Dezimierung-der-Menschheit-wird-mit-Nano „*Die 90%-Dezimierung der Menschheit wird mit Nano-Waffen erfolgen!*" ,11.08.2014

[202] https://www.facebook.com/marigny.degrilleau/posts/1018294345016824

[203] https://www.youtube.com/watch?v=_8o4xgSVcyg *"Chemtrails Trojanische Wolken Doku (full length)"*

[204] Ebenda

[205] https://www.youtube.com/watch?v=7oTa9CZVw6c „*Neue Wolkenarten - Die Presse bestätigt Chemtrails!*", veröffentlicht am 25.03.2017

[206] http://www.chemtrail.de/wp-content/uploads/2013/12/art1.pdf „*Piloten, Ärzte und Wissenschaftler packen aus!*"

[207] https://www.youtube.com/watch?v=PW9wF5gI5dg „*Dr. Klinghardt (Deutsch/English) - subtitulado en Castellano*" , veröffentlicht am 13.12.2018

[208] Ebenda

[209] http://www.chemtrail.de/wp-content/uploads/2013/12/art1.pdf „*Piloten, Ärzte und Wissenschaftler packen aus! – Chemtrails*"

[210] Zitiert aus einer Rezension (2015) bei Amazon.de: zum Buch „*Kriegswaffe Planet Erde*" von Rosalie Bertell

[211] https://www.youtube.com/watch?v=NRbVZo9v5I4 *„Bürgeranwalt Dominik Storr zu Chemtrails - Todestreifen am Himmel"*, am 03.04.2019 veröffentlicht
[212] *„Von Klimawandel, Geisterwolken, und Chemtrails"*, DVD, Skadi-Media,Friederikastr. 107, D-44789 Bochum, 2008
[213] https://www.youtube.com/watch?v=ofXyRV73xaw *„Dr. Klinghardt zu Geoengineering, Impfungen + Entgiftung (Kurzversion)"*, veröffentlicht am 05.12.2017
[214] https://www.weather-modification-journal.de/
[215] https://www.zeit.de/wissen/umwelt/2019-09/geoengineering-klimawandel-ccs-ozeanduengung-kohlendioxid-strahlungsbilanz , *„Geoengineering: Da hilft nur noch, am Klima zu klempnern"*, 28.09.2019
[216] https://www.youtube.com/watch?v=bli57XeXUt0 *"ES GIBT KEINE CHEMTRAILS ! - DU ALUHUTDEPP ! DAS ULTIMATIVE BEWEISVIDEO"* (ddb Netzwerk)
[217] Joachim Sonntag, *Deutschland im freien Fall – Wie die milliardenschweren Finanzeliten unsere freiheitliche Demokratie zerstören und unsere Politiker und öffentlichen Medien zu deren Werkzeugen wurden*, 2. erweiterte Auflage, BoD-Verlag, 2017, Anlage 3
[218] Gabriele Schuster-Haslinger, *„verraten verkauft verloren"*, Amadeus Verlag GmbH & Co. KG, 2015, Seiten 45ff
[219] https://www.youtube.com/watch?v=_8o4xgSVcyg *"Chemtrails Trojanische Wolken Doku (full length)"*
[220] https://www.youtube.com/watch?v=Bs-_BOFdbpM , *„Bewusst.tv - Morgellons und Transhumanismus"*, Am 05.02.2014 veröffentlicht
[221] https://www.youtube.com/watch?v=39hqrLPsSt8 , *„HAARP und die NSA - Geheime Wetterexperimente in Alaska? | ExoMagazin"*, veröffentlicht am 25.12.2013
[222] https://www.youtube.com/watch?v=P9dc3Plo7MA&feature=share&fbclid=IwAR20JzMaRVbxTaTLok4AYCaCROY27ceAYPsbSf7R0h43NLFKTD-PxHZAfHU , *„Der wahre Grund für 5G ist 1000 Mal schlimmer als die Strahlung"*, Am 12.04.2019 veröffentlicht
[223] https://www.youtube.com/watch?v=WaudJgutsPw&t=1650s *„Doku: Der geheime Krieg - Solares Geoengineering - deutsch synchronisierte Version"* (Minute 5:25 im Video), veröffentlicht am 15.03.2016
[224] Chris Haderer und Peter Hiess, „Chemtrails – Wettermanipulation am Himmel? – Wettermanipulation unter den Augen der Öffentlichkeit", Copyright by V. F. SAMMLER, Graz 2005, Seite 25
[225] Ebenda
[226] Ebenda
[227] https://www.youtube.com/watch?v=_8o4xgSVcyg *"Chemtrails Trojanische Wolken Doku (full length)"*
[228] Gabriele Schuster-Haslinger, *„verraten verkauft verloren"*, Amadeus Verlag GmbH & Co. KG, 2015, Seiten 45ff
[229] https://gesundmagazin.com/chemtrails-sind-verantwortlich-fuer-krankheiten-sie-zerstoeren-unser-immunsystem-mit-video/ , *„Chemtrails sind verantwortlich*

für Krankheiten Sie zerstören unser Immunsystem (mit Video)", 21. Februar 2019
[230] https://www.youtube.com/watch?v=GA3Gvr_ApL0
"Wie wir vergiftet werden - Dr. Dietrich Klinghardt"
[231] http://www.chemtrail.de/wp-content/uploads/2013/12/art1.pdf *"Piloten, Ärzte und Wissenschaftler packen aus! – Chemtrails"*
veröffentlicht: 25.03.2017
[232] https://www.youtube.com/watch?v=8RPlQ8jsXSs&feature=youtu.be
"NDR Regenwasser voller Nanopartikel"
[233] https://www.youtube.com/watch?v=brkm2QoXWsM
"Werner Altnickel: Geoengineering, Chemtrails, SRM & HAARP"
[234] Ebenda
[235] https://gesundmagazin.com/chemtrails-sind-verantwortlich-fuer-krankheiten-sie-zerstoeren-unser-immunsystem-mit-video/ *"Chemtrails sind verantwortlich für Krankheiten Sie zerstören unser Immunsystem (mit Video)"*, 21. Februar 2019
[236] https://www.n-tv.de/wissen/COPD-haeufiger-als-Krebs-article4271976.html ,
"Hohes Risiko für Lungenleiden COPD häufiger als Krebs", 11.9. 2011
[237] https://gesundmagazin.com/chemtrails-sind-verantwortlich-fuer-krankheiten-sie-zerstoeren-unser-immunsystem-mit-video/ *"Chemtrails sind verantwortlich für Krankheiten Sie zerstören unser Immunsystem (mit Video)"*, 21. Februar 2019
[238] https://www.youtube.com/watch?v=PW9wF5gI5dg *"Dr. Klinghardt (Deutsch/English) - subtitulado en Castellano"* , veröffentlicht am 13.12.2018
[239] https://www.focus.de/gesundheit/werden-menschen-duemmer-umwelthormone-eine-gefahr-fuer-das-menschliche-gehirn_id_7847170.html ,
FOCUS-Online-Gastautorin Pia Jaeger
18.02.2018, 18:30
[240] https://www.youtube.com/watch?v=8RPlQ8jsXSs&feature=youtu.be
"NDR Regenwasser voller Nanopartikel"
[241] https://www.youtube.com/watch?v=_8o4xgSVcyg *"Chemtrails Trojanische Wolken Doku (full length)"*
[242] http://www.chemtrail.de/wp-content/uploads/2013/12/art1.pdf *"Piloten, Ärzte und Wissenschaftler packen aus! – Chemtrails"*
veröffentlicht: 25.03.2017
[243] Jugend TV – CH – St.Gallen: *"Giftige Chemtrails – Ein Geschäft auf Kosten der Umwelt"* (am Ende des Videos *"Chemtrails Trojanische Wolken Doku (full length)"* wiedergegeben.
[244] https://www.youtube.com/watch?v=Y80h1B-_DL4&t=48s
"Manipulation des Wetters und des Bewusstseins Geo Engeneering"
[245] Ulrich Heerd, *HAARP PROJEKT – über Mobilfunk zur Strahlenwaffe*, 2. Auflage, Edition HAARP, MICHAELS VERLAG, 2012, Seite 17
[246] https://zeit-zum-aufwachen.blogspot.de/2014/08/haarp-rostock-marlow-grote-anlage-der.html
[247] Ebenda
[248] https://www.youtube.com/watch?v=DFVi6DYMnMY&t=276s *"JEDER MUSS DAS WISSEN BEVOR ES GELÖSCHT WIRD !!! Seht was sie euch verschweigen!"*

[249] Ulrich Heerd, *HAARP PROJEKT – über Mobilfunk zur Strahlenwaffe*, 2. Auflage, Edition HAARP, MICHAELS VERLAG, 2012, Seiten 19ff

[250] https://www.youtube.com/watch?v=39hqrLPsSt8 *„HAARP und die NSA - Geheime Wetterexperimente in Alaska? | ExoMagazin"*, veröffentlicht am 25.12.2013

[251] Ulrich Heerd, *HAARP PROJEKT – über Mobilfunk zur Strahlenwaffe*, 2. Auflage, Edition HAARP, MICHAELS VERLAG, 2012, Seite 66

[252] https://www.youtube.com/watch?v=39hqrLPsSt8 *„HAARP und die NSA - Geheime Wetterexperimente in Alaska? | ExoMagazin"*, veröffentlicht am 25.12.2013

[253] https://www.youtube.com/watch?v=dmTT9HN-sOw *„HAARP SPIEGELT sich auf OSTSEE! WIE VIELE Beweise wollt IHR noch?"*, veröffentlicht am 16.04.2018

[254] https://www.youtube.com/watch?v=UCIZT05hfjc *„#ARD & #ZDF zeigen #Haarp und #Chemtrails Es gibt sie wirklich 2017."*

[255] http://www.ostsee-zeitung.de/Nachrichten/Das-Geheimnis-im-Wald-von-Marlow *„Das Geheimnis im Wald von Marlow – Die Deutsche Marine betreibt im Recknitz-Städtchen eine Sendestation. Um die Anlage ranken sich wüste Verschwörungstheorien."*

[256] https://www.youtube.com/watch?v=39hqrLPsSt8 , *„HAARP und die NSA - Geheime Wetterexperimente in Alaska? | ExoMagazin"*, veröffentlicht am 25.12.2013

[257] https://www.youtube.com/watch?v=39hqrLPsSt8 , *„HAARP und die NSA - Geheime Wetterexperimente in Alaska? | ExoMagazin"*, veröffentlicht am 25.12.2013

[258] https://futurezone.at/meinung/haarp-todesstrahlen-aus-alaska/286.909.761

[259] http://www.europarl.europa.eu/sides/getDoc.do?pubRef=-//EP//TEXT+REPORT+A4-1999-0005+0+DOC+XML+V0//DE#Contentd374406e958 , Bericht über Umwelt, sicherheitz und Außenpolitik, Ausschuß für auswärtige Angelegenheiten, Sicherheit und Verteidigungspolitik, 14.01.1999

[260] https://www.facebook.com/search/top/?q=chemtrails%20in%20verbindung%20mit%20haarp%20benutzt%20werden.&epa=SEARCH_BOX

[261] https://www.youtube.com/watch?v=DFVi6DYMnMY&t=276s *"JEDER MUSS DAS WISSEN BEVOR ES GELÖSCHT WIRD !!! Seht was sie euch verschweigen!"*

[262] https://www.youtube.com/watch?v=dmTT9HN-sOw *„HAARP SPIEGELT sich auf OSTSEE! WIE VIELE Beweise wollt IHR noch?"*, veröffentlicht am 16.04.2018

[263] https://www.youtube.com/watch?v=a9g5LIFc8Y4&t=73s *„Bester Chemtrail-Vortrag von Werner Altnickel"*

[264] Ebenda

[265] Ebenda

[266] https://www.youtube.com/watch?v=7oTa9CZVw6c *„Neue Wolkenarten - Die Presse bestätigt Chemtrails!"*, veröffentlicht am 25.03.2017

[267] https://www.youtube.com/watch?v=Y80h1B-_DL4&t=48s *„Manipulation des Wetters und des Bewusstseins Geo Engeneering"*
[268] https://www.youtube.com/watch?v=Cl_IR_qxi34 *"Globalisierung Fakten"*
[269] https://www.youtube.com/watch?v=a9g5LIFc8Y4&t=73s *„Bester Chemtrail-Vortrag von Werner Altnickel"*
[270] Ebenda
[271] Ebenda
[272] Ebenda
[273] https://www.youtube.com/watch?v=a9g5LIFc8Y4&t=73s *„Bester Chemtrail-Vortrag von Werner Altnickel"*
[274] Ebenda
[275] https://www.youtube.com/watch?v=dmTT9HN-sOw&t=245s *„HAARP SPIEGELT sich auf OSTSEE! WIE VIELE Beweise wollt IHR noch?"*
[276] https://www.youtube.com/watch?v=EgczgWJUOLA *„Chemtrails und Haarp - Brigitta Zuber"*
[277] https://www.youtube.com/watch?v=dmTT9HN-sOw&t=245s *„HAARP SPIEGELT sich auf OSTSEE! WIE VIELE Beweise wollt IHR noch?"*
[278] Ebenda
[279] https://bilddung.wordpress.com/2014/12/26/war-dieser-tsunami-menschgemacht/ BilDung für das Volk *„War dieser Tsunami menschgemacht?"*
[280] http://www.stopthecrime.net
[281] https://bilddung.wordpress.com/2014/12/26/war-dieser-tsunami-menschgemacht/ BilDung für das Volk *„War dieser Tsunami menschgemacht?"*
[282] Ebenda
[283] http://news-for-friends.de/mit-haarp-zum-tornado-mit-dem-tornado-zur-co2-steuer/ *"Mit HAARP zum Tornado, mit dem Tornado zur CO2-Steuer....."* Von nfriends, 20. Juli 2017
[284] https://gumshoenews.com/2017/08/31/manmade-hurricane-harvey-the-military-can-steer-a-hurricane/
[285] https://gumshoenews.com/2017/07/10/the-breaking-of-the-levees-in-new-orleans-gentrification-and-jewish-law/ *„The Breaking of the Levees in New Orleans, "Gentrification," and Jewish Law"*, July 10, 2017
[286] https://gumshoenews.com/2017/07/10/the-breaking-of-the-levees-in-new-orleans-gentrification-and-jewish-law/ *„The Breaking of the Levees in New Orleans, "Gentrification," and Jewish Law"*, July 10, 2017
[287] https://www.contra-magazin.com/2017/09/wetterextreme-als-waffe-das-weltklima-als-versuchslabor-wurden-harvey-und-irma-kuenstlich-erzeugt/ , Eva-Maria Griese: *„Wetterextreme als Waffe: Das Weltklima als Versuchslabor – wurden Harvey und Irma künstlich erzeugt?"*, 13. September 2017.
[288] https://www.globalisierung-fakten.de/ozonloch/ozonloch-entwicklung/
[289] https://www.youtube.com/watch?v=YmL7mJExaFQ *„Der OZON-SCHWINDEL- Wissenschaftler Entdeckten die Wahre Ursache des Ozonlochs!"*, veröffentlicht am 24.02.2018
[290] Marion Schimmelpfennig, *„Giftcocktail Körperpflege: Der schleichende Tod aus dem Badezimmer"*, J.K.Fischer-Verlag, 2017

[291] Thomas Klein, *Sonnenlicht – Das größte Gesundheitsheimnis – Sonnenmangel und seine schwerwiegenden Folgen, Hygeia-Verlag, 2010*
[292] https://www.youtube.com/watch?v=8RT9BReqSag&t=141s *„ENERGIEWAFFEN-TEST am eigenen Volk! 'Waldbrände' in Kalifornien 2017! Laserwaffen, Mikrowellen, NWO"*
[293] https://www.youtube.com/watch?v=Ll6i6M64On8&t=14s *"Waldbrände = Waffentests? Äußerst verdächtiges 'Brandverhalten'"*
[294] https://www.facebook.com/photo.php?fbid=1577984245580731&set=pcb.199766 5910447245&type=3&theater *Günter Stellmaszek: Reale Verschwörungen! 14. Oktober 2017*
[295] Ebenda; ein Kommentar
[296] https://www.youtube.com/watch?v=YYGf490yl_g *„Wird Griechenland gegrillt? Waldbrände oder Energiewaffen?"*
[297] https://www.youtube.com/watch?v=Ll6i6M64On8&t=14s *"Waldbrände = Waffentests? Äußerst verdächtiges 'Brandverhalten'"*
[298] https://www.youtube.com/watch?v=Ll6i6M64On8&t=14s *"Waldbrände = Waffentests? Äußerst verdächtiges 'Brandverhalten'"*
[299] http://www.faszination-regenwald.de/info-center/zerstoerung/index.htm , *„Faszination-regenwald - Zerstörung tropischer Regenwälder"*

[300] https://www.regenwald.org/themen/palmoel/fragen-und-antworten , *„Fakten über Palmöl"*
[301] https://www.youtube.com/watch?v=Ahcc-Gr55WA , *„Waldbrände in Südamerika - die ganze Wahrheit!"*, am 25.08.2019 veröffentlicht
[302] https://www.youtube.com/watch?v=hzWKNUQfG_4 *„Aus der „Feuerhölle" Südamerikas - aktueller Bericht"*, Am 25.08.2019 veröffentlicht
[303] https://www.legitim.ch/post/enth%C3%BCllt-prayfortheamazon-ist-fake-von-a-bis-z , Jan Walter: *„Enthüllt: #PrayForTheAmazon ist FAKE! (von A bis Z)"*, am 29.08.19, aktualisiert am 31.08.19
[304] F. William Engdahl, *„Geheimakte NGOs"*, Kopp-Verlag, 2017
[305] https://www.legitim.ch/post/enth%C3%BCllt-prayfortheamazon-ist-fake-von-a-bis-z , Jan Walter: *„Enthüllt: #PrayForTheAmazon ist FAKE! (von A bis Z)"*, am 29.08.19, aktualisiert am 31.08.19
[306] https://www.youtube.com/watch?v=L2ziG1GKVsg&t=188s „16. AZK: „Digitalisiert in eine strahlende Zukunft – todsicher!" - Anke Kern | www.kla.tv/13437" , veröffentlicht am 01.12.2018
[307] https://www.youtube.com/watch?v=sX3QSsG6_64 *"DIE DRECKIGE WAHRHEIT ÜBER DEIN HANDY !!! WILLST DU GESUND BLEIBEN ? BITTE VERBREITEN !!!"*
[308] Ebenda
[309] Ebenda
[310] https://www.kla.tv/5g-mobilfunk/10543&autoplay=true , *„Baumschäden durch Mobilfunkstrahlung"*, www.kla.tv/10543 , 21.05.2017
[311] Ebenda

[312] https://zeit-zum-aufwachen.blogspot.de/2014/08/haarp-rostock-marlow-grote-anlage-der.html

[313] https://www.youtube.com/watch?v=KFV51crLwQE *"Heiße Abschreckung: US-Armee testet Mikrowellenwaffe"*

[314] https://www.youtube.com/watch?v=Cl_IR_qxi34 *"Mobilfunk als Mikrowellenwaffe- Barrie Trower"*

[315] https://www.youtube.com/watch?v=KFV51crLwQE *"Heiße Abschreckung: US-Armee testet Mikrowellenwaffe"*

[316] https://www.youtube.com/watch?v=8RT9BReqSag&t=141s *"ENERGIEWAFFEN-TEST am eigenen Volk! 'Waldbrände' in Kalifornien 2017! Laserwaffen, Mikrowellen, NWO"*

[317] https://www.youtube.com/watch?v=L2ziG1GKVsg&t=188s „16. AZK: „Digitalisiert in eine strahlende Zukunft – todsicher!" - Anke Kern | www.kla.tv/13437", veröffentlicht am 01.12.2018

[318] Ebenda

[319] Ebenda

[320] https://www.youtube.com/watch?v=vqFKhjXl1Cw *"Aufrüstung der Polizei mit Mikrowellenwaffen"*

[321] http://google.com/patents/US6506148 (zitiert in http://www.globale-evolution.de/showthread.php/4025-Mind-Control-(Gedanken-Kontrolle)/page7 vom 26.01.2016)

[322] https://www.youtube.com/watch?v=pjy6yWBzwpE *„MK Ultra - Das Gehirnwäscheprogramm der CIA [ZDF/Phoenix Doku]"*, am 03.09.2016 veröffentlicht

[323] https://www.spiegel.de/netzwelt/netzpolitik/5g-mobilfunkfrequenzen-versteigert-firmen-bezahlen-6-6-milliarden-euro-a-1272131.html , *„Mobilfunkfrequenzen 5G-Auktion bringt Deutschland knapp 6,6 Milliarden Euro"*, 12.06.2019

[324] https://www.spiegel.de/netzwelt/web/5g-gefaehrlich-was-experten-zum-thema-5g-und-gesundheit-sagen-a-1257267.html#js-article-comments-box-pager , *„Neuer Mobilfunkstandard Gefährdet 5G die Gesundheit?"*,11.03.2019

[325] https://www.tagesschau.de/inland/5g-gefahren-115.html , Wulf Rohwedder, tagesschau.de: *„Neue Mobilfunktechnik - Ist 5G gefährlich?"*, 12.06.2019

[326] Offenlegungsschrift DE 10253 433 A1 2004.05.27, Bundesrepublik Deutschland, Deutsches Patent- und Markenamt, Anmeldetag: 11.11.2002

[327] https://www.youtube.com/watch?v=qVG5wwO1PDI *„AUF ● GEKLÄRT - TRANSHUMANISMUS | SMART-DUST UND AGENDEN 21, 2030 & 2045"*, am 18.11.2017 veröffentlicht

[328] https://www.youtube.com/watch?v=fDk960sQIvw&t=1236s „Gedankenkontrolle mit 5G – Patente", am 11.04.2019 veröffentlicht

[329] https://www.youtube.com/watch?v=fDk960sQIvw&t=1236s „Gedankenkontrolle mit 5G – Patente", am 11.04.2019 veröffentlicht

[330] https://www.youtube.com/watch?v=L2ziG1GKVsg&t=188s „16. AZK: „Digitalisiert in eine strahlende Zukunft – todsicher!" - Anke Kern | www.kla.tv/13437", veröffentlicht am 01.12.2018

[331] https://www.google.com/search?q=Harald+Kautz-Vella+%C3%BCber+5G+%26+die+Hintergr%C3%BCnde&ie=utf-8&oe=utf-

8&client=firefox-b , *„Harald Kautz-Vella über 5G & die Hintergründe"*, am 10.11.2018
[332] https://www.youtube.com/watch?v=P9dc3Plo7MA&feature=share&fbclid=IwAR 20JzMaRVbxTaTLok4AYCaCROY27ceAYPsbSf7R0h43NLFKTD-PxHZAfHU , *„Der wahre Grund für 5G ist 1000 Mal schlimmer als die Strahlung"*, am 12.04.2019 veröffentlicht
[333] https://www.youtube.com/watch?v=P9dc3Plo7MA&feature=share&fbclid=IwAR 20JzMaRVbxTaTLok4AYCaCROY27ceAYPsbSf7R0h43NLFKTD-PxHZAfHU , *„Der wahre Grund für 5G ist 1000 Mal schlimmer als die Strahlung"*, Am 12.04.2019 veröffentlicht
[334] https://www.kla.tv/ErichHambach Erich Hambach: *„16. AZK: Bühnen-Interview mit Erich Hambach zum Thema 'Auslaufmodell Mensch? - Transhumanismus und künstliche Intelligenz wollen uns ersetzen'"*
[335] https://www.legitim.ch/home/author/Jan-Walter , Jan Walter: *„Geheime Agenda - Der wahre Grund für 5G ist 1000 Mal schlimmer als die Strahlung!"* , 8. April 2019
[336] https://www.mines-kreativstuebchen.de/blog/digitalisierung-5g-smartphone#gsc.tab=0 , Jasmin Reichel: *„Digitalisierung, 5G, Smartphone, Nanotechnologie, Smartdust und Phased Array - was wirklich dahinter steckt"*, 21.5.2019
[337] https://marbec14.wordpress.com/2019/09/10/kalifornien-passant-filmt-wie-leblose-bienen-zwischen-zwei-5g-antennen-auf-den-boden-klatschen/ , *„Kalifornien: Passant filmt, wie leblose Bienen zwischen zwei 5G-Antennen auf den Boden klatschen!"*, 10. September 2019
[338] https://www.t-online.de/digital/smartphone/id_85555326/5g-netz-versuche-in-genf-und-bruessel-wegen-strahlung-gestoppt.html?fbclid=IwAR1f9jo7ppPx97QPjxW9-FAnakfl4rY0cMWjFFTAAYwF5uRnbiqBlUi74Gg , *„Bedenken wegen Strahlung - 5G-Versuche in Genf und Brüssel gestoppt"*, am 12.04.2019
[339] https://www.t-online.de/digital/smartphone/id_85555326/5g-netz-versuche-in-genf-und-bruessel-wegen-strahlung-gestoppt.html?fbclid=IwAR1f9jo7ppPx97QPjxW9-FAnakfl4rY0cMWjFFTAAYwF5uRnbiqBlUi74Gg , *„Bedenken wegen Strahlung - 5G-Versuche in Genf und Brüssel gestoppt"*, am 12.04.2019
[340] https://www.google.com/search?q=Harald+Kautz-Vella+%C3%BCber+5G+%26+die+Hintergr%C3%BCnde&ie=utf-8&oe=utf-8&client=firefox-b , *„Harald Kautz-Vella über 5G & die Hintergründe"*, am 10.11.2018
[341] *https://www.youtube.com/watch?v=S-NiZqNzerg* „5G Experiment misslingt und hunderte Vögel sterben in Den Haag,wie gefährlich ist 5G für den Mensch" (Text unter dem video),am 06.11.2018 veröffentlicht
[342] https://www.tagesschau.de/inland/5g-gefahren-115.html , Wulf Rohwedder, tagesschau.de: *„Neue Mobilfunktechnik - Ist 5G gefährlich?"*, 12.06.2019

[343] https://www.raum-und-zeit.com/bewusstsein/transhumanismus/ Detlef Scholz, *„Die transhumanistische Bewegung"*, raum&zeit, Ausgabe 198/2015

[344] Faltblatt *„Gender Mainstreaming – Kinderseelen werden gebrochen. Empörte Bürger wehren sich"*, heraugegeben von „Junge Freiheit", 11.Auflage, Stand September 1016

[345] Interview mit Prof. Dr. Ulrich Kutschera, COMPACT Spezial Magazin, Sonderausgabe Nr. 12, Seite 40ff.

[346] Fachtagung *„Frühkindliche Sexualerziehung in der KiTa"*, herausgegeben von *der HAG (Hamburgische Arbeitsgemeinschaft für Gesundheitsförderung e.V.)*

[347] https://www.youtube.com/watch?v=G1FtXKR5jic&feature=youtu.be *„Der Krieg gegen Kinder - Sexualpädagogik der Vielfalt (CSE Agenda)"*

[348] Ebenda

[349] https://www.kla.tv/9603 , *„Pädagogik der Geschlechter- und Familienvielfalt führt zur Auflösung des traditionellen Familienbildes (2 von 3)"*, 23. Dezember 2016

[350] http://www.gender-mich-nicht.de/?gclid=CjwKEAjw9MrIBRCr2LPek5-h8U0SJAD3jfhtOwx0tL3UkYpbq-VNz2jHgXAp4W8h1Qb_lkfU_QN5ghoCfpjw_wcB

[351] Faltblatt *„Gender Mainstreaming – Kinderseelen werden gebrochen. Empörte Bürger wehren sich"*, heraugegeben von „Junge Freiheit", 11.Auflage, Stand September 1016

[352] George Orwell, *1984*, Ungekürzte Ausgabe im Ullstein Taschenbuch, 38. Auflage 2015, Seiten 131ff

[353] https://www.legitim.ch/post/agenda-21-einst-florierende-industrienationen-stehen-am-rande-des-kollaps , Jan Walter: *„AGENDA 21 - Einst florierende Industrienationen stehen am Rande des Kollaps!"*, 04.07.2019

[354] https://www.auswaertiges-amt.de/de/aussenpolitik/themen/abruestung-ruestungskontrolle/uebersicht-bcwaffen-node/verbotbiowaffen-bwue-node „Übereinkommen über das Verbot biologischer Waffen (BWÜ)", *„Das Übereinkommen über das Verbot der Entwicklung, Herstellung und Lagerung bakteriologischer (biologischer) Waffen und von Toxinwaffen sowie über die Vernichtung solcher Waffen (BWÜ) trat am 26. März 1975 in Kraft und enthält ein umfassendes Verbot biologischer Waffen."*

[355] https://vitzlisneuer.wordpress.com/2019/04/07/die-deutsche-luegenpresse-schweigt-eisern-das-labor-des-todes/ *„Die deutsche Lügenpresse schweigt ... eisern. Das Labor des Todes."*, 7.4.2019

[356] Ebenda

[357] Ebenda

[358] Ebenda

[359] Ebenda

[360] Ebenda

[361] Ebenda

[362] Ebenda

[363] Ebenda

[364] https://www.youtube.com/watch?v=byXgus2Cksk&feature=youtu.be , *„Die Eugenik-Agenda der Elite und Transhumanismus"*, Min 34:24, am 02.08.2014 veröffentlicht
[365] https://steemkr.com/deutsch/@saamychristen/geographie-026-biowaffen-in-georgien , „Geographie 026 - Biowaffen in Georgien?", *01. Oktober 2018*
[366] Frank-Rüdiger Halt: *„Volk im Wachkoma"*, Frieling-Verlag Berlin, 2016, Seite 23
[367] https://www.youtube.com/watch?v=8RPlQ8jsXSs&feature=youtu.be *"NDR Regenwasser voller Nanopartikel"*
[368] https://www.legitim.ch/single-post/2017/08/07/Die-NASA-gibt-zu-Lithium-und-andere-Chemikalien-in-die-Atmosph%C3%A4re-zu-sprayen Jan Walter: *"Die NASA gibt zu Lithium und andere Chemikalien in die Atmosphäre zu sprayen"*, *7* Aug 2017
[369] https://www.youtube.com/watch?v=8RPlQ8jsXSs&feature=youtu.be *"NDR Regenwasser voller Nanopartikel"*
[370] http://www.spiegel.de/gesundheit/diagnose/morgellons-krankheit-schlimmes-hautleiden-beruht-wohl-auf-einbildung-a-836099.html ; 6.6.2012
[371] http://www.spiegel.de/gesundheit/diagnose/morgellons-krankheit-schlimmes-hautleiden-beruht-wohl-auf-einbildung-a-836099.html ; 6.6.2012
[372] https://www.youtube.com/watch?v=NR0m_ADZ4JA ; *„Morgellons 'Krankheit' Chemtrails"*
[373] https://daserwachendervalkyrjar.wordpress.com/2015/03/11/morgellons-die-buchse-der-pandora-ist-geoffnet/ *„Morgellons: Die Büchse der Pandora ist geöffnet"*, 11/03/2015
[374] Ebenda
[375] http://www.wakenews.tv/watch.php?vid=16d2ed12d *"Morgellons"*
[376] https://www.youtube.com/watch?v=cTp_1HzrCoo ; Herbert Schott: *„Chemtrails und Nanotechnologie zur Manipulation der Menschheit Teil 1"*
[377] https://www.youtube.com/watch?v=NR0m_ADZ4JA ; *„Morgellons 'Krankheit' Chemtrails"*
[378] https://www.youtube.com/watch?v=8eoNuIDOaVg *"Dr. med. Manfred Doepp, Thema 'Morgellons' "*
[379] http://www.wakenews.tv/watch.php?vid=d27522d26 *"Morgellons sind Biowaffen (Borellien übrigens auch)"*
[380] http://www.wakenews.tv/watch.php?vid=16d2ed12d *"Morgellons"*
[381] http://www.wakenews.tv/watch.php?vid=dcddf6e34 *„erschreckend ! "Morgellons" (Nanorobots, synthetische Würmer, Biowaffen) bewegen sich"*
[382] http://www.wakenews.tv/watch.php?vid=f047d398f *"Morgellons in Karotte"*
[383] http://www.wakenews.tv/watch.php?vid=9911df782 *„Chemtrails + Morgellons (Fasern) in Nordrhein Westfahlen Deutschland!"*
[384] http://www.wakenews.tv/watch.php?vid=eb30896d8 *„Erschreckend !!! Morgellons schon überall, sogar in BIO-Bananen !"*
[385] https://daserwachendervalkyrjar.wordpress.com/2015/03/11/morgellons-die-buchse-der-pandora-ist-geoffnet/ *„Morgellons: Die Büchse der Pandora ist geöffnet"*, 11/03/2015
[386] www.morgellons-research.org

[387] Gabriele Schuster-Haslinger, „verraten verkauft verloren", Amadeus Verlag GmbH & Co. KG, 2015

[388] Ebenda, , Seiten 50ff

[389] https://www.youtube.com/watch?v=cTp_1HzrCoo ; Herbert Schott: „Chemtrails und Nanotechnologie zur Manipulation der Menschheit Teil 1"

[390] https://www.youtube.com/watch?v=Do9lehJNg88 ; Herbert Schott: „Chemtrails und Nanotechnologie zur Manipulation der Menschheit Teil 2", am 17.03.2014 veröffentlicht

[391] https://www.youtube.com/watch?v=cTp_1HzrCoo ; Herbert Schott: „Chemtrails und Nanotechnologie zur Manipulation der Menschheit Teil 1", am 16.03.2014 veröffentlicht

[392] https://www.youtube.com/watch?v=cTp_1HzrCoo ; Herbert Schott: „Chemtrails und Nanotechnologie zur Manipulation der Menschheit Teil 1", am 16.03.2014 veröffentlicht

[393] Weiterführende Literatur bezüglich der Schnittstelle zwischen Funksignal und dem menschlichen Biophotonenhaushalt findet man auf http://www.aquarius-technologies.de/veroeffentlichungen.html.

[394] https://www.youtube.com/watch?v=cTp_1HzrCoo ; Herbert Schott: „Chemtrails und Nanotechnologie zur Manipulation der Menschheit Teil 1", am 16.03.2014 veröffentlicht

[395] https://www.youtube.com/watch?v=Do9lehJNg88 ; Herbert Schott: „Chemtrails und Nanotechnologie zur Manipulation der Menschheit Teil 2", am 17.03.2014 veröffentlicht

[396] https://www.youtube.com/watch?v=Do9lehJNg88 ; Herbert Schott: „Chemtrails und Nanotechnologie zur Manipulation der Menschheit Teil 1", am 16.03.2014 veröffentlicht

[397] https://www.youtube.com/watch?v=NR0m_ADZ4JA ; „Morgellons 'Krankheit' Chemtrails"

[398] https://www.youtube.com/watch?v=5blrkhKucIQ „Hitze Dürre - Haarp Wetterwaffen töten 300 Menschen pro Tag." : ab 20:42

[399] https://www.youtube.com/watch?v=rQA_Jf8svPc&t=29s " 'Ihr Thema ...': Geo-Engineering ein unkalkulierbares Risiko für Mensch und Natur"

[400] https://www1.wdr.de/fernsehen/aktuelle-stunde/startseite/nsu-prozess-zeugensterben-100.html ; Jan Hofer, Matthias Goergens: „Das reihenweise Sterben der NSU-Zeugen"

[401] https://www.youtube.com/watch?v=cTp_1HzrCoo ; Herbert Schott: „Chemtrails und Nanotechnologie zur Manipulation der Menschheit Teil 1"

[402] http://www.aquarius-technologies.de/veroeffentlichungen.html ; Harald Kautz-Vella: „Fakten zum Thema Geoengineering"

[403] https://www.youtube.com/watch?v=FW9gVpzvSZo „Piloten, Ärzte & Wissenschaftler berichten über Chemtrails"

[404] https://www.youtube.com/watch?v=Bs-_BOFdbpM , „Bewusst.tv - Morgellons und Transhumanismus", am 05.02.2014 veröffentlicht

[405] https://www.youtube.com/watch?v=NR0m_ADZ4JA ; „Morgellons 'Krankheit' Chemtrails"

[406] https://www.youtube.com/watch?v=Bs-_BOFdbpM „Bewusst.tv - Morgellons und Transhumanismus"

[407] Ebenda

[408] https://www.zentrum-der-gesundheit.de/codex-alimentarius-ia.html?fbclid=IwAR17zPrh9oKnPMo5k2sQKdoti8jglrDXC5c-rFD8yNcKweR_mTeTDifCTtA#toc-gesundheitliche-selbstbestimmung-ist-bedroht

[409] Ebenda

[410] https://www.youtube.com/watch?v=Bs-_BOFdbpM , „Bewusst.tv - Morgellons und Transhumanismus", Minute 26:40, am 05.02.2014 veröffentlicht

[411] https://gesundmagazin.com/chemtrails-sind-verantwortlich-fuer-krankheiten-sie-zerstoeren-unser-immunsystem-mit-video/ „Chemtrails sind verantwortlich für Krankheiten Sie zerstören unser Immunsystem (mit Video)", 21. Februar 2019

[412] Gabriele Schuster-Haslinger, „verraten verkauft verloren", Amadeus Verlag GmbH & Co. KG, 2015, Seiten 48

[413] https://patents.google.com/patent/US20120251502

[414] http://de.wikimannia.org/Kanzlerakte

[415] https://www.youtube.com/watch?v=XtA9o6IQSo4 Augenöffner! Die Unterwerfung der BRD-Kanzler, am 09.10.2012 veröffentlicht

[416] https://www.planet-wissen.de/gesellschaft/krankheiten/ehec/ehec-epidemie-100.html , „Bakterien. Die Ehec-Epidemie von 2011 – ein Rückblick", planet wissen, 24.03.2017

[417] http://www.spiegel.de/wirtschaft/service/ehec-epidemie-2011-die-infektionsquelle-wurde-nie-gefunden-a-923249.html SPIEGEL ONLINE, Nicolai Kwasniewski: „Neue Erkenntnisse zur Epidemie 2011 Der Ehec-Skandal, der nie aufgeklärt wurde", 20.09.2013

[418] Wolfgang Eggert u.a. , „Die geplanten Seuchen AIDS, SARS und die militärische Genforschung", 2003

[419] http://euro-med.dk/?p=23140 „Chemtrails "Offiziell": Bakterielle Und Chemische Kriegsführung Unter Dem Vorwand Der Inexistenten Globalen Erwärmung", 3. Juni 2011

[420] http://chronos-medien.de/texteinblicke6.html#seuchen , Interview mit der illustrierten Zeitschrift "BOX"

[421] Markus Egert, "Ein Keim kommt selten allein", Verlag: Ullstein extra, 2018

[422] http://www.spiegel.de/gesundheit/diagnose/ebola-kommt-das-virus-aus-dem-labor-a-997610.html , Holger Dambeck „Stammt das Ebolavirus aus einem Geheimlabor?", 17.10.2014

[423] http://chronos-medien.de/texteinblicke6.html#seuchen , Interview mit der illustrierten Zeitschrift "BOX"

[424] https://www.amanita.at/interessantes/artikel?id=21&fbclid=IwAR3IfzvtTX-JdVyWRyt2EbrdWiRjS-rM72S_gIA2KZtbcIbGIDd_LkT2bRE „Kriegszyklen & der Schweinegrippe-Völkermord" (ohne Datum, jedoch aus dem Text kann man schließen, dass der Artikel aus dem Jahre 2009 stammt)

[425] Stern Nr.22, 24.5.2018, Norbert Höfler und Jonas Wresch: „*WIR BRAUCHEN EUCH!*" Seite 27

[426] https://www.planet-wissen.de/natur/insekten_und_spinnentiere/bienen/pwiebienensterben100.html Planet wissen: „*Bienensterben*"

[427] Stern Nr.22, 24.5.2018, Seite 27

[428] https://www.zeit.de/wissen/umwelt/2018-04/bienensterben-ursachen-pestizide-imker-klimawandel Gunther Willinger: *"Bienensterben: Rettet die Bienen, aber nicht so!"*

[429] https://marbec14.wordpress.com/2019/09/10/kalifornien-passant-filmt-wie-leblose-bienen-zwischen-zwei-5g-antennen-auf-den-boden-klatschen/ , „*Kalifornien: Passant filmt, wie leblose Bienen zwischen zwei 5G-Antennen auf den Boden klatschen!*", 10. September 2019

[430] https://www.youtube.com/watch?v=a9g5LIFc8Y4&t=73s „*Bester Chemtrail-Vortrag von Werner Altnickel*"

[431] Nancy L. Swanson, Andre Leu, Jon Abrahamson and Bradley Wallet (2014), Genetically engineered crops, glyphosate and the deterioration of health in the United States of America. *Journal of Organic Systems* **9**, Number 2, page 6

[432] http://www.aquarius-technologies.de/veroeffentlichungen.html ; Harald Kautz-Vella: „*Fakten zum Thema Geoengineering - 2. Faserkrankheit, Pseudo-Darmparasiten, eingebildete Parasitose & Autismus. Die vielen Gesichter der Morgellon'schen Erkrankung.*"

[433] https://www.youtube.com/watch?v=GA3Gvr_ApL0 „*Wie wir vergiftet werden - Dr. Dietrich Klinghardt*"

[434] http://www.scielo.br/pdf/gmb/v30n2/a26v30n2.pdf

[435] Nancy L. Swanson, Andre Leu, Jon Abrahamson and Bradley Wallet (2014), Genetically engineered crops, glyphosate and the deterioration of health in the United States of America. *Journal of Organic Systems* **9**, Number 2, page 6

[436] Ebenda

[437] https://www.youtube.com/watch?v=FW9gVpzvSZo „*Piloten, Ärzte & Wissenschaftler berichten über Chemtrails*"

[438] https://www.youtube.com/watch?v=GA3Gvr_ApL0 „*Wie wir vergiftet werden - Dr. Dietrich Klinghardt*"

[439] Ebenda

[440] https://www.die-gesunde-wahrheit.de/2017/12/02/impfstoffen/ „*CDC bestätigt: Glyphosat und Nierenzellen von Affen in Impfstoffen*"

[441] https://www.pravda-tv.com/2017/02/die-groesste-luege-dieser-welt-impfungen-und-das-masern-virus/ „*Die größte Lüge dieser Welt: Impfungen und das Masern-Virus*", 8. Februar 2017 aikos2309

[442] Ebenda

[443] https://www.pravda-tv.com/2017/02/die-groesste-luege-dieser-welt-impfungen-und-das-masern-virus/ 8. Februar 2017 aikos2309

[444] https://news-for-friends.de/ „*Globale Schock: Krebs wird in Impfstoffen übertragen, gibt das Unternehmen zu*" 26. Mai 2018

[445] https://www.die-gesunde-wahrheit.de/2017/12/02/impfstoffen/ *„CDC bestätigt: Glyphosat und Nierenzellen von Affen in Impfstoffen"*

[446] http://www.wakenews.tv/watch.php?vid=387f43076 *"Parasiten und Würmer im Körper - Eine Gefahr für die Gesundheit? QuantiSana.TV 12.06.2017 "*(ab Minute 13:45)

[447] https://www.zentrum-der-gesundheit.de/dezimierung-der-menschheit-ia.html *"Impfung - Dezimierung der Menschheit"* (aktualisiert: 06.03.2018)

[448] https://www.pravda-tv.com/2013/12/eine-jahrhundertluge-spanische-grippe-wurde-durch-massenimpfungen-ausgelost/ *„Eine Jahrhundertlüge: Spanische Grippe wurde durch Massenimpfungen ausgelöst"*, 4. Dezember 2018

[449] https://www.zentrum-der-gesundheit.de/dezimierung-der-menschheit-ia.html *"Impfung - Dezimierung der Menschheit"* (aktualisiert: 06.03.2018)

[450] http://www.s-und-g.info *„Stimme Gegenstimme S & G"*, Ausgabe 15/2017

[451] https://www.spiegel.de/politik/deutschland/jens-spahn-legt-gesetz-zur-impfpflicht-gegen-masern-vor-a-1265812.html , *„Gesundheitsminister Spahn legt Vorschläge zur Impfpflicht gegen Masern vor"*, 05.05.2019

[452] 9-Uhr-Nachrichtensendung am 5.5.2019 im WDR4

[453] https://vaccineimpact.com/ , *„Fetal DNA Contaminants Found in Merck's MMR Vaccines"*, May 21, 2019

[454] https://www.tagesschau.de/kommentar/impfpflicht-103.html

[455] Daniel Prinz, *Wenn das die Menschheit wüsste ...*, Amadeus Verlag GmbH & Do KG, 2017, Seiten 251ff

[456] http://www.s-und-g.info *„Österreich: Kein Job ohne Impfung – Vorbote allgemeiner" Impfpflicht?"*, zitiert in *„Stimme Gegenstimme S & G"*, Ausgabe 15/2017, www.krone.at/oesterreich/graz-wer-nicht-geimpft-ist-bekommt-keinen-job-strenge-regelung-story-548460

[457] https://www.youtube.com/watch?v=nTgyakGAddM , *„La Dra Rauni Kilde habla sobre la Conspiración de la Gripe Porcina"* (*"Dr. Rauni Kilde spricht über die Schweinegrippe-Verschwörung"*), Am 31.08.2009 veröffentlicht

[458] https://www.amanita.at/interessantes/artikel?id=21&fbclid=IwAR3IfzvtTX-JdVyWRyt2EbrdWiRjS-rM72S_gIA2KZtbcIbGIDd_LkT2bRE *„Kriegszyklen & der Schweinegrippe-Völkermord"* (ohne Datum, jedoch aus dem Text kann man schließen, dass der Artikel aus dem Jahre 2009 stammt)

[459] http://chronos-medien.de/texteinblicke6.html#seuchen , Interview mit der illustrierten Zeitschrift "BOX",

[460] https://www.zentrum-der-gesundheit.de/dezimierung-der-menschheit-ia.html *"Impfung - Dezimierung der Menschheit"* (aktualisiert: 06.03.2018)

[461] https://cgconsult.jimdo.com/2013/10/27/dezimierung-der-menschheit/ , *„Dezimierung der Menschheit"*, 27. Oktober 2013

[462] http://www.umweltinstitut.org/themen/landwirtschaft/pestizide/glyphosat.html *„Glyphosat - Das meistverkaufte Pflanzengift der Welt"*

[463] https://monsanto.com/innovations/biotech-gmos/articles/gmo-facts/

[464] https://www.zentrum-der-gesundheit.de/dezimierung-der-menschheit-ia.html *"Impfung - Dezimierung der Menschheit"* (aktualisiert: 06.03.2018)

[465] Thomas Klein, *Fluor – Vorsicht Gift! Die schwerwiegenden Folgen der Fluoridvergiftung, Hygeia-Verlag, 2012*

[466] https://news-for-friends.de/ *„Warum vergiften sie uns?"* 26. Mai 2018

[467] Thomas Klein, *Fluor – Vorsicht Gift! Die schwerwiegenden Folgen der Fluoridvergiftung, Hygeia-Verlag, 2012*

[468] https://news-for-friends.de *„Warum vergiften sie uns?"* 26. Mai 2018

[469] https://www.youtube.com/watch?v=_8o4xgSVcyg *„Chemtrails Trojanische Wolken Doku (full length)"*

[470] Brigitte Helene (Hrsg.), *Vitamin B17 – Die Revolution in der Krebsmedizin*, BoD-Verlag, 2012, Seite 19

[471] https://www.youtube.com/watch?v=3MCaceXGYHw *„Die verschwiegene Wahrheit über Gifte und Krebs"*, Veröffentlicht am 19.09.2018

[472] https://www.youtube.com/watch?v=6ccUAQHdUGo&t=4s , *„Vitamin B17 gegen Krebs - Die Wirkung von bitteren Aprikosenkernen"*, am 28.10.2012 veröffentlicht

[473] https://www.alternativ-report.de/2019/06/09/neue-studie-beweist-krebs-ist-zu-100-prozent-eine-vom-menschen-gemachte-krankheit/ , *„Neue Studie beweist: Krebs ist zu 100 Prozent eine vom Menschen gemachte Krankheit"*, 9.Juni 2019

[474] https://dieblauehand.info/chemotherapie-eine-mta-med-techn-assistentin-packt-aus/ Andrea Viertl: *„Chemotherapie – Eine MTA (med. techn. Assistentin) packt aus!"*, 10.7.2018

[475] https://www.youtube.com/watch?v=pwkLXPhOTQI&feature=youtu.be&t=782 *„KenFM im Gespräch mit: Lothar Hirneise ("Chemotherapie heilt Krebs und die Erde ist eine Scheibe")"*, Am 14.05.2019 veröffentlicht

[476] https://dieblauehand.info/chemotherapie-eine-mta-med-techn-assistentin-packt-aus/ Andrea Viertl: *„Chemotherapie – Eine MTA (med. techn. Assistentin) packt aus!"*, 10.7.2018

[477] https://dieblauehand.info/chemotherapie-eine-mta-med-techn-assistentin-packt-aus/ Andrea Viertl: *„Chemotherapie – Eine MTA (med. techn. Assistentin) packt aus!"*, 10.7.2018

[478] Amazon.de: Aus einer Rezension von Uwe Hiltmann zum Buch: G Edward Griffin: „Eine Welt ohne Krebs: Die Geschichte des Vitamin B17 und seiner Unterdrückung" 2005

[479] https://dieblauehand.info/chemotherapie-eine-mta-med-techn-assistentin-packt-aus/ Andrea Viertl: *„Chemotherapie – Eine MTA (med. techn. Assistentin) packt aus!"*, 10.7.2018

[480] Eenda

[481] https://www.youtube.com/watch?v=HI7DOgj1sJI&t=261s *"Was Ihr über Krebs nicht wissen sollt..."*

[482] https://quer-denken.tv/biologische-krebsvorsorge-krebstherapie-i-linus-pauling-und-vitamin-c/ von Michael Friedrich Vogt in Querdenken-TV: *„Biologische Krebsvorsorge & Krebstherapie I: Linus Pauling und Vitamin C"*, 27. Mai 2017

[483] https://www.youtube.com/watch?v=DuidG6hNCrk&t=1726s *"Krebs - Das Ende einer Volkskrankheit Dr. Matthias Rath - Das Ende einer Volkskrankheit 20.10.2011"*

[484] Ebenda

[485] Ebenda

[486] https://www.youtube.com/watch?v=6ccUAQHdUGo&t=4s
„vitamin b17 gegen krebs - die wirkung von bitteren aprikosenkernen"

[487] http://webcache.googleusercontent.com/search?q=cache:73-ZWpyDUZkJ:www.ralf-kollinger.de/wp/wp-content/uploads/2014/01/Akte-Vitamin-B-17-Amygdalin-Urteil-Laetril.pdf+&cd=1&hl=de&ct=clnk&gl=de&client=firefox-b
„Akte Vitamin B 17 Amygdalin Urteil – Laetril - Ralf Kollinger"

[488] https://www.youtube.com/watch?v=6ccUAQHdUGo&t=4s
„vitamin b17 gegen krebs - die wirkung von bitteren aprikosenkernen"

[489] Markus Egert und Frank Thadeusz, Ein Keim kommt selten allein, Ullstein Buchverlage GmbH, 2018, Seite 148

[490] https://www.deutsche-apotheker-zeitung.de/daz-az/2012/daz-46-2012/vitamin-b17-bei-krebs "'Vitamin B17' bei Krebs? - Wie Amygdalin zu beurteilen ist"

[491] https://www.deutsche-apotheker-zeitung.de/daz-az/2012/daz-46-2012/vitamin-b17-bei-krebs , Dr. Ulrike König: „Fragen aus der Praxis - 'Vitamin B17' bei Krebs? - Wie Amygdalin zu beurteilen ist"

[492] https://www.youtube.com/watch?v=H0Whdt1DBpc&t=314s
"Aprikosenkerne gegen Krebs: Lebensgefährliche Naturheilkunde"

[493] https://www.youtube.com/watch?v=MJ23O_fV5b4 "Vitamin B17: Die größte Vertuschung über Krebs in der Geschichte oder doch alles Lüge?"

[494] Gesundheit und Krankheit verstehen – Eine neue Medizin auf Basis der 5 Biologischen Narurgesetze – entdeckt von Dr. med. Mag. Theol. Tyke Geerd Hamer, 11. Auflage, Verantwortlicher Autor: Björn Eybl, Traunstr. 23, A-4600 Wels:

[495] https://www.youtube.com/watch?v=6ccUAQHdUGo&t=4s
„vitamin b17 gegen krebs - die wirkung von bitteren aprikosenkernen"

[496] Ebenda

[497] Ebenda

[498] Brigitte Helene (Hrsg.), Vitamin B17 – Die Revolution in der Krebsmedizin, BoD-Verlag, 2012

[499] Peter Kern, Krebs bekämpfen mit Vitamin B17 – Vorbeugen und heilen mit Nitrilen aus Aprikosenkernen,   VAK Verlags GmbH, Kirchzarten bei Freiburg, 2008

[500] G Edward Griffin: Eine Welt ohne Krebs: Die Geschichte des Vitamin B17 und seiner Unterdrückung, Kopp Verlag, 2005

[501] https://www.youtube.com/watch?v=CzOl9XtfBJU "Hilft Methadon gegen Krebs? | Zur Sache Baden-Württemberg!" veröffentlicht: 12.05.2017

[502] https://www.youtube.com/watch?v=y9zdr8FQTE0 "Methadon in der Krebstherapie - Pro und Contra - der ganze Talk | stern TV (28.06.2017)"

[503] Ebenda

[504] Daniel Prinz, Wenn das die Menschheit wüsste ..., Amadeus Verlag GmbH & Do KG, 2017, Seiten 248f

[505] Ebenda, Seiten 237ff und 249f

[506] https://www.youtube.com/watch?v=L2ziG1GKVsg&t=188s „16. AZK: „Digitalisiert in eine strahlende Zukunft – todsicher!" - Anke Kern | www.kla.tv/13437" , veröffentlicht am 01.12.2018

[507] https://www.facebook.com/dawid.snowden/videos/vb.345142656089183/1274342 572732838/?type=2&theater ||#208| *„Systematische Volksverdummung über die öffentlich rechtlichen Medien|* ", 5.Juni 2019

[508] Joachim Sonntag, *„2025 - Der vorletzte Akt: Warum wir Heimat, Freiheit und Sicherheit verlieren",* CBX-Verlag München, 2019, Anhang 1, Seite 228

[509] Joachim Sonntag, *Deutschland im freien Fall – Wie die milliardenschweren Finanzeliten unsere freiheitliche Demokratie zerstören und unsere Politiker und öffentlichen Medien zu deren Werkzeugen wurden,* 2. erweiterte Auflage, BoD-Verlag, 2017, Seiten 50ff

[510] Alexander Unzicker, *„ Vom Urknall zum Durchknall – Die absurde Jagd nach der Weltformel",* Springer Verlag Heidelberg Dordrecht London New York, korrigierter Nachdruck 2010, Seite 119f

[511] https://www.anonymousnews.ru/ , Holger Douglas: *„Biologe vor Gericht: Kritik an Gender-Theorien soll als Volksverhetzung bestraft werden"*

[512] https://www.legitim.ch/home/author/Jan-Walter , Jan Walter: *„Geheime Agenda - Der wahre Grund für 5G ist 1000 Mal schlimmer als die Strahlung!" ,* 8. April 2019

[513] https://www.facebook.com/search/top/?q=www.GMACAG.com&epa=SEARCH_BOX

[514] https://www.youtube.com/watch?v=P9dc3Plo7MA&feature=share&fbclid=IwAR 20JzMaRVbxTaTLok4AYCaCROY27ceAYPsbSf7R0h43NLFKTD-PxHZAfHU , *„Der wahre Grund für 5G ist 1000 Mal schlimmer als die Strahlung",* Am 12.04.2019 veröffentlicht

[515] Joachim Sonntag, *„2025 - Der vorletzte Akt: Warum wir Heimat, Freiheit und Sicherheit verlieren",* CBX-Verlag München, 2019, Seiten 14ff und 102ff

[516] https://news-for-friends.de/wie-wird-die-agenda-21-weltweit-umgesetzt/?fbclid=IwAR2uFUSfj_8zESyEV2wn_-OU00kKYJfphcGGxkWOqhD-J-mJq6NYKy_hYYQ , *„ Wie wird die Agenda 21 weltweit umgesetzt? ",* 7.April 2019

[517] http://www.wisnewski.ch/rezo-kulturrevolution-2-0/

[518] G. Wisnewski, *Verheimlicht, vertuscht, vergessen,* Kopp Verlag, 2018, Seite 46f

[519] https://www.youtube.com/watch?v=_G9GQvwsfT4 , „Grüner Hass: Hetzen Spaß-Youtuber die Jugend auf? - Gerhard Wisnewski im Gespräch", am 05.06.2019 veröffentlicht

ISBN 9783945794937
Taschenbuch, 272 Seiten, 1. Auflage, 04/2019
CBX Verlag UG München, **15 €**

Die Jahreszahl „2025" ist dem NASA-Dokument „*The Future Is Now! NASA Future Strategic Issues and Warfare - Circa 2025*" entlehnt und steht als Synonym für den Tag X, an dem aus dem schleichenden Prozess der Globalisierung (in dem wir uns gerade befinden), die globale Machtübernahme durch die Elite erfolgen soll. Die mit aller Gewalt vorangetriebene Globalisierung, die Pflicht zum Gutmenschentum, repressive Maßnahmen gegen politisch Andersdenkende und die von den Medien unaufhaltsame Gehirnwäsche „*Deutschland ist bunt*", sind nur Nebelkerzen. Es soll vernebeln, worum es eigentlich geht: Der gläserne Mensch, komplette Kontrolle und die totale Unterwerfung der Welt unter der Herrschaft der Finanzelite – die Neue Weltordnung (NWO).

ISBN 9783744809542

Taschenbuch, 229 Seiten, 2. erweiterte Auflage, 09/2017
BoD Verlag Norderstedt   **9,99 €**

Deutschland entwickelt sich mit Riesenschritten von einem frei-
heitlichen Sozialstaat weg zu einem durch links/grüne Denkschab-
lonen und Ideologien beherrschten Multi-Kulti-Staat, medial unterstützt durch die Indoktrination einer „politisch korrekten" Medien-
hoheit – vom Autor bezeichnet als *„Freier Fall Deutschlands"*.
Dieser Prozess erfolgt im Schulterschluss mit den Gewerkschaften,
Behörden, politischen Gremien, Bürgerinitiativen, Kirchen, Nicht-
regierungsorganisationen (NGOs), den öffentlichen Medien und
einer sich herausgebildeten milliardenschweren Flüchtlingsindust-
rie. Diese für unsere Heimat verhängnisvolle Entwicklung ist wesentlich beeinflusst durch fremde Mächte und eine Folge dessen,
dass Deutschland seit dem 08. Mai 1945 nicht mehr souverän ist.

Gabler-Bücher zum Thema „Geldanlage" (Auswahl)

Heinz Brestel
Jahrbuch für Kapitalanleger 1998
1997, 350 Seiten
gebunden, DM 78,–
ISBN 3-409-36510-8

Rainer Konrad (Hrsg.)
Vermögensverwaltung 1998
1997, 360 Seiten
broschur, DM 88,–
ISBN 3-409-14232-0

Michael Demuth/Henrik Bustorf/Olaf Thiel
Investmentfonds
1995, 220 Seiten
broschur, DM 58,–
ISBN 3-409-14144-8

Karl H. Lindmayer
Geldanlage und Steuer 1998
1996, 450 Seiten
gebunden mit CD-ROM, DM 78,–
ISBN 3-409-14855-8

Roland Eller
Festverzinsliche Wertpapiere
1995, 332 Seiten
broschur, DM 68,–
ISBN 3-409-14155-3

Hartmut Sieper
Erfolgreich spekulieren
1995, 308 Seiten
broschur, DM 58,–
ISBN 3-409-14170-7

Manfred Gburek
Fit für Fonds, 2. Auflage
1996, 250 Seiten
gebunden, DM 78,–
ISBN 3-409-24177-9

Werner H. Heussinger
Elliott-Wave-Finanzmarktanalyse
Kurse erfolgreich prognostizieren
1997, 170 Seiten
gebunden, DM 89,–
ISBN 3-409-14079-4

Harald Gerhards/Helmut Keller
Gabler Lexikon Baufinanzierung,
5., überarb. und erw. Auflage
1996, 849 Seiten
gebunden, DM 98,–
ISBN 3-409-59918-5

Zu beziehen über den Buchhandel
oder den Verlag.

Stand der Angaben und Preise: 1.9.1997
Änderungen vorbehalten.

GABLER

BETRIEBSWIRTSCHAFTLICHER VERLAG DR. TH. GABLER, ABRAHAM-LINCOLN-STRASSE 46, 65189 WIESBADEN

Profitieren Sie vom Sieger

**„FUCHSBRIEFE vorn"
bei deutschen
Aktien, laut
manager magazin 2/97**

KAPITAL ANLAGEN,
der Trendbrief aus dem
Hause FUCHS-BRIEFE

Coupon

☐ **Ja,** ich möchte die Siegerredaktion einen Monat lang testen. Bitte schicken Sie mir 4 Ausgaben KAPITAL-ANLAGEN zum Vorteilspreis von DM 37,- inkl. Versandkosten und MwSt.

FAX: 06 11 / 78 78-412

Widerrufsrecht: Innerhalb von 1 Woche nach Unterzeichnung dieser Widerrufsgarantie kann ich diese Vereinbarung schriftlich widerrufen bei: KAPITALANLAGEN, Vertrieb, Postfach 25 49, 65015 Wiesbaden. Zur Wahrung der Frist genügt die rechtzeitige Absendung des Widerrufs.

X
Datum, Unterschrift

Name, Vorname, Geburtsjahr

Firma

Branche

Funktion, Anzahl Mitarbeiter im Unternehmen

PLZ, Ort

Straße

Telefon und Fax

X
Datum, Unterschrift   46198002